오자, 손자를 넘어선 불패의 전략가

오자, 손자를 넘어선 불패의 전략가

ⓒ 임건순, 2014

초판 1쇄 2014년 11월 25일 펴냄
초판 2쇄 2016년 6월 20일 펴냄
2판 1쇄 2017년 1월 23일 펴냄
2판 3쇄 2023년 1월 20일 펴냄

지은이 임건순
펴낸이 김성실
책임편집 박성훈
디자인 석운디자인
제작 한영문화사

펴낸곳 시대의창   **등록** 제10-1756호(1999. 5. 11)
주소 3985 서울시 마포구 연희로 19-1
전화 02)335-6121   **팩스** 02)325-5607
전자우편 sidaebooks@daum.net
페이스북 www.facebook.com/sidaebooks
트위터 @sidaebooks

ISBN 978-89-5940-721-7 (03100)

• 이 도서는 한국출판문화산업진흥원의 '2019년 우수출판콘텐츠 제작 지원' 사업 선정작입니다.
• 잘못된 책은 구입하신 곳에서 바꾸어드립니다.

오자, 손자를 넘어선 불패의 전략가

임건순 지음

시대의창

· 1 ·

고구려를 좋아하는 사람이 많습니다. 많은 한국인에게 고구려는 경외의 대상이며 때론 감동이고 울림입니다. 저도 고구려를 좋아해 틈틈이 관련 책을 보았고 적지 않게 공부했습니다. 그러면서 깨알 같은 지식을 쌓는 동안 을지문덕 장군, 양만춘 장군, 해군제독 영류왕, 강이식 장군 등 전쟁 영웅을 좋아하고 존경하게 되었지요.

그런데 시간이 흘러 철이 들고 공부를 더 할수록 생각이 달라지더군요. 전쟁에 대해, 병법에 대해, 또 병법서를 쓴 사상가에 대해 깊이 공부할수록, 전쟁은 너무도 참혹한 것이며 좋은 전쟁이란 있을 수 없다는 확신이 들었습니다. 노자도 무기를 "상서롭지 못한 기물"이라고 했지요. 이렇게 생각이 바뀌다 보니 급기야는 고구려의 전쟁 영웅보다 사지로 끌려온 수나라와 당나라 병사들을 기억하고 그들의 아픔과 공포를 헤아릴 수 있어야 한다는 생각을, 아니 신념을 가지게 되었습니다. 그들도 고향에서 부모, 처자식과 함께 행복하게 살고 싶었을, 우리와 똑같은 영혼을 가진 인간일 테니까요.

역사는 절대 영웅 서사시로 써져선 안 된다고 생각합니다. 우리와 똑같은 보통 사람의 공포와 고통을 기억하고 상기시키는 것이 되어야지, 영웅들에

대한 찬사와 헌정의 글로 역사를 이야기하고 공부해선 안 된다고 감히 생각합니다.

이 책은 오자吳子, 즉 오기吳起에 대한 기록입니다. 손자孫子 못지않은 병법의 신이자 전국시대戰國時代 최고의 장수라고 불린 오기에 대해 풀어썼습니다. 하지만 영웅을 기리는 서사시가 아니라, 보편적인 행복을 꿈꾸었고 사람을 대하는 가슴의 온도가 따뜻했던 한 사람에 대한 이야기를 쓰고자 했습니다.

· 2 ·

춘추전국시대春秋戰國時代에 가장 춘추전국시대적인 사유를 한 사람들이 바로 병법서를 쓴 사상가들입니다. 《오자병법吳子兵法》은 병법서입니다. 더불어 동양철학 책입니다. 《오자병법》으로 세 번째 동양철학 책을 펴내게 되어 감개무량합니다. 그러니 이번에도 여러 은사님께 감사의 말씀을 드리지 않을 수 없겠네요. 멀리 미국에 계신 양희선 선생님, 고향에 계신 고선희, 신경이, 이영애, 최용락 선생님, 그리고 장학사가 되신 이재각 선생님, 천안에 계신 윤석진 선생님, 공부하기에 너무도 척박한 시골 벽지에서 자랐지만 저와 제 동무들은 선생님들의 사랑 덕분에 건강하게 자랄 수 있었습니다.

그리고 서강대 정재현 선생님과 서울대 정원재 선생님, 수유리에 계신 서울시립대 박용찬 선생님, 촌놈을 제자로 거두어주신 모든 스승님, 이번에도 감사의 인사를 표하고 싶습니다.

아울러 전쟁과 전쟁사에 대해 이해의 지평을 넓혀주신 임용한 선생님과 중국 고대사에 대해 깨우쳐주신 공원국 선생님과 윤내현 선생님, 한 번도 만나뵙지 못하고 책으로만 선생님들의 학문을 배웠지만 역시나 제게는 은사님입니다.

　파킨슨병과 싸우고 계신 윤내현 선생님 꼭 일어나셔야 합니다. 반드시 건강 회복하시길 바랍니다.

　오기의 스승 증자曾子는 항상 이렇게 스스로에게 되물으면서 반성을 했다고 합니다. "나는 사람을 대할 때 얼마나 충심을 다했는가." 스승의 말대로 사람을 대할 때 항상 충심을 다한 사나이, 오기. 그가 여러분에게 물을 것입니다. 당신 심장의 온도는 몇 도냐고.

임건순

차 례

책 앞에 • 5
프롤로그 • 10

내편内篇 1

오기 이야기
위나라의 야인 전국시대를 열다

1장 동방의 젊은 협객 • 18
2장 유학과 묵학을 배우다 • 23
3장 노나라의 장군이 되다 • 30
4장 위나라로 향하는 발걸음 • 37
5장 위문후 앞에 서다 • 43
6장 서하성에 입성하다 • 52
7장 드디어 열리는 전국시대 • 58
8장 철옹성을 구축하다 • 68
9장 지휘관의 자세와 리더십 • 75
10장 멸망의 위기에 놓인 진나라 • 82
11장 《오자병법》이 만들어지다 • 88

내편内篇 2

《오자병법》 읽기
위무후가 묻고 오기가 답하다

12장 나라를 다스린다는 것 • 98
13장 예와 부끄러움을 가르치다 • 110
14장 오기의 이상, 부자지국 • 120
15장 백성의 마음을 헤아리다 • 133
16장 최대한 가볍게, 최대한 빠르게 • 145

17장 여섯 나라에 대해 논하다 • 162
18장 군사를 부리는 여덟 가지 원칙 • 179
19장 명예로운 장수의 길 • 186
20장 변화무쌍한 5군 전술 • 194
21장 신분을 따지지 말고 보상하라 • 207
22장 위나라를 떠나다 • 220
23장 초나라 재상이 되다 • 231
24장 좌절된 개혁가의 꿈 • 238

외편外篇

손자 vs. 오기
군신들의 전쟁관

전쟁은 경제력이다 vs. 전쟁은 정신력이다 • 256
전쟁은 속임수다 vs. 전쟁은 격동이다 • 268
승리는 세에서 구한다 vs. 승리는 인간에게서 구한다 • 277

잡편雜篇

오기 그리고 한국 사회

오기의 착각 • 298
오기의 눈으로 한국 사회를 바라보다 • 304

에필로그 • 312
미주 • 321
참고 문헌 • 325
춘추시대 형세도 • 326
전국시대 형세도 • 327

/

손자만이 아니라 오기도 있다

"세상에서 군사에 대해 말하는 사람들은 모두 손자孫子 13편과《오자병법吳子兵法》을 말하니 이 책들이 세상에 많이 있다."_《사기史記》

"온 나라 사람들이 모두 군사의 일에 대해 떠들어대는데 집집마다 모두 손자와 오자吳子의 책들을 가지고 있다."_《한비자韓非子》

"오기는 중국 역사에서 영원히 마멸될 수 없는 인물로서 진秦의 통일 이전에 병가로서는 손무孫武와 이름을 나란히 하고 정치가로서는 상앙商鞅과 함께 거론되는 인물이다."_곽말약郭沫若

전국시대를 예고한 손자와 달리 자기 손으로 직접 전국시대를 만들어간 이가 있었습니다. 흔히들 서양 전쟁사의 시작은 알렉산드로스 대왕Alexandros the Great이고 동양 전쟁사의 시작은 손자라고 합니다. 그리고 손자에게는 '라이벌'이 있었지요. 그 사람이 전국시대를 만들어갔습니다. 공교롭게도 그는 손자의 맞수이면서 알렉산드로스 대왕과 유사한 전술과 병법을 구사했습니다. 바로 그가 오기입니다. 양대 현학인 유학儒學과 묵학墨學의 핵심을 배웠고, 치국治國, 전략, 전쟁의 요체를 꿰고 있었으며 법가法家적 개혁의 선구자이며 병법가로서 일가를 이룬 사람. 사상적으로 매우 입체적인 인물이고 다채로운 빛깔을 지녔지만 많이 오해받은 사람.

손자가 말했습니다. 전쟁은 경제력이다. 전쟁은 속임수다. 승리는 세勢에서 구하는 것이지 사람에게서 구하는 것이 아니다. 그런데 오기는 이렇게 말합니다. 전쟁은 정신력이다. 전쟁은 정예화와 격동이다. 그리고 승리는 사람에게서 구하는 것이라고.

손자와 오기는 여러 면에서 다릅니다. 경제력과 눈에 보이는 객관적인 요소들을 중시한 손자와 정신력을 중시하고 선정善政의 공동체를 힘주어 말한 오기. 속임수, 위장, 기만전술을 최대한 준비해서 싸울 것을 말한 손자와 정예화와 질적 우위를 바탕으로 한다면 언제든 정면 승부를 벌여서 이길 수 있다고 자신한 오기. 사람에서 승리를 구하지 말고 세라는 우월한 위치와 상황을 확보해서 주도권을 쥐고 싸워야 한다고 말한 손자. 하지만 전쟁은 사람이 하는 것이며 용기와 투지를 갖춘 정예 용사들이 승리를 만든다고 역설한 오기. 귀족의 입장에서 전쟁과 용병用兵을 생각했고 병사를 어느 정도 불신한 손자와 하층민의 입장에서 전쟁과 용병을 생각했고 병사를 철저히 믿고 그들과 생사고락을 같이한 오기.

이렇게 대조되어 보이는 손자와 오기는 고대 중국에서 병법 사상의 양대 산맥이었습니다. 한비자韓非子와 사마천司馬遷이 말했지요. 집집마다 손자와 오기의 책이 구비되어 있고 병법을 이야기하는 사람은 모두 손자와 오기를 같이 이야기한다고. 그만큼 오기는 손자에 버금가는 인물이었습니다. 역시 그만큼 오기의 병법서는 병법서의 바이블이랄 수 있는《손자병법孫子兵法》과 어깨를 나란히 했습니다. 가후賈詡라고 조조曹操를 보좌했던 중국 삼국시대三國時代 최고의 책사가 있습니다.《삼국지三國志》마니아에게 조명되어 다시 각광받고 있는 당대 최고의 위魏나라 책사입니다. 조조는《손자병법》에 주석을 달고 정리했는데, 가후는 오기의 병법에 주석을 달아 정리했습니다.

　사마천과 한비자가 손자와 대등한 위상으로 오기를 소개했고, 가후는 직접《오자병법》을 정리하고 주석을 달았습니다. 하지만 오기는 오늘날 사람들에게 생소한 인물이며,《오자병법》역시 사실상 인지도가 거의 없는 병법서입니다.《손자병법》에 관련된 책은 서점에 무수히 깔려 있지만《오자병법》에 관한 책은 거의 찾아볼 수 없습니다. 손자에 관련된 책은 한국에서만 무려 천권에 달하지만 오기에 관련된 도서는 고작 열 권가량이 전부입니다. 관련 도서만 봐도 이들이 확보하고 있는 인지도와 위상의 차이가 뚜렷합니다. 손자에 비하면 오기의 위상과 인지도는 정말 초라하다 못해 옹색할 지경이지요.

　당대의 오기는 어땠을까요? 고대 중국에서《오자병법》은 분명《손자병법》못지않은 병법서였고, 오기는 손자에 버금가는 위대한 병법가로 대접받은 인물이었습니다. 또 무엇보다 실전에서 패배를 모르는 장수였습니다. 노魯나라, 위魏나라, 초楚나라에서 장수로 활약한 동안 진 적이 없었지요. 특히 천하를 통일하며 전국시대의 막을 내린 진秦나라가 가장 두려워한 장수였습니다. 진秦나라의 천적으로 실제 진秦나라를 멸망의 위기에까지 처하게 한 인물이 오기입니다. 항상 강한 힘을 자랑하며 공세만 취한 진秦나라의 위세에 다른 여러 나라는 불안에 떨었고 수세에 몰려 방어하기에 급급했습니다. 오직 오기만이 유일하게 공세를 취해 진秦나라의 본진을 휘저으며 수많은 주요 방어 거점을 함락시켰습니다. 그러면서 진秦나라를 멸망할 위기로 몰아넣었지요.

악의樂毅, 염파廉頗, 백기白起와 더불어 오기는 전국시대 최고의 명장으로 기적과도 같은 대승을 여러 번 거뒀습니다. 손자는 전쟁에 참여해 장수로서 복무한 흔적이 뚜렷하게 확인되지 않습니다. 반면 오기는 전장에서 실전을 통해 잔뼈가 굵었고 당대 최고의 명장으로 이름을 떨쳤습니다. 그가 활약한 위魏나라와 그를 두려워한 진秦나라에서는 신화와 같은 존재가 되었고요.

또한 오기는 손자와 달리 정치사상가이기도 했습니다. 장수보다는 재상 자리를 원했던 사람인데, 애초에 공자孔子의 제자 증자에게 수학하며 학문적 성취도를 인정받았고 겸애兼愛를 말한 묵가墨家의 학문도 배웠습니다. 그는 정치사상가로서 나라 안의 화합을 중시하고 백성에 대한 교화와 선정이 베풀어지는 공동체에 대해 역설했습니다. 착취당하는 백성이 없도록 개혁을 단행하기도 했고요. 정치 공동체가 건강해져야 한다. 인민이 살기 좋도록 공동체가 거듭나야 한다. 이것이 국방의 시작이고 강한 군사력의 전제 조건이라고 했습니다. 그래서 손자와 다르게 정치사상가로 다룰 수도 있는 인물입니다. 단순히 '어떻게 싸워 이길 것인가'만을 말하지 않았고 '어떻게 하면 내가 사는 공동체가 건강하고 백성이 행복할 수 있을까?' 하는 것까지 고민하고 사유했으니까요. 정말 곽말약이 말한 대로 중국 역사에서 마멸될 수 없는 인물이자 위대한 병법가이며 장수, 사상가입니다.

인문 고전 《오자병법》

고전은 언어입니다. 고전이 제기하는 문제와 주제를 놓고 우리는 시대와 세대, 공간을 초월해 누구와도 대화할 수 있기에 고전을 언어라 합니다. 《오자병법》은 이러한 언어가 될 수 있습니다. 보편적으로 이야기해볼 수 있는 무게 있는 주제를 담고 있기에 더 그렇습니다. 단순히 이기는 것만을 논하지 않고, 건강한 공동체와 애민愛民과 민본民本을 말하고 있는 이 병법서는 고전으로서 손색이 없습니다. 이 책은 고전《오자병법》에 대한 충실한 해석과 해설을 목표로 하고 있습니다.

인문 고전《오자병법》을 같이 읽고자 합니다. 고전을 읽으면서 이야기에 담긴 고민과 꿈에 대해 알아봅시다. 고전의 슬기와 지혜를 빌려봅시다. 그러면 어떤 혜안이 생길 수도 있을 것입니다. 특히 더 나은 우리 공동체의 미래를 그려보는 데 있어 고전의 지혜와 슬기가 도움이 될 것이라 확신합니다. 한 나라의 국방력을 높여 전쟁에서 이기는 방법만이 아니라 인간의 행복의 보편성에 대해서도 논하고 있기에《오자병법》은 우리에게 분명 어떤 방향을 제시해줄 수 있습니다.

인간다움 그리고 인간다운 삶이란 무엇인지, 더 나아가 인간이 정말 인간답기 살기 위해선 공동체가 어떻게 변해야 하고, 공동체의 변화를 위해 우리에게 어떤 비판 정신이 있어야 하는지. 이러한 질문을 던지고 답을 제시하는 인문 고전《오자병법》을 함께 읽으며, 우리 각자의 질문과 답을 찾고 싶습니다.

병법이란 장르

병법은 하나의 장르입니다. 특히 우리 동아시아만의 독자적 장르로서 우리 동아시아인의 실용적 지혜와 통찰이 담긴 자산입니다. 그런데 아쉽게도 개척이 안 되었습니다. 황무지 상태라고 할 수 있지요. 왜냐하면 우리는 그동안 《손자병법》만을 이야기했기 때문입니다. 그러나《손자병법》말고도 병법을

다룬 책은 많습니다. 강태공姜太公의 《육도六韜》도 있고 손빈孫臏의 《손빈병법
孫臏兵法》도 있으며 울료尉繚의 《울료자尉繚子》도 있고 사마양저司馬穰苴의 《사마
법司馬法》도 있습니다. 이 책에서 다루는 《오자병법》도 있고요. 또 오자서伍子胥
의 병법도 있습니다. 《노자老子》도 병법서이고요. 이렇게나 병법서가 많지만
우리는 지금까지 《손자병법》만을 얘기해왔습니다. 그러나 드디어 또 한 권의
'오자병법'이 세상에 나왔습니다. 전 자신 있게 말할 수 있습니다. 병법이라는
장르의 개척은 이제 시작이라고.

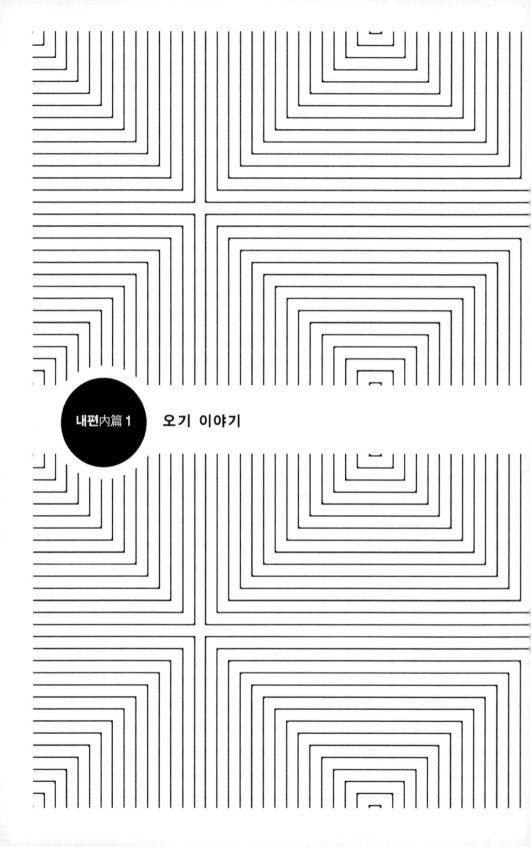

내편内篇 1   오기 이야기

위나라의 야인 전국시대를 열다

1장

동방의 젊은 협객

"동방 위나라 좌씨현 출신으로 지배층과는 문화도 혈통도 달랐던
야인 집단에서 태어난 오기. 그는 같은 위나라에서 태어나 공자 문하에서
활동한 자로처럼 무예에 능한 협객으로 자랐습니다."

은나라의 유민, 위나라의 야인

오기는 지금으로부터 대략 기원전 440년 전에 위衛나라에서 태어났다고 합
니다. 전국시대로 이제 막 접어들려는 시기에 태어난 오기. 법가 사상의 위대
한 종합자 한비자는 오기가 위衛나라 좌씨현左氏縣 출신이라고 했습니다. 오기
가 태어난 위衛나라는 사실상 주周나라 천하를 열었다시피 한 주공周公이 세
운 나라입니다.

은殷나라를 무너뜨린 주무왕周武王이 죽자, 주공 단旦이 조카 성왕成王을 보
필하며 국정을 다스렸습니다. 주공이 정국을 장악하자 이에 반발한 주공의
형제들이 은나라 유민과 힘을 합쳐 반란을 일으켰습니다. 이른바 삼감三監의

난. 이때 주공이 삼감의 난을 진압하고 나서 새로이 나라를 세웠습니다. 옛날 은나라의 노른자위 땅에 은나라의 고도인 조가朝歌를 수도로 하고 주문왕周文王의 아들 강숙봉康叔封을 제후로 앉혀 나라를 열었습니다. 사실상 은나라의 유민을 지배하고 감시하기 위해 세운 나라이지요. 그 나라에 가장 믿을 만한 주 왕실의 측근을 보내 지배하게 했는데 기층민은 당연히 망국의 유민, 은나라 사람이었습니다.

위衛나라는 서주西周 시대부터 춘추시대春秋時代 초기까지 국운이 항상 형통했습니다. 장공莊公의 정鄭나라, 환공桓公의 제齊나라, 문공文公의 진晉나라처럼 일류 국가로 도약하거나 패권 국가로서의 위상을 자랑한 적은 없었지만 강소국强小國들 가운데 가장 뛰어난 나라였습니다. 그러나 위환공衛桓公 때부터 왕위를 둘러싼 내분으로 국운이 꺾이면서 약소국으로 전락하고 말았습니다. 괴상한 취미에 정신이 팔려 국정을 돌보지 않았던 위의공衛懿公 때에는 북쪽 이민족에 의해 나라가 망하기도 했습니다. 그때 다행히 패자覇者 제환공이 다시 위衛나라를 재건시켰으나, 실추된 위상을 끝내 회복하지 못하고 줄곧 약소국 신세를 면치 못했습니다.* 왕실의 내분도 계속되었습니다. 위령공衛靈公 사후 왕위를 둘러싸고 부자들끼리 싸우는 등 내분이 거세졌는데, 그때 오기의 선배 자로子路는 내분에 휘말려 목숨을 잃고 말았지요. 협객이자 묵자墨子 사상의 비조이며 당대 정국의 거물이었던 자로가 위衛나라에서 죽은 것입니다. 이렇게 오기가 태어나 살았던 위衛나라는 항상 혼란스러웠습니다.

앞서 오기가 좌씨현이란 마을에서 태어나 자랐다고 했지요? 아마도 오기

---

* 제환공이 선의로 위衛나라를 재건시켜준 것은 아니었습니다. 국제 관계에 순수한 선의로 나서는 나라가 어디 있겠습니까? 북쪽 이민족들의 발호가 거세었는데 위衛나라를 재건시켜 울타리로 만들려는 계산에서 나라를 다시 일으켜준 것이지요. 이것이 효율적이라고 제나라는 판단했습니다.

는 당시 하층민 내지 야인野人이었나 봅니다. 그가 태어날 즈음 중원 여러 열국의 사정을 보면 군주를 중심으로 한 중앙집권화의 흐름이 거셌고 이로 인해 서주 시대부터 존속되어온 씨족공동체가 상당히 파괴되었습니다. 그런데 오기는 씨족공동체가 비교적 온전히 남아 있는 곳에서 태어나 자란 듯합니다. 이것만 보면 그는 지배 질서 밖의 사람이었고 문화적 수혜와 거리가 먼 야인, 그중에서도 소인小人인 것으로 보입니다.

당시 춘추전국시대에는 성 안에 사는 사람을 국인國人이라고 했습니다. 정치경제적 특권을 누렸고 교육과 문화의 혜택을 받은 사람들이지요. 반면 성 밖에 사는 사람들을 민民, 혹은 야인이라고 불렀습니다. 민과 야인 가운데 시대 변화의 흐름을 잘 타며 부를 쌓고 실력을 축적해 두각을 나타낸 자들이 있었는데 이들을 일컬어 소인이라 했습니다. 도덕적으로 열등한 사람을 뜻하기보다는 정치사회적 의미로 국인에게 경쟁자로 인식되기 시작한 사람들이지요. 오기는 위衛나라의 야인이자 소인이었습니다. 그는 귀족은 아니었지만 넓은 토지를 가진 부농의 아들이었습니다. 비록 출신은 천하지만 부유했지요. 그러면서 실력을 쌓고 중앙 정계를 두드렸던 소인의 한 사람이었습니다.

위衛나라 좌씨현 출신으로 지배층과는 문화도 혈통도 달랐던 야인 집단에서 태어난 오기. 그는 같은 위衛나라에서 태어나 공자 문하에서 활동한 자로처럼 무예에 능한 협객으로 자랐습니다. 그런데 단순히 무예만 닦은 것이 아니었습니다. 부농인 아버지 덕분에 배움의 기회가 있었습니다. 무예에 학문까지 겸비한 오기는 아버지의 부를 바탕으로 중앙 정계에서 뜻을 펼치고 싶었습니다. 세력가나 귀족 같이 신분이 높은 사람들과 연을 맺기 위해 오기는 아버지 재산을 물 쓰듯이 썼습니다. 귀족들과 관계를 트고 그들의 환심을 사기 위해 안간힘을 썼지요. 그러나 타고난 신분이 미천했기에 벼슬자리를 얻을 수 없었고 아버지의 재산만 탕진하고 말았습니다. 당시 지배층의 내분으로 바람 잘 날이 없는 위衛나라는 위태로웠습니다. 이러니 능력이 있다고 해도 하층민 출신의 소인인 자에게 돌아오는 기회는 없었습니다. 가산을 탕진한 탓에 오기의 아버지가 울화병으로 죽자 어머니는 그를 수차례 나무랐습니다. 그런데 어느 날 큰 사고가 터지고 맙니다.

사람들이 면전에서 오기를 조롱했습니다. 주제도 모르고 벼슬자리 구한다고 하더니 가산을 탕진해 패가망신했다며 사람들이 낄낄거리고 혀를 차며 오기를 비웃은 겁니다. 오기는 그만 분을 참지 못하고 그들을 모두 칼로 베어 죽이고 맙니다. 사마천의 이야기로는 무려 서른 명을 그 자리에서 베었다고 합니다. 이제 오기는 막다른 길에 놓이게 되었습니다. 죄에 합당한 극형을 당하든가 아니면 다른 나라로 몸을 피하든가 결단을 내려야 했지요. 오기는 급히 어머니에게 달려갔습니다. 어머니 앞에서 자신의 팔뚝을 물어뜯고 피가 흥건한 입으로 굳게 맹세합니다.

"어머니, 소자가 한 나라의 재상이나 장수가 되지 못하면 어머니를 다시는 뵙지 않겠습니다. 재상이 되거나 장수가 되면 그때 어머니를 모시러 오겠습니다."

오기는 이렇게 맹세하고 통곡하는 어머니를 등지고 노나라로 향합니다. 칼로 서른 명이나 베고 온몸에 피 냄새가 밴 채 어머니 앞에서 팔뚝을 물어뜯고 맹세하는 오기. 참 각박하고 잔인하고 무서운 사람으로 보입니다. 그런데 말입니다. 정말 오기가 이렇게 끔찍한 사고를 치고 위衛나라를 떠날 수밖에 없었던 것일까요?

당시엔 사무정주士無定主라고 했습니다. 능력자와 지식인에겐 정해진 주인이 없다는 말이지요. 춘추전국시대에 지식인과 무사는 모두 자유인이었습니다. 통치 전문가, 전문 행정인, 군사 전문가를 구하지 못해 야단이 난 춘추전국시대에 이들은 자신의 가치를 알아주는 군주를 만나기 위해 이 나라 저 나라 떠돌아다니며 자신의 지식, 기능, 재주를 팔아 부와 명예를 누렸습니다. 이러한 시대 상황에서 오기가 정말 끔찍한 사고를 치고 어쩔 수 없이 위衛나라를 떠났을까요? 상앙도 오기와 같은 위衛나라 출신이지만 타국에서 가서 뜻을 펼쳤고, 오기의 선배 자로도 위衛나라 사람이지만 노나라에서 활동했습니다. 무슨 극단적인 사건에 휘말리거나 사고를 치고서 이들이 위衛나라를 떠난 것은 아닙니다. 당대의 지식인과 무사는 어디든 자유롭게 갈 수 있는 존재였습니다. 오기가 재주는 있지만 성정이 거칠고 포악한 사람이라 살인 사건을 일으켰고 몸을 피하기 위해 위衛나라를 뜰 수밖에 없었다고 보긴 어렵습니다. 후에 오기는 위魏나라에서 등용되어 활약합니다. 덕 있는 인사와 유학자를 아끼고 이들을 스승으로 모시기도 했던 위魏나라의 군주 위문후魏文侯가 오기를 받아들인 것을 보면, 이 일화는 나쁜 의도로 만들어진 당대의 '악성 루머'와 같은 것이었다고 생각합니다. 실제《한비자》에서는 살인 사건이 아니라 왕실과의 갈등 탓에 오기가 위衛나라를 떠났다고 하지요. 어찌 되었든 오기는 결국 위衛나라를 떠나 노나라로 갑니다.

· 2장 ·

유학과 묵학을 배우다

"그는 이제 노나라에서 유학이 아니라 병학을 공부합니다.
유학을 배운 뒤 바로 관직에 나가지 않고 오기가 배운 노나라의
병학은 바로 묵가의 학문이었습니다."

증자를 만나다

오기는 증자의 문하에 들어가 공부하게 됩니다. 증삼曾參. 보통 증자라 불리
며 유교儒教에서 성인으로 대접받는 인물입니다. 일설에는 오기의 스승은 증
자가 아니라 증자의 아들 증신曾申이라고도 합니다. 아무튼 증자는 공자가 천
하주유天下周遊를 하고 돌아와 벼슬길을 포기하고 자신의 학문을 정리할 때 키
운 제자로서 공자 사상의 종지를 이었다고 평가받는 인물이지요. 이러한 증
자에게 배웠든 아니면 증신에게 배웠든 가학家學 전통이 강했던 당시의 배경
을 고려하면, 오기가 공자 사상의 정수와 요체를 배웠음을 쉽게 짐작할 수 있
습니다. 증자 문하에서 오기는 탁월한 학문적 재능과 성실함으로 일찍이 두

각을 드러내며 스승의 사랑을 한 몸에 받게 됩니다. 그리고 오래되지 않아 그의 재능과 학식이 일반 사람들에게도 알려집니다.

스승 증자는 제자를 아끼는 마음으로 오기를 지켜보았습니다. 그런데 뭔가 이상했습니다. 자신의 문하에 들어온 지 여러 해가 지났지만 오기는 늙은 어머니가 홀로 계신다는 위衛나라에 가는 일이 없었습니다. 오기의 가정 형편을 알고 있는 증자는 이런 제자의 행동을 이해할 수 없었습니다. 그런데 증자가 누굽니까? 《효경孝經》이란 책의 주인공이지요. 《효경》에는 공자와 증자가 등장하여 효孝를 주제로 문답한 내용이 담겨 있습니다. 유교의 경전 가운데 하나인 《효경》의 주인공 증자는 효의 '아이콘'이나 다름없습니다. 그런 증자가 오기의 행동을 이해할 수 없는 것은 당연했습니다. 증자는 오기를 불러 묻습니다. 어찌된 일이냐고. 오기는 증자에게, 어머니에게 일국의 재상이나 장수가 되지 않으면 찾아뵙지 않겠다고 맹세했다고 답했습니다.

증자는 기가 찼습니다.

'어머니에게 맹세하는 경우도 있단 말인가? 또 그것이 늙은 어머니를 뵙지 못하는 이유가 되고?'

하지만 증자는 제자의 성실함과 특출 난 학문적 재능이 마음에 들었기에 못마땅한 심사를 묻어두었습니다. 증자는 제나라 전田씨 집안과 교분이 두터웠습니다. 제나라는 유가儒家의 본산인 노나라의 이웃 나라로 지식인을 우대하는 풍조가 있었습니다. 그러다 보니 노나라 유학자들은 제나라와 교류가 많았습니다. 제나라의 군벌이자 유력 대부인 전씨 집안은 나라를 차지하려는 야심을 품고 인재를 모으기 위해 노력했는데, 이들은 증자와도 친분이 있었습니다. 어느 날 증자의 집에 전씨 집안의 사람이 찾아왔습니다. 그는 전거田居라는 대부로 오기와 만나 이야기를 나눕니다. 오기의 명성이 제나라에까지 퍼지자 전거는 평소 오기가 어떤 인물인지 궁금했습니다. 그러던 차에 증자의 집에서 오기를 만나게 된 것이지요. 오기가 소문대로 높은 학식에 비범한 재능을 지녔음을 알자, 전거는 그가 한눈에 마음에 들었습니다. 마침 전거에게 혼기가 찬 딸이 있었습니다. 하지만 학식과 재능은 있을지언정 오기의 신분은 하찮기 그지없었습니다. 이 때문에 전거는 딸의 결혼 상대로는 오기가 어울리지 않는다고 여겼지요. 신분이 미천한 자에게 대부가 딸을 시집보낼 수는 없는 노릇이었습니다. 이때 스승 증자가 나섭니다.

이름난 지식인 증자가 직접 나서 제자 오기의 혼사를 위해 전씨 집안에 기별을 보내 정식으로 중매를 섭니다. 위衛나라의 야인 오기는 이렇게 귀족 집안의 딸과 결혼하게 됩니다. 스승 덕분에 과분한 규수와 맺어지게 되었지요. 그만큼 증자는 제자 오기를 아꼈습니다.

묵학을 배우다

어느 날 위衛나라에 있는 오기의 어머니가 숨을 거두었습니다. 어머니의 부고가 곧 오기에게 전해졌습니다. 하지만 오기에게는 어머니 앞에서 한 맹세가 있었지요. 장수나 재상이 되지 않고서는 절대 뵙지 않겠다고. 또한 그는 살인을 저지른 죄인의 몸이었습니다. 위衛나라로 가게 된다면 사형을 면할 수 없었습니다. 오기는 그저 고향 땅을 향해 엎드려 절하면서 통곡하기만 했습니다. 이때 증자가 오기를 부릅니다.

"어머니가 돌아가셨는데도 고향으로 돌아가 상을 치를 생각은 안 하는구나. 이게 어찌 된 일이냐?"

위衛나라에서 사람 수십 명을 죽이고 도망친 일을 말할 수는 없는 노릇이라, 오기는 그저 어머니에게 한 맹세를 스승에게 재차 말했습니다. 증자는 오기가 이전부터 고향에 한 번도 가지 않은 것이 내심 의아했고 또 못마땅했습니다. 그런데 어머니가 돌아가셨는데도 자식 된 도리로 상례를 치르러 갈 생각은커녕 꿈쩍도 하지 않는 제자의 모습을 보니, 증자는 오기에게서 효심의 효 자도 찾아볼 수 없습니다. 더구나 다른 제자들의 말을 통해 위衛나라에서 사람을 죽이고 도망쳤다는 사실까지 증자는 알고 있었지요.

"맹세라는 것을 부모에게 하는 것이더냐?"

"……."

"너는 고향을 등진 지 6년이란 세월이 흐르는 동안 어머니를 뵙기 위해 고향을 찾은 적이 한 번도 없었다. 그리고 어머니가 돌아가셨는데도 상을 치를 생각도 하지 않다니… 나는 네놈이 짐승인지 사람인지 모르겠구나!"

스승의 호통에 오기는 그저 할 말이 없습니다.

"정녕 어머니 상을 치를 생각이 없다더냐! 짐승보다 못한 네놈을 더 이상 내 문하에 둘 수 없다. 어서 썩 내 집에서 나가거라!"

퇴출사문. 오기는 결국 파문을 당하고 맙니다. 그렇게도 자신을 아끼고 예뻐한 스승. 미천한 신분의 제자를 대부의 딸과 맺어준 스승. 그런 스승에게서 오기는 마지막으로 짐승보다 못한 놈이라는 말밖에 들을 수 없었습니다.

오기는 스승의 문하에서 쫓겨났지만 위衛나라를 떠날 때만큼 비참하고 막막한 처지는 아니었습니다. 이름과 실력이 어느 정도 세상에 알려진 터라, 자신의 학문과 재능을 팔아 벼슬자리는 너끈히 구할 수 있는 형편이었습니다. 그런데 바로 출사出仕하지 않고 다른 학문을 배웁니다. 바로 병가兵家의 학문. 그는 이제 노나라에서 유학이 아니라 병학兵學을 공부합니다. 노나라의 병학은 무엇일까요? 유학을 배운 뒤 바로 관직에 나가지 않고 오기가 배운 노나라의 병학은 바로 묵가의 학문이었습니다.

천인의 학문, 묵가의 사상은 원래부터 무사들의 학문이자 사상이었습니다. 천인 출신의 공인 특히 축성 기술자와 방어 전문 무사가 모여서 집단을 이뤘는데, 이들 가운데 걸출한 인물인 묵자가 나와서 묵학을 개창했지요. '묵수墨守'라는 말이 바로 묵가에서 나왔습니다. 목숨 걸고 끝까지 성을 지키는 묵가의 무사로서의 결연한 자세는 당대에 유명했지요. 오기는 본래 천한 신분이자 협객으로 묵학은 그의 체질에 잘 맞았습니다. 묵학을 배워 자신의 것으로 삼은 오기는 단순히 무사나 협객이 아니라 한 나라의 장수 역할을 톡톡히 할 만한 내공을 갖추게 됩니다. 묵학의 비조 자로처럼 한 나라의 장수가 될 그릇이었던 오기는 이제 그에 걸맞은 실력까지 갖추게 된 것이지요.*

그런데 증자의 문하에서 쫓겨나 묵학을 배웠다 하니, 오기가 증자에게 버림받은 이야기에 의혹이 생깁니다. 오기는 정말 어머니 상례 문제로 스승에게 퇴출당했을까요? 당시 묵자의 학문은 공자의 학문과 양대 현학으로 불리며 공자의 학문과 대립하며 경쟁했습니다. 물과 기름이라고도 볼 수 있었지요. 유학은 귀족의 입장을 대변할 뿐, 군사의 일과는 거리를 두고 나라 살림살이를 꾸려가는 물적 토대를 보는 시야가 없었습니다. 이 탓에 현실에서는 무력할뿐더러 각론에서도 그리고 현장에서도 맥을 못 춘 학문이었지요. 이런 약점들이 유학을 공부하던 오기의 눈에 들어온 것이 아닐까요? 이런 이유로 오기가 스승과는 다른 학문의 길을 찾아 나선 것이라고 볼 수도 있습니다. 사

---

* 자로는 오기와 같은 위衛나라 천인 출신의 인물로 협객으로 활동했습니다. 후덕한 인품과 신의와 의리로 이름난 거물이었습니다. 자로는 태어난 나라와 성장 과정, 스승과의 관계, 개인적인 성격과 인망, 그리고 묵자 사상이란 공통점까지 오기와 닮은 점이 아주 많습니다. 오기가 자로의 환생이 아닌가 싶을 정도이지요. 공자는 자로를 한 나라의 장수가 될 만한 그릇이라고 인정했습니다. 훗날 오기는 자로가 이루지 못한 장수의 꿈을 이룹니다.

문에서 퇴출되어 갈 곳이 없어 단순히 노나라의 병학을 배운 것이 아니라 자신의 발로 다른 길을 찾아 나선 것일지도 모른다는 말입니다.

앞서 묵가 사상의 비조는 자로라고 했습니다. 그는 스승 공자와 숱하게 부딪치고 갈등을 일으켰습니다. 공자 학단 내에 별도로 자로를 따르는 사람들이 있을 정도였는데, 그는 공자에게 학문적 제자로는 끝내 남지 않았고 삶의 동반자로만 함께하다가 결국 무사로서의, 협객으로서의 도의를 지키기 위해 위衛나라 정변에 휩쓸려 죽고 말았습니다. 그렇게도 그가 강조했던 도의와 신의를 지킨 것이지요.

증자와 오기의 관계도 공자와 자로의 관계와 비슷합니다. 더구나 오기가 병법을 배우고, 향후 장수로 활약했으며, 초나라에서는 그토록 유학자들이 싫어하는 변법變法 노선을 걸은 것을 보면, 애초에 스승 증자와 학문적 대립 내지 이견이 있었다고밖에 볼 수 없습니다. 이런 이유 탓에 스승의 문하를 떠날 수밖에 없었던 게 아닌지···. 더구나 증자는 유학 가운데서도 관념론적 유학을 대표하는 사상가입니다. 자하子夏와 자공子貢 쪽의 유학이라면 현실에서도 쓰일 여지가 많지만 증자의 유학은 추상적이고 관념론적이었지요. 공자도 증자를 노둔하다고 말했습니다. 성실함과 신실함은 인정해도 꽉 막힌 제자라고 평했지요. 공자보다도 더 관념론적인 증자의 학문이 현실에서 뭔가를 해내고자 하는 오기의 성에 찼을 것 같지는 않습니다. 한 나라의 재상, 장수가 되고 싶은 오기에게 관념론적 유학은 공부할수록 체질에 맞지 않는 학문으로 느껴졌을 겁니다.

공자와 여덟 살 차이밖에 나지 않는 자로는 어쩌면 스승 공자와 친구 같은 사이였을 겁니다. 그래서인지 학문적 제자로 남을 수는 없었어도 삶의 동반자로서 여생을 함께할 수 있었을 겁니다. 그러나 오기는 자로와 달리 스승 곁을 떠날 수밖에 없었나 봅니다. 증자가 저주를 퍼부으면서 오기를 퇴출시켰는지 아니면 오기가 먼저 자기 발로 나왔는지 단정적으로 말할 수는 없습니다. 어쩌면 그토록 아꼈던 제자의 선택을 존중하고 앞날을 염려하는 마음으로 성공을 기원하며 오기를 보내줬을 수도 있지요. 공자도 자로와 많이 부딪쳤지만 시종일관 제자를 아꼈습니다. 증자도 평소 제자를 무척이나 아꼈으니 부모의 마음으로 제자를 품에서 놓아줬을 수도 있습니다. 진정한 스승이라면 아량과 관용을 베풀었겠지요. 사실 증자의 인품이라면 그렇게 했을 것 같습니다.

한편 묵학을 배워 장수의 길을 가면서도 오기는 자신을 유학자라고 생각했습니다. 애민 정신과 백성의 신뢰 등 유자儒者로서의 신념을 버리지 않았지요. 스승에게 버림받았다면 그렇게 할 수 있었을까요? 전 극단적인 사건 때문에 증자와 오기가 결별했다고 보지 않습니다. 증자는 마음속으로나마 따뜻하게 제자를 보내줬을 것이라고 생각합니다. 그렇기에 오기는 자신이 유자임을 자랑스러워했고 자신이 배운 유학적 이상을 비록 응용하고 변형했다고 할지라도 현실에서 고집했고 이루려고 노력했던 것이지요.

제자를 아꼈던 스승 증자. 문하에서 나와 홀로서기를 하는 제자 오기. 6년 동안 같이 지내면서 쌓인 사제 관계의 정은 얼마나 깊었을까요? 제자가 눈물을 흘리며 절을 하고 떠납니다. 그리고 제자가 떠나는 길을 스승이 배웅합니다. 이제 제자는 스승을 뒤로하고 눈물을 훔치고 제 갈 길을 갑니다.

· 3장 ·

노나라의 장군이 되다

"오기는 총사령관의 자리에 올라 제나라와의 전면전을 준비합니다.
이제 본격적으로 자신의 실력을 발휘해 위명을 떨칠 때가 되었습니다."

장수의 첫발을 내딛다

유학에 이어 묵학까지 배운 오기. 그는 이제 옛날처럼 기회를 구걸하러 다닐
필요가 없었습니다. 노나라의 병학까지 흡수한 오기는 바로 노나라군에 자리
를 얻어 지휘관이 되었습니다. 공의휴公儀休라는 노나라의 재상이 그를 지휘
관으로 적극 천거했지요. 오기는 이렇게 노나라군의 지휘관으로 관직의 삶을
시작합니다.

　오기가 노나라 군사를 직접 살펴보니 오기의 눈에는 병사들 모두 한심하기
짝이 없었습니다. 도저히 군사라고 할 수 없었지요. 군 기강도 없을뿐더러 사
기는 땅에 떨어졌고 훈련도 제대로 되어 있지를 않았습니다. 노나라는 항상

이웃의 강대국 제나라에 치여 패전을 거듭했습니다. 그러는 동안 병사들의 마음속에는 패배 의식이 뿌리 깊게 박혀, 병사들은 전투에 임할 때마다 지레 겁부터 먹었습니다. 오기가 본 노나라 군사의 현실이었습니다.

안되겠다 싶었습니다. 그래서 오기는 바로 강도 높은 군사훈련을 시작합니다. 병사들과 같이 자고 함께 먹고 똑같이 훈련받으며 그들을 다그치고 독려하며 훈련시켰습니다. 병사들과 어려움과 즐거움을 함께하는 동고동락의 자세. 전형적인 거자巨子의 모습입니다. 거자. 묵가의 무리는 자신들의 우두머리, 즉 지도자를 거자라고 불렀는데요, 거자는 조직의 우두머리이지만 특권을 누리지 않고 구성원과 함께 생활하며 어려움을 나눴습니다. 오기는 거자로서의 자세로 병사들을 조련하고 성장시켰습니다.

지휘관이 고생을 마다하지 않으며 부대를 이끄는 모습. 처음에 병사들은 오기의 그런 모습에 반신반의했습니다. 아마도 일시적인 '보여주기'라고 생각했나 봅니다. 그러나 솔선수범하고 병사들을 챙기며 어려움을 같이하는 모습을 일관되게 보이자, 병사들은 오기를 진심으로 믿고 따르게 되었지요. 그들은 오기 장군이 시키는 강훈련을 묵묵히 소화해냅니다. 지휘관부터 몸을 사리지 않고 고생을 하는데 병사들이 따르지 않을 수 있겠습니까? 그리고 지휘관을 포함한 모든 병사들이 똑같이 강훈련을 하다 보니, 단결심으로 똘똘 뭉친 군대로 다시 태어났습니다. 오기는 비로소 강한 전투력을 지닌 정예군을 거느리게 됩니다.

오합지졸이었던 군사가 사기 충만한 정예군으로 바뀌자 오기는 중요한 결정을 내립니다. '이제야 비로소 싸워볼 만하겠다'는 확신이 들었기 때문입니다. 오기는 제일 먼저 제나라군을 칠 생각을 합니다. 병사들과 자신의 실력을 발휘해보고 싶었고 병사들의 마음속에 있는 패배주의도 완전히 씻어내고 싶었습니다. 그런데 패배주의는 강훈련을 통해서 어느 정도 극복할 수 있다지만, 결국 실전에서 승리를 맛보아야만 완전히 떨쳐낼 수 있습니다.

오기는 노군 총사령관에게 제안합니다. 소수의 병력만 이끌고 제나라군을 기습하겠다고. 총사령관은 무모한 행동이라면서 펄쩍 뛰며 안 된다고 만류했습니다. 이때 오기는 자신의 목을 내겁니다. 실패하면 목숨을 바치겠다며 뜻을 굽히지 않았습니다. 결국 자신의 목숨을 걸고 총사령관에게 겨우 허락을 받아냅니다. 이윽고 밤이 깊어지자 오기는 결사대를 이끌고 제나라군을 급습하는데….

다음 날 오기는 단 한 명의 사상자도 없이 결사대원들과 노군 진영으로 귀환합니다. 전리품을 가지고 적군 포로를 잡아 돌아왔습니다. 노군의 총사령관과 노군의 전 병사들은 경악을 금치 못했습니다. 이때가 바로 오기가 군신軍神으로서 첫 발을 내딛는 순간이었습니다. 제나라와의 전투, 전쟁에서 항상 패배하기만 했던 노나라는 오기의 활약으로 값진 승리를 거두게 됩니다. 하지만 제나라도 가만있지는 않았지요. 제나라는 오기에게 당한 패배를 빌미로 전쟁을 일으킬 생각을 합니다. 국지전이 아니라 전면전을.

제나라 전화田和라는 장수가 오기의 상대로 나왔습니다. 앞서 말한 대로 전씨 집안은 제나라의 유력 대부이자 군벌 집안입니다. 군벌에게 전쟁은 생존의 근거이자 이유. 이들은 전쟁을 통해 기득권을 유지하고 강화하지요. 때론 나라를 자기 소유로 만들기도 합니다. 오기에게 당한 패배는 전쟁을 일으킬 좋은 구실이 되었습니다. 전화는 자신의 권력과 세력을 늘리기 위해 전면전을 준비한 지 얼마 되지 않아 대군을 이끌고 노나라를 침략합니다.

아내의 목을 치다

약소국 노나라 앞에 단순한 국지전 정도가 아니라 전면전이 닥치게 되었습니다. 풍전등화의 상황에 놓인 노나라 조정에선 긴급회의가 열렸습니다. 누굴 대장군으로 해서 제나라와 싸워야 할지 갑론을박이 벌어졌지요. 그때 노나라의 재상인 공의휴가 대장군 자리에 오기가 제격이라며 추천했습니다. 하지만 다른 대신들이 오기의 아내가 침략국 제나라 대부의 딸이라며 반대했습니다. 제나라 사람을 아내로 둔 그를 임명했다가는 배반할지 모르기 때문에 오기는 부적절하다는 것이었습니다. 스승 증자가 맺어준 인연, 자신의 출신과 신분에 비해 과분한 아내. 하지만 아내로 인해 오기는 총사령관 자리에 오르지 못하게 될 상황에 놓였습니다. 조정에서 오가는 이런 논박을 결국 오기도 듣고야 말았습니다. 그 길로 오기는 칼을 들고 집으로 가 아내와 이야기를 나눕니다.

"남편이 장수가 되고 부귀영화를 누리는 것, 어떻게 생각하시오?"

싸늘하고 서늘한 남편의 시선과 말에 아내는 겁에 질렸지만 차분하고 공손하게 대답합니다.

"세상에 어느 부인이 남편의 출세를 원하지 않겠습니까?"

오기는 말합니다.

"지금 제나라군이 쳐들어와 조정에선 나를 총사령관에 앉혀 상대하려 하오. 하지만 부인이 제나라 사람임을 들어 반대하는 자가 많다는데 어찌하면 좋겠소?"

"……."

오기는 바로 단칼에 부인의 목을 베어버리고 맙니다. 오기는 잘린 아내의 목을 주어 비단에 싸들고 노나라에 조정으로 들어갑니다. 그리고 군주와 관료들 앞에 아내의 목을 내던지며 말합니다. 이제 총사령관이 되어 제나라 군사와 싸우러 가도 되겠느냐고. 노나라 군주 목공穆公을 비롯해 모두가 얼이 나가 아연실색한 표정을 짓는데…, 결국 오기는 총사령관에 임명이 됩니다. 이렇게 해서 그토록 자신이 원하던 한 나라의 장수가 되었습니다. 살처구장殺妻求將. 아내를 죽여 장수의 자리를 구걸하다. 바로 이때의 일로 생긴 사자성어입니다. 출세를 위해 잔인할 뿐 아니라 반인륜적인 행위도 서슴지 않는다. 즉 출세를 위해 못하는 짓이 없는 자나 그런 행위를 말할 때 쓰는 사자성어지요.

아내의 목과 바꾼 장수의 자리. 정말 극악무도한 일이 아니라 할 수 없습니다. 진위가 의심스럽기는 하지만 어쨌거나 오기는 총사령관의 자리에 올라 제나라와의 전면전을 준비합니다. 이제 본격적으로 자신의 실력을 발휘해 위명威名을 떨칠 때가 되었습니다.

오기와 싸우게 된 제나라의 대장군 전화田和는 야심이 많은 자였습니다. 그러나 그는 야심만큼 그릇이 크지 않았고 매우 교만했습니다. 그는 밀정을 보내 노나라 군사의 동태를 살피게 했습니다. 적진을 살핀 밀정이 돌아와 전화에게 보고했지요. 오기가 장수 신분인데도 병사들과 함께 식사를 하고 있다고. 그러자 전화는 오기를 비웃습니다. 장수는 모름지기 위엄이 생명인데 사병들과 함께 식사를 할 정도로 행동이 경박하니, 그런 장수가 이끄는 노나라 군의 위력은 볼 것도 없다며 오기의 군사를 과소평가한 것이지요.

제나라 전씨 군벌 집안에서는 사마양저라는 병법의 대가가 나왔고 후에 손자라는 병법 사상가도 나왔습니다. 사마양저나 손자 모두 중요시하는 게 바로 '세'입니다. 세는 쉽게 말해 주도권 내지 우월한 위치입니다. 항상 아군이 주도권을 가지고 싸워야 하며 적군보다 우월한 위치에서 싸워야 합니다. 또 장수가 병사들보다 우월한 위치에 서서 그들을 이끌어야 합니다. 특히 후자의 세를 전씨 집안의 병법가들이 중시했지요. 사령관을 적군보다 더 무서워하게 만들어야 합니다. 그래야 병사들이 어떤 명령이라도 따를 수 있다고 합니다. 그들에게 오기가 병사들과 동고동락하는 장면은 이해할 수 없는 일이었습니다. 전화 역시 전씨 집안 장수로서 이런 관념을 가졌기에 오기와 그의 군사를 얕잡아 보았습니다. 지휘관이 상대를 깔보는 건 절대 금물이거늘, 전화는 자신도 모르게 오기와 노나라군을 무시했습니다.

그러나 돌다리도 두들겨보고 건너야 하는 법. 전화는 다시 장축張丑을 사자 겸 간첩으로 노군 진영에 파견합니다. 적진에게 보내는 사자는 원래 간첩 역할을 겸했습니다. 제나라 사자가 오자 오기는 일부러 정예병을 숨기고 노쇠한 군사를 그의 눈에 띄게 했습니다. 그러면서 공손한 태도로 장축을 맞고 극진하게 대접했지요. 적군에게 극진하게 접대받은 장축은 이내 방심하게 되었습니다. 장축이 오기에게 궁금한 것을 묻습니다.

"장군께서 부인을 죽여 대장군이 되었다는데 사실이오?"

"아니오. 아내가 병으로 죽었는데 마침 그때 제나라 군사가 쳐들어와 그런 소문이 난 거 같소. 내가 아무리 불초해도 부인을 죽였겠소?"

장축은 이때 오기의 마음을 떠보는데,

"장군께서 우리 전씨 집안과 인연도 있으니 화평을 맺으심이 어떠하오?"

오기는 능청스레 대답합니다.

"나는 원래 문인이외다. 어찌 처가 되는 쪽과 싸우기를 원하겠소. 제나라 측에서도 화평을 원한다면 우리도 찬성이오."

이렇게 사자를 극진하게 대접한 다음 날, 오기는 그를 배웅하는 자리에서도 줄곧 저자세를 보였습니다. 자기의 입장을 최대한 좋게 전달해달라고 제나라 사자에게 부탁하고 간청했지요. 장축을 돌려보낸 뒤 오기는 곧바로 움직였습니다. 척후병을 은밀히 대동해 대담하게도 직접 장축의 뒤를 밟아 제나라 진영을 염탐했습니다. 사령관의 방심 탓인지 아니면 장축의 보고 탓인지, 제나라군은 아무런 대비 없이 느슨하게 풀어져 있었습니다. 이를 확인한 오기는 급히 자기 진영으로 돌아와 정예병을 이끌고 제나라 진영을 급습합니다. 방심한 상태에서 노나라 정예병의 습격을 받은 제나라군은 이렇다 할 저항도 제대로 못 하고 바로 무너졌습니다. 다소 지리멸렬하게 저항하다가 결국 노나라군에 의해 궤멸되고 맙니다. 전투가 끝나자 제나라 병사들의 시체가 산을 이루었습니다. 막강한 제군의 위용은 어디에서도 찾을 수가 없었지요. 오기는 이렇게 제나라군을 대파했습니다. 이윽고 노나라의 도성에 승전보가 전해졌습니다. 오기가 노나라의 영웅으로 급부상하는 순간입니다.

4장

위나라로 향하는 발걸음

"유학과 묵학 등 동방의 정통 학문을 배웠으며,
동방 노나라에서 장수 자리에 올라 이름을 떨치기 시작한
동방의 사나이 오기가 이제 서쪽으로 갑니다."

굴러 들어온 돌

오기는 출신이 천한 데다 기려지신羈旅之臣이었습니다. 쉽게 말해 '굴러 들어온 돌'이라는 뜻이지요. 춘추전국시대엔 나라마다 인재를 구하지 못해 야단했다고 하지만, 그렇다고 모든 나라에서 외부 인재가 환영받고 대접받은 건 아니었습니다. 이들에게 배타적인 나라도 있었지요. 나라마다 외부 인사와 지식인을 대우하는 문화가 조금씩 달랐습니다. 제나라와 서방의 진秦나라는 외부 인재에 관대했고 그들이 능력만 있으면 얼마든지 기회를 주었습니다. 반대로 토착 귀족 세력이 강한 나라에서는 외부에서 '굴러 들어온' 인재가 좀처럼 뜻을 펼치고 권력의 중심부로 갈 수 없었지요. 오기가 처음으로 관직에

나아간 노나라가 바로 그랬습니다. 더구나 노나라는 주나라의 문화, 관습, 소프트 파워soft power*를 간직한 나라로 과거의 여러 관습과 폐습에 집착했습니다. 그뿐만이 아니라 국왕과 성이 같은 동성同姓 대부 여럿이 국정을 독점하여 운영한 나라였기에 외부의 인재를 포용할 여건이 안 되었지요.

제나라를 대파하고 돌아왔다지만 어디까지나 오기는 기려지신. 그에게 갖가지 참소와 모함이 쏟아집니다. 오히려 전쟁 영웅이란 것이 더 문제되었습니다. '상을 주어도 부족하지 않은가' 하고 생각하기 쉽습니다만 정치공학상 군권을 '굴러 들어온' 자에게 계속 맡길 수는 없습니다. 오기를 겨냥한 견제와 공격의 소리가 조정에 빗발칩니다.

"아내를 죽여 장수 자리를 구걸한 자입니다!"

"이번에 대패한 제나라는 전열을 정비해 더 큰 대군을 이끌고 본국으로 쳐들어올 것이며 다른 나라들도 우리의 힘이 커지는 것을 우려해 본국을 도모할 것입니다!"

"위衞나라에서 수십 명을 살해한 전과가 있는 흉악한 자입니다. 더구나 위衞나라는 우리 노나라와 같은 주나라 왕실의 후손이 세운 나라로 우리와 서로 형제 국가가 아닙니까!"

이렇듯 갖가지 이유를 대면서 오기를 모함했습니다. 그러나 이는 노나라 토착 귀족이 오기를 견제하고 자신의 기득권을 지키기 위해 날조하고 만들어 낸 핑계고 중상모략일 뿐이었지요. 정치권력의 핵심인 군권을 오기에게 절대로 양보할 수 없었을 겁니다. 대신들 사이에선 오기에게서 장군직을 박탈하는 것은 물론 아예 죽이려는 음모까지 오갔습니다. 오기는 조정에 있는 자기

---

* 물리적인 힘을 뜻하는 하드 파워hard power에 대응하는 개념으로, 문화, 예술, 정보 등의 힘을 뜻합니다.

사람에게 이러한 상황을 전해 듣게 됩니다. 앞뒤 정황을 영민하고 빠르게 파악한 오기는 지체 없이 짐을 꾸립니다.

"은혜도 모르는 놈들! 목숨을 걸고 싸워 사직을 지켜주었건만 나를 참소하고 죽이려 하다니!"

침을 뱉고 노나라를 떠나는 오기. 그는 노나라의 수도 곡부曲阜를 떠나 서쪽으로 갑니다. 동방 위衛나라에서 태어나 동방 출신 부인을 얻었고, 유학과 묵학 등 동방의 정통 학문을 배웠으며, 동방 노나라에서 장수 자리에 올라 이름을 떨치기 시작한 동방의 사나이 오기가 이제 서쪽으로 갑니다. 오기의 발길이 향한 곳은 위魏나라였습니다. 자신의 조국 위衛가 아닌 위魏입니다. 춘추시대에 초나라와 더불어 양강兩强으로 천하를 호령한 패권국 진晉나라가 있었습니다. 진晉나라는 힘과 세력을 지닌 신하들에 의해 셋으로 나뉘었습니다. 그 결과 한韓나라, 위魏나라 조趙나라가 탄생합니다. 그중 하나가 바로 위魏나라입니다. 진晉나라를 모태로 하기에 이 세 나라를 삼진三晉이라고 불렀지요. 오기는 삼진의 하나인 위魏나라의 수도 안읍安邑으로 향했습니다. 춘추시대 최강국이었던 진晉나라가 셋으로 쪼개져 생긴 이들 세 나라 가운데서도 위魏나라는 전국시대의 선두 주자로 가장 먼저 치고 나옵니다. 훗날 천하를 통일한 시황제의 진秦나라보다 앞서 천하통일의 기회를 잡은 나라가 바로 위魏나라였지요. 전국시대 초기의 최강국 위魏나라에서 오기는 다시 비상을 꿈꿉니다.

위문후의 고민

전국시대. 영어로는 Warring State. 말 그대로 나라 간 전쟁이 치열했던 시대입니다. 전쟁으로 해가 뜨고 전쟁으로 해가 졌습니다. 전쟁을 통해 국가 합병과 천하통일을 이루기 위해 많은 나라들이 치열하게 경쟁한 시대이지요. 춘추시대에는 '주례周禮'라는 문화 관습을 대내적·대외적으로 존중하는 배경하에서 내치를 하고 외교를 했습니다. 이런 까닭에 춘추시대의 전쟁은 마치 귀족의 게임과도 같았지요. 춘추시대만의 낭만이라고 해야 할까요? 지킬 것은 지키자는 생각에 공감대가 있었고 나름의 규칙도 있었습니다. 그런데 이제 규칙이 사라진 시대가 열렸습니다. 바로 전국시대입니다.

춘추시대에 초나라와 더불어 최강국이었던 진晋나라가 삼분되면서 전국시대가 시작되었습니다. 위魏나라가 전국시대 초기에 선두주자로 급부상하여 진晋나라 시절의 영광을 상당 부분 되찾았습니다. 위魏나라의 전신 진晋나라는 진문공晋文公의 할아버지 진무공晋武公 때부터 국운이 융성하기 시작했습니다. 이후 진무공의 뒤를 이은 진헌공晋獻公과 진혜공晋惠公 모두 왕권 강화와 중앙집권화를 바탕으로 군사 대국을 위해 국가를 충실히 정비했습니다. 드디어 진晋나라는 춘추시대 두 번째 패자로 대접받는 진문공 때에 이르러 가히 중원의 최강국으로 발돋움했습니다.

진무공은 사실 진晋나라의 원래 주인이 아니었습니다. 곡옥曲沃이라는 국가의 한 거점에 국왕이 자신의 동생을 앉혔는데 이것이 문제의 발단이 되었습니다. 그곳에서 힘을 키운 왕실의 동생 세력이 하극상을 일으켜 결국 진晋나라를 차지한 것이지요. 이런 과정을 통해 나라를 장악한 탓에 진무공과 바로 뒤를 이어 왕위에 오른 진헌공은 친척을 믿을 수 없었습니다. 기회가 생겼다 하면 친척 세력을 축출하고 무참히 숙청했습니다. 당시 제후의 세력, 즉 왕실을 공실公室이라고 했는데, 공실 내에서 하극상을 일으켜 나라를 거머쥐었으니 자연히 군주는 공실의 인사들을 쳐낼 수밖에요.

공실의 세력을 무참히 숙청하면서 군주의 지위를 강화하고 그러면서 진晉나라는 춘추시대 패자로 부상해 장시간 중원 질서의 중심에 서서 지배력을 행사했습니다. 진晉나라는 횡포도 부려 다른 나라를 착취하기도 하고 때로는 갈등을 조정하면서 국제무대의 패권 국가로 활약했습니다. 그런데 패자의 지위를 유지하려다 보니 필연적으로 전쟁을 자주 벌일 수밖에 없었지요. 잦은 전쟁으로 나라 안에 큰 우환이 시나브로 생기게 되었습니다. 왕실의 세력이 아주 약한데도 전쟁을 자주 일으키다 보니, 이성대부異性大夫들, 즉 왕실과 성이 다른 대부 세력이 점차 군벌로 성장하면서 왕실보다 더 큰 힘을 가지게 되었습니다. 결국 이성대부 여섯 가문이 공실 세력을 무력화시켰고 군주를 허수아비로 만들었습니다.

지知씨, 범範씨, 중행中行씨, 위魏씨와 조趙씨, 한韓씨 여섯 가문이 나라를 장악했는데, 이 가운데 지씨와 한씨, 조씨, 위씨 네 세력이 살아남았으나, 이들끼리 힘겨루기를 하는 와중에 지씨 세력마저 망하고 맙니다. 결국 기원전 438년 조씨와 한씨, 위씨, 즉 조양자趙讓子, 한강자韓康子, 위환자魏桓子가 진晉나라를 삼분하여 군주의 자리에 오릅니다. 이들은 진晉 군주를 도성에서 쫓아내 작은 땅으로 유배 보내고 나서 감시합니다. 시간이 흘러 기원전 403년경 이들 세 군주들은 그나마 남은 진晉 왕실 소유의 작은 땅마저 없애고, 왕을 평민으로 강등시켜 진晉나라를 완전히 역사의 무대 뒤로 퇴장시켜버렸습니다. 그런 다음에 동주東周 왕실의 군주 위열왕威烈王에게 정식으로 제후 승인을 받았지요.

중원을 장악했던 '태행산太行山의 호랑이' 진晉나라는 이렇게 세 나라로 갈라졌습니다. 태행산의 호랑이는 중원을 호시탐탐 노리는 '서쪽의 독사'가 동쪽으로 나오지 못하도록 방패 역할도 했지요. 춘추시대 초기부터 엄청난 잠재력을 인정받아 '호랑이와 이리 같은 나라'라는 뜻으로 호랑지국虎狼之國으로 불린 진秦나라. 이 서쪽의 독사가 중원으로 들어오지 못하게 막았던 진晉나라는 세 나라로 갈라졌음에도 여전히 방패 역할을 해냅니다. 한, 위魏, 조 삼진은 진秦나라와 격렬하게 싸우고 갈등합니다. 그리고 삼진, 세 나라 모두 자신들이 춘추시대 최강국 진晉나라의 적자라고 자부했고, 진晉나라 같은 패권 국가를 지향했습니다. 특히 위魏나라가 그랬습니다.

위魏나라엔 위문후라는 개명군주가 있었습니다. '문文'이라는 칭호에서 알수 있다시피 학문을 좋아하는 군주로 이름난 인물이었지요. 인재를 아끼고 어진 이를 스승으로 모시며 신하의 말을 귀담아 들을 줄 알았던 영명한 군주인 위문후가 널리 인재를 구한다는 소식이 퍼졌습니다. 이에 노나라를 떠난 오기는 주저 없이 위魏나라로 향하게 된 것입니다. 자하, 자공의 제자 전자방田子方, 단간목段干木, 서문표西門豹, 이극李克, 적황翟璜 등 인재를 사랑한 위문후는 여러 훌륭한 신하를 두었습니다. 하지만 큰 문제가 있었습니다. 악양樂洋을 제외하고선 모두 문신이라는 게 문제였습니다. 무신은 없고 문신만 넘치는 상황이었지요. 게다가 무신 악양이 중산국中山國을 쳐서 무너뜨린 후, 그에게서 병권을 거둔 상황이었습니다. 결국 위문후의 수중엔 무신이라고는 당장에 쓸 만한 인재가 없었고, 이것이 위문후에게 큰 고민이었습니다. 중원의 패자가 되려면 군사의 일을 도모할 훌륭한 무신이 필요하다는 것을 알고 있는 위문후는 걱정하지 않을 수 없었습니다. 그런데 오호라 마침 오기라는 노나라 대장군이 자기 발로 위魏나라를 향해 걸어오고 있습니다.

· 5장 ·

위문후 앞에 서다

_____

"이치에 밝은 군주라면 이러한 사실을
거울삼아 안으로는 학문의 덕으로 나라를 안정시키고 밖으로는
군사의 일에 만전을 기해 나라를 다스려야 합니다."

유자의 옷을 입다

오기가 위魏나라의 도읍 안읍에 도착했습니다. 그런데 그는 곧바로 위魏나라 조정으로 향하지 않고, 여기저기 두루 살피고 둘러보며 위魏나라 실정을 파악했습니다. 그리고 나서 적황이란 대신의 집으로 찾아갔습니다. 적황은 위문후의 신임이 두터운 원로대신이었습니다. 오기는 그를 통해서 위문후를 만나볼 생각이었지요. 적황은 자신의 집에 찾아온 오기를 보고 놀라지 않을 수 없었습니다. '천하에 명성이 자자한 유명 인사가 직접 내 집을 찾아오다니⋯.' 오기와 직접 이야기를 나눈 적황은 오기의 학식과 수완이 실로 대단함을 알 수 있었습니다. 소문대로 대단한 인재다 싶어 지체 없이 조정에 오기가 도착

한 사실을 알렸습니다.

얼마 되지 않아 오기는 자신의 생각대로 적황의 추천을 통해 위魏나라 조정에 입궁하여 위문후를 만나게 됩니다. 이렇게 오기는 어렵지 않게 유세遊說할 기회를 얻습니다.

유세. 떠돌아다니며 자신의 주장을 선전하고 다니는 것을 뜻합니다. 요샛말로 쉽게 말해 '오디션' 정도라고 할까요? 국경을 자주 넘나들며 자신을 중용해줄 군주를 찾아다녔던 춘추전국시대 지식인은 군주 앞에서 국가 경영 전략과 비전, 이상을 늘어놓으며 잠재적 재상 후보로서 자신의 실력과 내공을 시험받았습니다. 이를 당시에는 유세라고 했습니다. 요즘에도 선거철이 되면 정치인에게 들을 수 있는 말이지요. 주권이 국민에게 있는 민주주의 국가에선 국민에게 유세를 하지만 당시에는 국가의 주권자가 군주였으니 군주에게 유세할 수밖에요.

자, 드디어 조정 '오디션 홀'에서 위문후라는 심사자를 마주한 오기. 그런데 재미있는 건 오기가 유생 차림을 한 채 위문후 앞에 섰다는 것입니다. 그때 상황이《오자병법》과《오무자직해吳武子直解》*에 이렇게 써져 있습니다.

오기가 유자의 행색을 한 채 군사의 일로 위문후를 만나는데[1] _〈서장序章〉

유자의 옷을 입고 군사의 일로 위문후를 만나는데 _〈오무자직해〉〈도국圖國〉

---

* 중국 송宋나라 때에 여러 병법서 가운데 최고만을 정선하여《손자병법》과《오자병법》등이 포함된 일곱 병서를 간행했습니다. 이 책들을 일컬어서《무경칠서武經七書》라고 합니다. 병서의 바이블이지요. 이후 명明나라 때 유인劉寅이란 사람이 이 책들을 하나하나 직접 풀이하여《칠서직해七書直解》를 펴냈는데요.《오자병법》의 풀이가 바로《오무자직해》입니다.《오무자직해》를 포함한《칠서직해》는 명나라와 조선에서 무과 시험의 필수 교재로 채택되어, 무과에 급제하기 위해서는 반드시 읽고 공부해야 하는 책이었습니다.

　　유자의 옷을 입고 군주를 만났다는 것은 놓쳐서는 안 될 중요한 대목입니다. 요새도 우리는 중요한 일이 있을 때 옷차림에 신경을 많이 쓰게 마련입니다. 가족 간 상견례를 하거나 입사 면접을 볼 때에 아무 옷이나 입고 가지 않습니다. 그런데 오기는 위문후를 만나는 '오디션' 장에 유학자의 옷을 입고 갔나 봅니다. 형식을 중시하는 유가는 옷차림에 무척 신경을 많이 썼지요. 당시 그들을 진신선생縉紳先生이라고 했습니다. 대표적으로 맹자孟子를 진신선생이라고 불렀는데, 허리에 붉은 띠를 두르고 다닌다고 해서 유학자에게 붙여진 명칭이었습니다. 오기도 천상 진신선생이었나 봅니다. 《묵자墨子》에 유가가 옷차림을 얼마나 중시하는지 나옵니다.

　　공맹자公孟子가 말하길,
　　"제가 듣건대 선을 알고서 실천하지 않으면 좋지 않으니, 홀笏을 버리고 관冠을 바꿔 쓰고서 다시 선생님을 뵙고자 합니다. 괜찮겠는지요?"
　　묵자가 말하길,
　　"그대로가 좋습니다. 만약 반드시 홀을 버리고 관을 바꿔 쓴 뒤에야 만날 수 있다면, 진정으로 행동이 옷에 달려 있는 셈이 됩니다."_《묵자》〈공맹公孟〉

또 《장자莊子》 외편 〈전자방田子方〉편에 이런 말도 있습니다.

"제가 듣건대 유자가 둥근 갓을 쓰는 것은 천문天文을 안다는 뜻이고 모가 난 신발을 신는 것은 지리地理를 안다는 뜻이며 오색 실로 묶은 옥패를 허리에 차는 것은 사리事理를 꿰뚫는다는 뜻이라 했습니다."

_김경현 옮김, 《오자병법》, 홍익출판사, 1998.

둥근 갓과 모가 난 신발, 거기에 오색 실로 묶은 옥패. 이렇게 옷차림에 민감하고 신경을 쓰는 지식인이 유자인지라, 오기 역시 유자의 옷차림으로 위魏나라 조정에 섰습니다. 장군 또는 재상이 될 기회를 거머쥐느냐 마느냐 하는 중요한 순간에 유자의 옷을 입고 나타난 오기. 그는 유학자로서 자의식을 버리지 않았고 정체성 또한 있었나 봅니다. 그가 눈을 들어 위魏나라 조정을 살펴보니 너무 화려한 나머지 위압감마저 들었습니다. 금은보화로 꾸민 궁중 장식, 기둥마다 달려 있는 호화로운 등불, 그리고 왕을 옆에서 지키고 있는 금강역사金剛力士 같은 호위 무사들. 그 앞에서는 누구라도 기가 질리고 위압감이 들 수밖에 없었을 겁니다. 하지만 열혈남아 오기는 이런 것에 위축되고 겁먹을 위인이 아니지요. 그는 왕을 정면으로 응시하고 곧 유세할 준비를 했습니다.

이름난 장수라서 기대했는데, 위문후가 오기를 실제로 보니 유생의 옷차림을 한 체격이 작은 유세객에 불과했습니다. 위문후가 시큰둥한 표정으로 톡 쏘듯이 묻습니다.

"그대는 무슨 일로 나를 만나자고 했소?"

이미 조정 대신에게서 오기에 대해 익히 들었으며, 어느 정도 그의 등용에 대해 논의를 마친 상태였지만, 위문후는 귀찮고 탐탁지 않다는 표정을 지으며 오기에게 '잽'을 날렸습니다.

이에 오기가 답하기를,

"제가 왕을 뵙고자 한 것은 부국강병의 요체를 말씀드리기 위함입니다."

이에 위문후가 시치미를 떼며 점잔을 뺍니다.

"과인은 군사와 전쟁에 관련된 일을 별로 좋아하지 않소이다. 그런 이야기를 하려면 그만 물러가시오."

찌푸린 얼굴로 손을 내저으면서 돌아가라고 합니다. 시큰둥하게 묻고 또 점잔을 빼면서 마음에도 없는 말을 하는 위문후. 인재를 아낀다는 개명군주라는 소문이 틀린 말이었을까요?

그러자 오기는 왕을 쏘아보며 바로 정면 승부를 겁니다. 오기의 모습은 오만해 보일 정도로 당당합니다.

"저는 드러나는 현상을 보면 이면의 숨겨진 것을 훤히 압니다. 군주께서는 왜 마음에도 없는 말을 하시는지요? 지금 위魏나라를 살펴보니 사시사철 짐승을 죽여 가죽을 취하고 거기에 옻칠을 하고 있습니다. 또 가죽에 채색을 입히며 문양을 그려 넣고 있습니다. 이렇게 만든 갑옷은 겨울에 입으면 따뜻하지 않고 여름에는 시원하지 않습니다. 또 2장丈 4척尺이나 되는 긴 창과 1장 2척의 짧은 창을 만들고 수레에 가죽을 덧씌우고 튼튼한 바퀴를 달고 있더군요. 이런 창과 전차는 보기에는 아름답지만 실전에서는 빠르지 않습니다. 저는 이런 것들을 주군께서 어디에 쓰시려고 하는지 모르겠습니다?"[2] _(서장)

앞서 오기가 위魏나라에 오자마자 여기저기 둘러보며 실정을 확인했다고 했는데, 그가 보기에 위魏나라는 여러 군수물자와 전쟁 관련 장비를 생산, 확충하고 있었나 봅니다. 전쟁을 통해 국토를 넓히고 국력을 외부로 쏟아낼 준비를 하고 있는 것이 자신의 눈에 훤히 보이는데, 왜 왕께선 다른 소리 하시냐, 이 말이지요.

춘추전국시대에 이른바 유세객이라는 자가 어디 오기 하나만 있었겠습니까? 수많은 유세객이 각자 야심을 품고 신분 상승의 꿈을 이루기 위해 여러

나라를 돌아다니며 유세했습니다. 이들 가운데에는 함량 미달의 인사는 물론이거니와 사기꾼 같은 인간도 많았을 것입니다. 그렇기에 '오디션'의 심사자인 군주에게 노련한 심사의 기술과 자세가 필요했겠지요. 나름대로 고단수인 위문후는 이런 이유로 시큰둥한 표정을 짓고 또 관심 없다는 투로 말을 던지며 오기와 샅바 싸움을 한 것입니다.

군주만이 아니라 유세객도 어렵기는 마찬가지입니다. 진정 재능과 재주가 있어도 자신과 군주 사이에는 권력의 자기장이란 것이 있습니다. 권력의 자기장이란 의사소통을 왜곡하기 마련이라 유세객을 한층 더 어렵게 합니다. 더구나 주어진 시간까지 넉넉지 않았습니다. 짧은 시간 안에 권력의 자기장을 뚫고서 '나는 이런 사람이고, 내가 가진 비전과 책략의 요지가 이렇다' 하고 명확하게 전달해야 합니다. 오기는 무사 출신답게 저돌적으로 나갔습니다. 시작부터 정면 돌파하고 있다는 걸 알 수 있지요.

군주께서 전쟁에 관심이 많다는 거 다 압니다. 그러니 딴소리 하지 마십시오. 이렇게 운을 뗀 다음에 바로 계속해서 고삐를 늦추지 않고 거침없이 말을 쏟아냅니다.

> "만약 나아가 싸우고 안에서 지킬 수 있을 만한 군사력을 갖추었다고 하더라도 이를 운용할 수 있는 인재가 없다면, 이것은 마치 알을 품고 있는 닭이 살쾡이에게 덤비고 새끼에게 젖을 먹이고 있는 어미 개가 호랑이에게 덤비는 것과 같을 것입니다. 싸우려는 마음이 있다고 해도 결국 잡아먹히고 말 뿐입니다."[3] _〈서장〉

위魏나라는 충분히 싸울 준비가 되어 있다. 하지만 군사에 능한 장수와 지휘관이 없으니 아무런 소용이 없다. 그러니, 즉 자신을 쓰라는 것이지요. 여기서 말하는 살쾡이와 호랑이는 서쪽의 진秦나라입니다. 진秦나라를 막기 위해서라면 더욱더 나를 써야 할 것이다. 나는 진秦나라를 막을 자신이 있다. 이렇게 오기가 거침없이 유세하고 있습니다.

군주의 문무 겸비론

위문후는 마침 군사 일에 능한 인재에 목마르기도 했지만, 'GO WEST!' 힘을 서쪽으로 집중시켜 쏟아야 한다는 원칙과 국가 전략을 가진 인물이기도 했습니다. '우리의 주적은 오직 진秦, 다른 나라와는 원만하게 지내면서 국경선이나 현상 유지하자. 오로지 서쪽으로만 우리의 힘을 쏟아부어 주적 진秦을 무너뜨리고 천하를 통일할 기반을 만들자.' 이런 대원칙을 가진 군주였는데 오호라 진秦을 찌를 창과 칼이 바로 자신의 눈앞에서 유세를 하고 있습니다. 위문후는 계속 오기의 말을 경청합니다.

오기가 말하길,

"옛날에 승상씨承桑氏라는 군주는 학문의 덕을 지나치게 숭상한 나머지 군사의 일을 소홀히 했기에 나라를 멸망케 했으며, 유호씨有扈氏라는 군주는 이와 반대로 학문의 덕을 멀리하고 군사의 일만 좋아했기에 사직을 잃고 말았습니다. 그러므로 이치에 밝은 군주라면 이러한 사실을 거울삼아 안으로는 학문의 덕으로 나라를 안정시키고 밖으로는 군사의 일에 만전을 기해 나라를 다스려야 합니다."[4] _〈서장〉

저돌적이고 직선적으로 유세를 하는 오기에게 위문후가 마음을 빼앗긴 순간이었습니다. 이렇게 오기는 문무文武 겸비를 왕에게 주문합니다. 나는 단순히 군사의 일만 아는 무식한 사람이 아니라는 거지요. 유자의 옷을 입고 온 이 사람은 '문'에 대해서도 이야기하는데 '문과 무, 한쪽에만 힘을 기울여서 나라를 잃은 군주들의 전철을 밟지 마라. 문과 무로 나라를 다스리는 일, 모두 군주가 챙겨 국력을 신장시켜야 한다' 이렇게 주장합니다. 문과 무, 둘 가운데 하나에만 편중해서는 나라를 다스린다고 해도 영속할 수 없기에 군주는 학문과 군사력을 모두 갖춰야 한다는 말이지요. 안으로는 학문과 덕으로 백성을 다스리고 밖으로는 군사력으로 방비하라고 하는데, 이것이 바로 군주의 문무 겸비입니다. 그는 나아가 장수에게도 이를 요구했습니다. 아마도 위魏나라 군주에겐 이 말 역시 '이 오기를 중용하시오'라고 들렸을 겁니다.

문과 무, 다른 말로 하면 소프트 파워와 하드 파워입니다. 문은 내적인 것으로 작게는 민심이 이반되지 않도록 하는 군주의 정치적 역량이고, 크게 본다면 백성이 지도자와 상층부의 사람을 믿고 따르게 하는 등 건강한 정치 공동체를 건설하고 유지하는 힘이지요. 무는 외적인 것으로 바깥의 적과 싸워 이겨낼 수 있는 힘이자 군대를 파견해 분쟁을 해결하고 영토를 넓히는 힘입니다. 오기는 일단 둘 모두를 갖추라고 위문후에게 말했습니다. 그런데 우리는 여기서 무엇을 더 주목해야 할까요? 병법에 관한 책이고 병법의 대가 오기가 말하는 것이기에 그래도 무, 즉 군사력이 더 우선이라 생각하기 쉽습니다. 더구나 전국시대라는 환경 탓에 학문보다 군사력이 차지하는 비중이 크지 않을까 생각하기 쉬운데요, 그러나 분명 오기에게 방점은 무보다는 문에 찍혀 있습니다. 뒤에 〈도국〉 편에서도 문을 먼저 강조한 후에 무에 대해 논하고 있고, 또 〈논장論將〉 편에서도 문의 중요성을 역설하고 있습니다. 오기는 우선 국방력이 강해지고 나라가 전쟁을 잘할 수 있게 거듭나려면, '강한 군대 이전에 훌륭한 정치가 우선이다. 군주라면 올바른 정치로 백성을 포용해 나라 안의 화합을 이끌어낼 수 있어야 한다'고 힘주어 말했지요.

정치 공동체의 수장인 군주는 적과 어떻게 싸워 이길 것인가 고민하기 전에 공동체 구성원을 훌륭하게 다스리고 포용해서 나라 전체를 하나로 만들어야 한다. 이것이 《오자병법》의 시작이고 어쩌면 끝이라고 할 수 있습니다. 오기에 따르면, 구성원이 공동체에 애정과 주인의식을 갖게 하여, 자신을 다스리는 군주와 지휘하는 관리를 신뢰하게 만드는 것에서 국방이 시작됩니다. 그는 이것을 제대로 해야 막강한 군사력을 갖춘 나라가 될 수 있다고 봅니다. 오기의 문무 겸비 군주론을 다시 말하자면, 우선 안으로 학문과 덕으로 백성을 다스리고 난 다음, 밖으로 군사력으로 대처하라는 것입니다.

자, 유세할 때 오기가 유생의 옷을 입고 나서 군주를 배알했다고 했고, 또 앞서서는 오기가 증자의 제자라고도 했습니다. 분명 그는 유가의 학문을 배웠으며 공자 학문의 영향을 받은 사람입니다. 당연히 공자 사상에서 자유로울 수 없겠지요. 공자의 제자라고 해도 과언이 아닙니다. 그렇기에 위문후 앞에서 학문의 덕을 강조할 수 있었지요. 《오자병법》의 시작이라고 할 수 있는 〈도국〉 편에서는 백성을 아끼고 포용하고 민심에 순응하라고 하면서 계속 '화和'를 강조했습니다. '화'의 가치는 공자가 중시했으며 《논어論語》에 나오는 공자의 '인仁'과도 직접적으로 호환이 가능한 말입니다. 이처럼 오기도 '화'를 거듭 강조합니다. '화'를 이루어야 잘 싸울 수 있고 국방력이 튼튼해진다고.

오기는 위문후에게 유세하면서 유자로서 특색을 강하게 드러냈습니다. 나아가 그는 '인'과 '의義'에 대해서 이야기합니다.

·6장·
서하성에 입성하다

"군주가 적의 침입을 받고서 나아가 싸우지 않은 것을
의롭다고 할 수 없으며, 전쟁에 패하고 나서 죽은 백성의 시신을 보고
슬퍼하는 것을 어질다고 할 수 없습니다."

'인'과 '의'를 말하다

어짊과 의로움, '인'과 '의'는 유가의 핵심 덕목입니다. 《논어》에서 공자는
'인'을 무수히 강조했습니다. '인'만큼은 아니지만 '의' 역시도 중요한 덕목으
로 제시했지요. 맹자에 와서는 '인'과 '의'가 거의 대등한 위상을 지닌 덕목으
로 자리매김합니다. '의'를 역설한 묵자의 영향을 맹자가 받았기 때문입니다.
《맹자孟子》첫 장에는 맹자 역시 오기처럼 '인'과 '의'를 역설하는 장면이 있습
니다. 맹자가 위문후의 손자 위혜왕梁惠王*에게 유세하면서 '인'과 '의'에 대해
말했습니다. 이처럼 '인'과 '의'는 유가의 간판 덕목으로서 유가 사상의 알파
요, 오메가입니다. 사실 엄밀히 말해, 오기가 '인'과 '의'를 공자, 맹자와 같은

맥락으로 말한 것은 아닙니다. 하지만 어쨌거나 군주가 국정을 운영할 때 항상 염두에 두고 명심해야 할 덕목으로 '인'과 '의'를 말했습니다. 그는 이렇게 말합니다.

"군주가 적의 침입을 받고서 나아가 싸우지 않은 것을 의롭다고 할 수 없으며, 전쟁에 패하고 나서 죽은 백성의 시신을 보고 슬퍼하는 것을 어질다고 할 수 없습니다."[5] _(서장)

전쟁에서 잘 싸우는 것이 오기가 생각하는 '의'이고, 정치 공동체 구성원이 희생당하지 않게 하는 것이 '인'인가 봅니다. 간단히 이렇게 정리해볼 수 있겠네요. 오기가 생각하는 '인'과 '의'를 구현하려면 군주가 문무를 겸비해야 하며, 특히 학문의 덕으로 나라 안을 잘 다스려야 한다. 이렇게 오기와 위문후의 첫 만남은 정리됩니다. '군주는 '인'과 '의'를 항상 구현하여 나라를 지켜야 한다. 그러기 위해선 우선 '문'으로 내치에 주력하라.'

자, 그럼 여기서 오기가 말한 '인'과 '의'에 대해 좀 더 알아보겠습니다. 그의 후배 대학자인 순자荀子를 통해서요.

진효陳囂가 순자에게 물었다.

"선생께서는 언제나 '인'과 '의'를 근본으로 삼아 군대의 일을 논하고 계십

---

* 보통 양혜왕梁惠王이라고 칭합니다. 《맹자》에도 그렇게 나와 있고요. 할아버지는 위문후이고 아버지는 위무후魏武侯이지만, 자신은 양혜왕이라고 불렸습니다. 위魏나라는 오기를 앞세워 시종 진秦나라를 압박했지만, 향후 전세가 역전되어 수세에 몰리자 진秦나라와 가까운 수도 안읍을 버리고 양梁 땅으로 천도합니다. 이때부터 양혜왕이라고 불렸습니다. 위魏나라 군주인데 양 땅의 군주로 불린 것으로 볼 때, 당시 초라해진 위魏나라 국력을 반영하는 것을 알 수 있습니다.

니다. 어진 사람은 사람을 사랑하고, 의로운 사람은 도덕규범을 따르는데, 그렇다면 무엇 때문에 군사를 일으킵니까? 모든 군사행동의 궁극적인 목적은 싸워서 빼앗기 위한 것이지 않습니까?"

순자가 대답하였다.

"그것은 네가 알 수 있는 바가 아니다. 어진 사람은 백성을 사랑하기에 남이 백성을 해치는 것을 싫어한다. 의로운 사람은 도덕규범을 지키기에 남이 백성을 괴롭히는 것을 싫어한다." _《순자荀子》〈의병議兵〉

의로운 병사를 말한다는 〈의병議兵〉 편에서 순자가 한 이야기입니다. 군주가 백성을 아끼고 사랑하는데 군사력과 국방을 챙기지 않을 수 없습니다. 또한 백성을 아끼고 사랑하는 군주가 전쟁에서 백성이 희생당하고 죽어나는 것을 가만히 지켜보고 있어선 안 되겠지요. 진정 백성을 사랑한다면 지켜줘야 합니다. 이것이 군주의 '인'과 '의'이자, 군주가 백성을 사랑하는 방법이자 의무입니다. 오기가 말한 '인'과 '의'에도, 그리고 순자가 말한 '인'과 '의'에도 방어 전문 무사의 정치사상가인 묵자의 냄새가 강하게 풍깁니다.

이제 오기의 '인'과 '의'가 눈에 뚜렷이 들어오시지요? 그런데, 사실 '인'과 '의'를 말하기 이전에, 권력이 권력다워지기 위한 가장 기본적인 조건은 '지켜주는 데' 있습니다. 현대 민주주의 국가이든, 전근대 왕정 국가이든, 초기 청동기 연맹 국가 체제이든 간에, 체제를 막론하고 보호 없는 곳에 권력은 없습니다. 보호해줘야 백성이 고개를 숙이고 따르는 법, 이것을 오기가 '인'과 '의'로 설명한 것입니다.

순자는 〈의병〉 편에서 오기와 비슷한 이야기를 했습니다. 안으로 나라를 다스리는 것이 우선이고, '덕'으로 백성을 감싸 안는 것이 국방의 시작이라고 했

지요. 순자가 제자 이사李斯에게 말하길,

'인'과 '의'라는 것은 정치를 잘 닦는 방법인데, 정치가 잘 닦이면 백성이 자신의 주군을 친근히 여기고 좋아하게 되어 주군을 위해 쉽게 목숨도 바치게 된다. 그러므로 단순히 군사의 일에서 장수가 부대를 부리는 것은 말단적인 일이라 한 것이다. _《순자荀子》〈의병議兵〉

현장에서 발휘되는 장수의 용병술과 군대의 전투 능력에 앞서 건강한 공동체 건설이 우선이라고 말하는 순자와 오기가 거듭해서 역설하는 바는, 전장에서 이기는 것만을 생각하지 말고 내정을 잘 닦으라는 겁니다. 밖에서 쳐들어오는 적은 맞서 싸우면 되지만 안에서 썩어 들어가고 곪아 들어가면 방법이 없습니다. 어떻게든 정치 공동체를 건강하게 만들어야지요. 계속 이야기했던 대로 그래야 백성을 지킬 수 있고 적을 막을 수 있습니다. 오자와 순자의 생각이 이랬습니다. 그런데 오자와 순자가 부대껴 살았던 전국시대에는 다른 측면에서도 선정을 베푸는 것이 중요했습니다.

순자가 말했습니다. 평소에 어진 정치를 펴고 덕을 베풀면 나라도 안정되지만, 대외 원정을 하거나 적국 영토를 편입하는 데에도 수월하다고요. 가혹하고 비뚤어진 정치를 행하는 나라의 군대와 선정을 펼치는 나라의 군대, 둘 가운데 어느 나라의 군대에 맞서 백성이 결사 항전을 할까요? 또 정복과 영역화는 분명히 다른 이야기입니다. 성을 쳐부수고 함락시켰다고 하더라도 그곳을 내 것으로 완전히 만들기 위해서는 민심을 수습하는 일이 필수적입니다. 정복지의 백성에게도 선정을 펼치고 최대한 관대한 모습을 보여야 합니다.

자, 오기는 이렇게 유세했네요. 위魏나라의 실정과 왕의 심리를 꿰뚫어 보았고 문무 겸비를 역설했습니다. 군사력과 국방의 맥락에서 '인'과 '의'를 역설했고요. 잘 싸우는 것 이전에 나라를 잘 다스리는 것이 우선이라고 힘주어 말했습니다. 당당하게 유세를 펼친 오기는 '오디션'에 훌륭하게 합격합니다. 오기의 유세에 크게 만족한 나머지 위문후는 바로 술자리를 마련했습니다. 그리고 왕비에게 술을 따르게 하며 오기를 대접했지요. 자리가 파하자 위문후는 오기를 왕실의 종묘로 데려가 오기를 조상들에게 인사시키며 술잔을 올리는 의식을 치르게 했습니다. 그는 드디어 위魏나라의 대장군이 됩니다. 망명객을 대장군 자리에 앉히면서 파격적으로 대접한 위문후는, 오기를 등용하면 진秦을 쳐부수고 패업을 달성할 수 있다고 판단했나 봅니다. 오기를 얻은 위문후, 용은 여의주를 물었고 호랑이는 날개를 달게 되었습니다. 한 나라의 장수가 된 오기. 그는 어머니에게 약속한 꿈을 이루었습니다. 바로 오기 자신이 전국시대의 주인공으로 화려하게 등장한 순간입니다.

위문후는 대장군 오기를 서하성西河城으로 파견합니다. 매일같이 전투가 벌어지는 황허 강 서쪽의 최전선 기지를 맡긴 것입니다. 진秦을 주적으로 생각하는 위문후가 가장 중요하게 생각하는 군사 요충지로 그를 보낸 것이지요. 그리고 전권을 그에게 줍니다. 마음 놓고 정예군을 키우고 작전을 세워 군사를 부릴 수 있게 병권을 모두 주었을 뿐 아니라, 백성을 다스릴 수 있게 행정권마저도 위임합니다.

서하성, 위魏나라 입장에서는 가장 중요한 군사 거점이었고, 진秦나라 입장에서는 반드시 무너뜨려야 할 성이었습니다. 진秦나라는 서하성을 뚫지 못하고서는 절대 동쪽으로 나올 수 없었을 뿐 아니라, 언제든지 적국의 공격을 받아 국가의 핵심 지역을 잃을 수도 있었습니다. 한마디로 서하성은 진秦나라에는 피할 수 없는 올가미 같은 곳이었습니다. 반대로 위魏나라는 서하성만 군건히 지키고 있으면 진秦의 목줄을 잡고 있는 것과 마찬가지였지요. 이렇게 중요한 곳에 오기를 보낸 것입니다.

오기는 서하성에 입성해 체제를 정비하며 군사를 길렀고, 농지를 손보고 선정을 베풀며 곡식 창고를 넉넉히 해 백성과 군사를 먹였습니다. 서하성이 자립할 수 있게 하고 튼튼한 방어 거점이자 대진對秦 공격기지가 되도록 한 것이지요. 상대가 장기전을 준비한다는 것을 눈치챈 진秦나라는 크게 겁을 먹고 참호 여러 개를 깊이 파 대비했습니다.

오기가 서하성에 부임한 후, 진秦나라와 일흔여섯 번이나 전쟁을 크게 치렀습니다. 그 가운데 예순네 번의 대승을 거두었고, 나머지는 지지 않고 잘 방어했으며, 영토를 천 리나 확장했다고 합니다. 오기는 불패의 장수로 활약하면서 위魏나라의 신화가 되어갑니다. 그가 전국시대의 전면에 나서 천하를 호령합니다.

7장

드디어 열리는 전국시대

"높은 산이나 깊은 계곡에서 갑자기 적과 마주쳤다면,
반드시 먼저 북을 치고 함성을 질러 적이 당황하도록 하고, 사수를
전진 배치하여 활로 공격해 적을 죽이거나 사로잡습니다."

춘추시대와 전국시대

대국 진晉이 삼분되면서 열린 전국시대. 싸우는 나라들의 세상이자, 무법천지, 약육강식 등의 '정글 논리'만이 통용되었고, 먹느냐 먹히느냐 적대적 겸병과 합병 경쟁만이 있던 시대였습니다. 전국시대를 연 삼진 가운데 중심 국가였던 위魏나라 대장군이 된 오기. 그가 첫 번째 주인공이자 주연으로 등장해 전국시대를 만들어갑니다. 전국시대에 나아가야 할 국가의 방향을 그는 여럿 제시했지요. 정예화, 추격, 섬멸전, 공정한 보상 체계, 법을 통한 착취 근절과 민생의 보호 등. 자, 그런데 전국시대가 도대체 어떤 시절인지 이것부터 좀 더 자세히 알아보도록 하겠습니다.

오기가 부대끼며 만들어간 전국시대. 이를 알려면 앞선 춘추시대와 대조해서 살펴보는 게 좋습니다. 그리고 이야기를 통해 살펴보겠습니다. 이야기만큼 이해를 빠르게 돕는 것이 없으니까요. 그럼 춘추시대와 전국시대를 대조시켜주는 이야기, 한번 풀어보겠습니다.

우선 '송양지인宋襄之仁'이란 사자성어의 주인공 송양공宋襄公의 일화가 있습니다. 어리석은 군주의 대명사로 불리우는 송양공과 그를 받들었던 사령관 사마자어司馬子魚의 이야기입니다. 다음으로 오자서 이야기가 있습니다. 억울하게 죽은 부친의 원수를 갚기 위해 조국 초나라를 떠나 오나라에 망명해, 초나라에 시원한 복수극을 선보였던 오자서와 그의 형 오상伍尙의 이야기입니다. 송양공과 오자서의 일화를 보면 춘추시대와 전국시대가 뚜렷이 대조되고 전국시대적 논리가 무엇인지 분명히 알 수 있습니다.

먼저 송양공의 이야기입니다. 그는 패자를 꿈꾼 군주였습니다. 춘추시대의 초대 패자 제환공이 죽자 송양공은 패자가 되겠다는 야심을 품었습니다. 새로운 질서의 주재자가 되겠다고, 몰락해버린 은나라 유민들의 군주가 호기롭게 나선 것이지요. 그러자 남쪽 지역의 패자인 초나라 성왕成王이 그를 비웃었습니다. 그만한 국력이 되어야 패자가 될 수 있는 법인데, 강한 나라를 압도할 만한 힘이 없는 나라의 군주가 패자가 되겠다고 자처했으니까요. 이 두 군주의 군대가 홍수泓水라는 커다란 강 가에서 맞붙었습니다. 송나라군은 먼저 자리를 잡고 있었고 원정을 온 초나라군이 막 강을 건너기 시작했습니다. 이때를 놓치지 않고 송나라군의 총사령관 사마자어가 말합니다.

"아군은 수가 적고 적군은 많습니다. 그러니 적군이 강을 다 건너기 전에 공격해야 합니다."

그러자 송양공이 거절합니다.

"아니 되오."

그러는 와중에 초나라군이 강을 모두 건넜습니다. 하지만 아직은 전투 대형을 제대로 갖추지 못한 상태. 이때 다시 사마자어가 말합니다.

"아직 적군의 진형이 정비되지 않았습니다. 지금이라도 늦지 않았으니 공격해야 합니다."

다시 송양공이 고개를 가로젓습니다.

"아니 되오."

두 번이나 고개를 가로저은 송양공. 그가 거절한 이유는 간단합니다. 적이 강을 건너고 있을 때 공격해서는 안 되고, 적이 진을 갖추지 못한 상태에서 공격하면 안 된다. 바로 이것이 춘추시대 '전쟁의 룰'이고 '게임의 법칙'이었습니다. 선전포고하고 약속된 시간과 장소에서 전투대형을 갖춘 뒤에 싸움을 시작해 승부를 내는 게 춘추시대의 전쟁이었지요.

결국 룰을 지키느라 연거푸 기회를 놓친 송나라군은 초나라군에 크게 패하고 맙니다. 여러 신하가 죽었고 송양공은 큰 부상을 입었습니다. 이때 사람들이 송양공의 태도를 비판하자 송양공이 이렇게 말했습니다.

"군자는 상처 입은 사람을 두 번 공격하지 않고 노인을 잡지 않는다. 옛날에 군사를 부릴 때는 곤란한 곳에 있는 적은 치지 않았다. 나는 비록 망국(은나라)의 후손이기는 하나 전열을 가다듬지 않은 적을 공격할 생각은 없다."

이 말을 들은 사령관 사마자어가 송양공에게 답했습니다.

"주군께서는 전쟁을 모르십니다. 강한 적이 곤란한 지형을 만나 전열을 가다듬지 못한 것은 하늘이 우리를 돕는 것입니다. 적이 곤란한 지경에 있을 때 공격하는 것이 왜 안 됩니까? 또 초나라는 우리의 적입니다. 팔구십 된 노인이라도 적이면 잡아야 하거늘, 그자가 노인인지 아닌지 따질 까닭이 어디에 있습니까? 전쟁을 가르칠 때에는 적을 죽이라고 가르칩니다. 상처를 입었다고 어찌 다시 공격하지 않을 수 있습니까? 다시 상처를 입히는 게 딱하다면 아예 상처 입히지 않는 것이 낫고, 노인을 아낀다면 아예 적에게 항복하는 것이 낫습니다. 3군을 움직일 때는 유리한 점을 이용해서 공격하고 북을 치는 것은 기세를 돋우고자 하는 것입니다. 유리한 점을 이용한다고 하면 적이 곤란에 빠졌을 때 쳐도 되고 소리와 기세를 올리려면 적이 대오를 갖추지 못했을 때 쳐도 문제가 되지 않습니다."

송양공은 이때 입은 부상으로 생긴 후유증을 이기지 못하고 이듬해에 죽고 말았습니다. 이걸로 그쳤으면 좋았으련만… 그는 중국 역사에서 어리석은 군주의 본보기로 두고두고 조롱당했습니다. 마오쩌둥[毛澤東]은 "바보 같은 돼지의 도덕"을 고집했다며 그를 비웃었습니다. 하지만 이는 너무 가혹한 말입니다. 송양공이 어리석다고 사람들이 두고두고 매질했지만, 당시에는 그 시절의 룰과 법칙이 있었고, 송양공은 그것을 충실히 지켰을 뿐입니다.

춘추시대적 논리가 이러했습니다. 우선 선전포고를 하고 약속된 장소에서 단기간 힘을 겨루었습니다. 기습과 장기전은 하지 않았습니다. 상례 기간에도 전쟁을 하지 않았습니다. 상대 국가에 침공하여 적의 군주가 죽으면 곧바로 군대를 철수시켰습니다. 전투 중 군주끼리 마주치면 서로 인사하기도 했습니다. 춘추시대의 전쟁은 그랬습니다. 귀족적 허세라고 해도 할 말이 없지만 당시의 전쟁은 스포츠적인 성격이 강했고, 서로 지킬 건 지키자는 인식 또한 확고한 시대였습니다.

송양공의 죄는 그가 전형적인 춘추시대적 인물이라는 것밖에 없습니다. 춘추시대 원칙에 투철해 죽게 된 것이지요. 반면 송양공의 논리와 원칙에 반대한 사마자어는 전국시대적 인물입니다. 더 정확히 말하자면 전국시대로 넘어가는 시대 변화의 흐름을 읽고 전국시대적 인간으로 거듭난 사람이지요. 규칙이란 것은 없고 수시로 난타전이 벌어지는 시대가 다가왔는데, 왜 우리만 규칙을 지켜야 하냐고 그는 주장한 겁니다. 춘추시대적 인물과 전국시대적 인물, 즉 송양공과 사마저어가 이 이야기에서 뚜렷하게 대조됩니다.

오나라로 망명해 조국 초나라의 수도를 초토화시켰던 오자서. 그의 일화도 우리가 전국시대를 이해하는 데 도움을 줍니다. 문제의 발단은 초나라의 간신 비무극費無極이 조정에서 전횡을 일삼은 데에 있었습니다. 그는 대신 오사伍奢를 모함해 옥에 가두었습니다. 그러나 걸출한 인물인 오사의 두 아들을 두려워한 비무극은 이들까지 잡기 위해 꾀를 냅니다. 비무극은 군주에게 일러 오사를 인질로 삼아 그의 도망친 두 아들을 불러내자고 했습니다. '너희들이 돌아오면 아버지 오사를 용서해주겠다'라는 약속을 미끼로 그들을 유인하자고 했지요. 초나라 군주는 이 꾀에 따라 명을 내렸습니다. 이 소식이 오자서와 오상에게 전해집니다. 소식을 접한 형제는 고민에 빠지게 됩니다. 동생 오자서는 복수를 위해 떠나자고 주장합니다.

"저들이 우리 형제를 부르는 것은 아버지를 풀어주려는 것이 아니라, 우리가 달아나면 후환이 될까 두렵기 때문입니다. 그래서 아버지를 인질로 하여 우리 형제를 속이는 것입니다. 우리 둘이 가면 부자 셋이 모두 죽임을 당할 것인데, 아버지 목숨에 무슨 도움이 되겠습니까? 명에 따르면 원수를 갚을 수 없습니다. 다른 나라로 달아나 힘을 빌려 아버지의 치욕을 갚는 것이 낫습니다. 우리 모두 죽으면 아무것도 할 수 없습니다."

그러자 형이 동생을 타이릅니다.

"자서야 너는 오吳나라로 달아나라. 나는 아버님께 돌아가 죽으리라. 나의 지혜는 너에게 미치지 못한다. 나는 아버지를 위해 죽을 수 있고 너는 복수할 수 있으리라. 아버지를 풀어준다는 말을 듣고 달려가지 않을 수 없고, 어버이가 도륙을 당했는데 되갚지 않을 수도 없다. 사지로 달려가 아버지를 석방시킴은 '효孝'이고, 공을 이룰 수 있을지 헤아려 일을 행하는 것은 '인'이며, 할 일을 가려서 나아가는 것은 '지知'이자, 죽을 줄 알고도 피하지 않는 것은 '용勇'이다. 아버지를 버릴 수도 없고 명예도 포기할 수 없다. 자서야 너는 앞으로 노력해야 한다."

오자서의 형 오상은 전형적인 춘추시대적 인간입니다. 죽을 줄 알면서도 갑니다. 이것이 '효'라고 합니다. 또 그는 주군의 명을 거역할 수도 없었습니다. 주군의 명도 받들어야 하고 어버이를 버릴 수도 없었지요. 그는 규범에 충실하려고 하고 무엇보다 명예를 중시합니다. 하지만 복수를 기약하면서 독기 오른 눈을 치켜뜨며 오나라로 향하는 오자서는 전국시대형 인간이지요. 게임의 규칙이 없어져버린 전국시대에 규칙과 원칙이 있다면 빚진 것은 어떻게든 갚고 복수는 반드시 한다는 것뿐.

같은 시공간에서 살았던 사람들의 일화이지만 춘추시대적 인물과 전국시대적 인물이 극명하게 대조됩니다. 기원전 5세기가 되면서 사마자어와 오자서가 예고한 시대가 시작되지요. 바로 전국시대가 도래하자 정말 모든 것이 변합니다.

전쟁의 기술

춘추시대는 전쟁 빈도수도 적었고, 그 기간도 얼마 되지 않았으며, 전쟁에 동원된 군사 규모도 최대 몇 만 명 수준이었습니다. 앞서 말한 대로 선전포고를 한 뒤에 전쟁이 벌어졌으며, 전차를 동원해 들과 같은 탁 트인 지형에서 싸우고는 했습니다. 야전野戰이 전쟁의 주요한 형식이었지요. 또 명분이 있어야만 전쟁을 했고 명분을 다투기 위해 싸웠습니다. 적군의 병사와 인민을 모두 죽이지는 않았고, 상대가 항복하면 조건을 달아 철수하는 일이 흔했습니다. 또한 되도록 성城은 공격하지 않았습니다. 이러한 규칙이 춘추시대에는 존중되었습니다.

하지만 전국시대가 되자 규칙이 모두 사라졌습니다. 난타전이 계속되었지요. 군사 규모도 수십만 명에 달하는 대군을 동원했습니다. 춘추시대처럼 명분을 다투고 국제무대에서 유리한 위치에 서기 위해 벌이는 전쟁은 사라졌습니다. 명분이 없어도 전쟁을 일으켰고 적군과 적국 백성 모두를 죽이기도 했습니다. 전쟁을 짧게는 몇 달에서 길게는 몇 년 동안 하기도 했지요. 더 이상 선전포고하지 않았고, 기습이 판을 쳤습니다. 약속된 장소와 시간에 싸우기는커녕 매복, 포위, 유인책 등 여러 변칙 전술이 난무했습니다. 또한 전차를 중심으로 탁 트인 지형에서 맞붙는 것이 아니라 산과 강 등 다양한 지형에서 싸웠습니다. 전차에 의존하지 않고 여러 병종의 부대를 육성해서 종합군으로 싸워야 했고, 지형별 전술 운영의 매뉴얼도 따로 마련해야 했지요.

앞서 오기가 노나라 장수로 있을 때 기습으로 제나라군을 대파하곤 했습니다. 기습전만 해도 전국시대적 전술이었습니다. 게임 규칙이 없는 '무규칙 이종격투기' 시대. 바로 오기가 살았고 그가 포문을 연 전국시대입니다.

"전투 훈련은 능력에 맞게 해야 합니다. 키가 작은 자에게는 긴 창과 방패를 들게 하고 키가 큰 자에게는 활이나 석궁을 쥐게 하고 힘이 센 자에게는 깃발을 들게 하고 용감한 자에게는 신호를 위한 갖가지 종이나 북을 들고 치게 합니다."[6] _〈치병治兵〉

다양한 병종의 부대를 육성해야 했고, 적은 병력의 전차전이 아닌 대규모의 보병으로 전쟁의 중심축이 넘어가는 시대 상황에서 창과 석궁 부대가 필요했습니다.

"천조나 용두의 지형에 진지를 구축해서는 안 됩니다. 천조란 깊은 골짜기의 입구이고 용두란 큰 산 기슭의 끝을 말합니다."[7] _〈치병〉

"구릉지, 숲이 울창한 골짜기, 깊은 산, 넓은 늪지와 같은 지형에서는 빠른 속도로 신속히 벗어나야지 절대 머뭇거려서는 안 됩니다. 만약 높은 산이나 깊은 계곡에서 갑자기 적과 마주쳤다면, 반드시 먼저 북을 치고 함성을 질러 적이 당황하도록 하고, 사수를 전진 배치하여 활로 공격해 적을 죽이거나 사로잡습니다. 이때 적진의 움직임이 어떤지를 유심히 살펴서 무질서하다고 판단되면 주저 없이 공격해야 합니다."[8] _〈응변應變〉

지형별로 용병의 원칙을 달리해서 싸우는 것. 이것은 전국시대 장수에게 기본이었습니다. 춘추시대에는 필요치 않았으나 전국시대에는 다양한 기상과 지형 조건에서 싸웠어야 했고 또 적을 최대한 불리한 상황에 몰아넣기 위해 갖은 꾀와 계책이 요구되는 시대였습니다.

오기는 행군의 훈련과 원칙을 설명하고 강조했습니다. 춘추시대에는 국경 근처에서 싸웠기에 멀리 이동할 필요가 적었지만, 전국시대에는 적국 깊숙이 들어가 싸우는 일이 빈번했기 때문입니다. 《손자병법》에서 적진 깊이 들어가는 것을 '객客', 즉 '손님'이 된다고 했는데 이 역시 전국시대적 현상입니다. 따라서 '손님'이 되어 적국을 부수기 위해선 우수한 행군 능력은 기본. 오기는 병사들이 북소리에 맞춰 행군하도록 했습니다. 체계적이고 장기적이며 강도 높은 행군 훈련을 병사들에게 소화시켰지요. 그래서 오기 군대의 기동성은 아주 매서웠습니다. 동아시아 역사에서 처음이었습니다.

그리고 전국시대에는 정예 상비군 체제로 싸워야 했습니다. 춘추시대에는 전쟁이 필요하다고 군주가 판단하면 귀족은 자신의 영지에서 군사를 소집해 전쟁에 참여했지만, 전국시대에는 평소에 충실히 훈련되고 군주가 직접 다스리는 상비군으로 전쟁을 했지요. 늘 대기하고 있는 국가 정예군을 육성하고 관리하려면 비용과 시간이 많이 듭니다. 전국시대에 철기가 등장하자, 이를 바탕으로 국가 생산력이 신장되고 법과 제도가 정비되었습니다. 더불어 백성을 효율적으로 관리하여 생산을 독려할 수 있었기에 가능한 일이었습니다. 국가 상비군의 등장 역시 전국시대적 현상이지요. 오기는 정예 상비군 조직, 구성, 조련 원칙을 상세히 설명했고, 상비군 육성에 필요한 재원을 마련하기 위해 여러 개혁 조치를 주장하고 밀어붙였습니다. 이쯤 되면 오기를 가히 전국시대의 아버지라 할 수 있지요.

자, 오기의 병법서가 고대 중국에서 《손자병법》과 동등한 위상을 지닐 수 있었던 것은 이와 같이 이유가 있었습니다. 전국시대에 살아남을 수 있고 싸워서 이길 수 있는 '진짜' 방법을 제시했기 때문이지요. 어떻게 해야 국력이 신장되고 어떻게 싸워야 이길 수 있는지 체계적으로 말해줬기 때문입니다.

그런데 병법서 못지않게 실전에서 세운 업적을 통해서 오기는 위명威名을 떨쳤습니다. 진秦나라와 위魏나라에서 오기는 거의 신화가 되었는데요, 그가 주로 대적한 나라는 호랑지국 진秦나라입니다. 진秦나라와 싸워 항상 이겼기에 그의 위명이 천지에 진동할 수 있었지요. 오기는 춘추전국시대를 통틀어서 진秦나라에 맞서 가장 잘 싸운 장수이자, 진秦나라가 가장 무서워한 장수였습니다. 그는 백기와 더불어 전국시대 최고의 장수라 할 수 있습니다.

　오기와 진秦의 싸움은 서하西河라는 군사도시에 오기가 발을 디디면서 시작됩니다. 이제 본격적으로 전국시대가 열리려나 봅니다. 전국시대의 첫 번째 주인공 오기, 그가 진秦나라와 붙습니다. 진秦나라의 천적이 등장합니다.

・8장・

철옹성을 구축하다

"진나라는 어떻게든 오기가 지키는 서하성을 공략해야 했습니다. 올가미와도
같은 서하성을 무너뜨리고 중원으로 진출할 교두보를 마련하여 국력을 떨칠
전초기지를 마련하고 싶었지요. 하지만 그들은 번번이 오기에게 무릎을 꿇었고,
오기는 그들이 감히 넘보지 못하도록 서하성을 방어했습니다."

잠자리 눈을 가진 장수

진秦나라에는 올가미와 같은 곳, 대진對秦 방어기지이자 공격 거점인 서하성
에 오기가 들어왔습니다. 서하성을 기반으로 진秦을 치고 천하를 도모하자는
것이 오기와 위문후 사이에 합의된 국가 전략이었지요. 오기가 서하성에 온
다는 소문이 퍼지자 서하성 사람들이 술렁거립니다.

　노나라에서 강국 제나라를 물리친 일로 이미 이름을 널리 알린 오기. 그가
온다는 소식에 군사도시 서하에 주둔한 병사와 백성은 기대가 컸습니다. 기
대만큼 궁금증도 커졌지요. 말로만 듣던 위대한 장수의 풍채와 용모를 직접
보게 되다니…. 그런데 서하성에 도착한 오기의 모습은 그들의 기대에 미치

지 못했습니다. 대장군에 걸맞은 위엄과 아우라는커녕 오기의 행색은 초라하기만 했습니다. 그는 이따금씩 주변을 살펴보고 둘러보기만 할 뿐이었습니다. 대장군의 위엄도 보이지 않을뿐더러 그저 주변을 기웃거리며 둘러보기만 했지요. 병사의 사열을 받거나 부하 지휘관과는 상견례도 하지 않고 말입니다. 병사와 지휘관은 상당히 어리둥절해합니다. 결국 오기의 부하 지휘관 하나가 오기에게 물었습니다.

"장군님은 왜 부대 사열도 하지 않으시고, 아무런 명령도 내리시지 않습니까?"

오기는 이에 빙그레 웃으며 답합니다.

"나는 이미 부대 사열을 다 마쳤다네. 도착한 날 부대 입구를 지키는 병사를 보았는데, 눈빛은 살아 있고 동작이 민첩하며 창끝이 예리했지. 병사 하나를 보면 부대 전체의 수준을 알 수 있다네. 지금은 다른 것들을 좀 살펴보고 있지. 물자는 충분히 비축되었는지 부대가 위치한 이곳의 지형은 어떠한지 보고 있다네."

이 말을 듣자마자 그 지휘관은 오기에게 무릎을 꿇고 고개를 숙였다 합니다. 이 일 이후로 오기의 능력을 의심하는 목소리는 모두 쏙 들어갔습니다. 오기는 잠자리 눈을 가졌나 봅니다. 위魏나라 수도 안읍에서도 이러저러한 것을 살펴, 나라 사정을 꿰차고 난 후에 왕 앞에서 유세했지요. 서하성에서도 날카로운 관찰력을 발휘해 실정을 면밀히 살핀 것으로 볼 때, 그는 잠자리 눈, 즉 넓고 또 깊게 볼 줄 아는 시야와 통찰력이 있었나 봅니다. 명장이라면 갖춰야 할 자질입니다. 겉만 보는 것이 아니라 자세히 볼 수 있어야 하고, 자세히 보는 것에서 그치지 않고 그 이면까지 볼 수 있어야 합니다. 오기가 위문후 앞에서 유세할 때 스스로 자부했던 바이지요. 한국 프로야구계의 명장 '김성근 감독'도 이러한 점을 강조했다지요. '명장'들은 통하는 게 있나 봅니다.

이처럼 잠자리 눈의 장수 오기는 서하에서 하나부터 열까지 두루두루 살폈습니다. 곧 상황을 파악하자, 본격적으로 군사훈련에 돌입했습니다. 역시 노나라에서 했던 대로, 병사들과 같은 밥을 먹고 같은 잠자리에 들고 어려움을 함께합니다. 병사들은 갖은 고생을 다하는데 장수랍시고 안락함과 풍족함을 누리는 것, 오기에게 상상할 수도 없는 일입니다. '동고동락同苦同樂'이라고 했는데, 오기는 '즐거움'보다는 주로 '어려움'을 같이하는 것 같네요. 그렇습니다. 어려움을 같이해야 아랫사람의 마음을 얻을 수 있고, 그들의 충성을 이끌어내고, 그들이 목숨을 바치며 싸우도록 할 수 있지요. 이것이 오기의 신념이고 주관입니다. 절대 양보할 수 없는 장수 오기의 철학.

《울료자》라는 병법서에는 오기의 이러한 모습이 잘 서술되어 있습니다.

오기는 진秦나라와 싸울 때, 고르지 못한 밭고랑에 막사를 치고 나뭇가지로 지붕을 덮어 이슬과 서리를 막았는데, 왜 그랬을까? 이는 자신을 남보다 높이지 않게 하기 위해서였다. 병사들에게 죽기를 요구하면서 자신은 존귀함만을 찾으려 해서는 안 되며, 병사들에게 전력을 다할 것을 요구하면서 자신은 편함을 찾으려 해서는 안 될 것이다. _《울료자》

그리고 오기처럼 장수의 솔선수범에 대해 힘주어 말했습니다.

힘들고 고생스러운 부대 생활에서 장수는 반드시 솔선수범하여 더워도 휘장을 치지 않고 추워도 옷을 껴입지 않으며 험한 곳에서는 수레(전차)에서 내려 걸어야 한다. 또한 우물이 완성된 후에 물을 마시고, 병사의 식사 준비가 끝난 후에 밥을 먹으며, 진지가 다 갖춰진 후에 쉬고, 병사와 고락을 함께해야 한다. 이와 같이 하면 설령 부대가 출병한 지 오래되었더라도 결코 사기가 떨어지거나 전투력이 약화되지 않는다. _《울료자》

보시다시피 《울료자》가 주문하는 장수의 모습은 오기가 항상 실천해온 바입니다.

거자의 리더십

사마천의 〈오기열전〉 등 전국시대를 다룬 여러 사서史書에서 오기는 항상 부하들과 동고동락한 인물로 묘사되어 있습니다. 이동할 때 절대 말이나 수레를 타지 않고, 병사들과 같이 무거운 짐을 지었으며, 단순히 병사들과 같은 음식을 먹는 정도가 아니라 병사들이 밥을 먹어야 자신도 밥을 먹고, 병사들이 잠자리에 든 것을 확인하고 나서야 자신도 잠을 청했습니다. 그리고 병으로 몸져누운 병사가 있으면 직접 그를 찾아가 위로하고 손수 상처를 싸매고 의원을 불러 치료해주었습니다.

  오기의 모습은 앞서 말한 것처럼 전형적인 묵가의 지도자인 '거자'의 모습과 겹칩니다. 오기가 유학을 배웠지만 유가에서 말하는 군자는 절대 이렇게 하지는 않습니다. 천민들이 모인 묵가 집단의 지도자는 자신이 천민 출신이기에 몸 쓰는 일은 물론 험한 일도 할 줄 알지만, 유학에서 말하는 군자는 그럴 수 없지요. 오기가 동고동락, 특히 어려움을 같이하고 병사들보다 더 고생을 자처하는 것은 그가 묵학을 배웠고 '거자의 리더십'을 고수했기 때문입니다.

유학은 간단하지요. 군자에게 주문하는 것입니다. 군자라고 일컫는 귀족이 진정 귀족다워야 한다는 것입니다. 공자가 말하는 '인仁'은 '인人'에서 절대 벗어날 수 없습니다. '인人'은 '민民'과 구분되는 존재입니다. 그렇기에 그냥 보통 사람, 일반의 인간이라고 번역해선 안 됩니다. 직접 몸을 써 일하며 생산하는 '민'을 부리고, 그들이 생산한 재화를 소비할 수 있는 특권을 누리는 귀족 계층을 당시 '인'이라 했지요. '인人'이 '인仁'해야 한다, 즉 귀족이 도덕적이고 관대해야 한다, 귀족이 귀족답게 고상해야 하고, 품위를 지켜야 하고 덕을 갖추어야 한다는 것이 공자 사상입니다. 군자가 군자다워야 세상이 살기 좋아지고 질서가 제대로 잡힌다는 뜻이지요. 유가에서 말하는 군자는 절대로 아랫사람과 고생을 같이하는 존재일 수가 없습니다. '여민동락與民同樂'이라고 백성과 같이 '즐거움'을 누려야 한다고 말했지. 백성과 같이 '고생'하라고는 말하지 않았습니다. 특권을 누리되 도덕적이고 백성에게 관대해야 한다는 것입니다. 그렇기에 유가에서는 아랫사람과 험한 일을 같이 하고 몸을 쓰는 지도자를 기대할 수 없습니다. 사실 귀족에게 어려움을 같이하라고 주문한다고 해서 그들이 그렇게 하겠습니까? 험한 일은 해본 사람이나 할 수 있는 것이고, 거친 음식은 먹어본 사람이 먹을 수 있지요.

하지만 묵가 무리의 지도자 거자는 다릅니다. 거자는 자신도 하층민 출신이기에 몸을 써 험한 일도 할 수 있습니다. 강한 권력으로 구성원을 통솔했으며 구성원에게 존경과 신망을 받았지만, 거자는 항상 구성원과 같이 일했고, 위험한 일에는 앞장섰으며, 특히 약소국의 일원으로 강대국에 맞서 방어 전쟁을 펼칠 경우 목숨까지 내던지며 싸웠습니다.

오기 역시 하층민 출신이고 묵학을 배웠기에 병사와 어려움을 같이하고 때론 더 많이 감수했었는데, 이처럼 '거자 리더십'을 고수한 오기는 병사들과 똑같이 짐을 지고 이동하고, 병사들과 같은 잠자리에서 잤습니다. 그런데 이는 장수의 특권과 안락함만을 포기하는 것이 아닙니다. 경호 문제가 생길 수 있지만, 오기는 모두 감내했습니다. 나아가 전투가 벌어지면 돌격대나 기습부대를 이끌고 앞장서서 적진을 공격하는 등 정말 몸을 한 치도 사리지 않아야 했습니다. 어려움은 물론 위험도 함께 겪으며, 괴로움과 즐거움, 삶과 죽음을 같이한 장수 오기는 전형적인 거자의 모습을 보여주었습니다.

묵학을 배운 오기가 단순히 묵자 리더십만을 보여준 것은 아닙니다. 군사를 잘 훈련시켜 성을 잘 지켜내어 뛰어난 방어력을 자랑했습니다. 또한 서하성 통치에도 탁월한 수완을 보였습니다. 백성이 안심하고 생업에 종사할 수 있게 했고, 곡식 창고를 넉넉하게 채우고 사람들을 배불리 먹였습니다. 방어력만이 아니라 생산력도 높아진 서하는 이제 자립이 가능한 군건한 군사도시로 변화되었고, 서하성은 철옹성이 되었습니다. 적국이 절대 넘볼 수 없는 철벽 방어의 근거지로 만들어버렸지요. 서하성을 당시 '오성吳城', 즉 '오기의 성'이라고 불렀는데, 서하성은 진秦나라로서는 감히 도모할 수 없는 곳으로 변했습니다.

동쪽으로 진출하여 중원으로 나가고자 그렇게도 고대하고 열망했던 진秦나라. 이전에는 항상 최강대국 진晉에 막혀 동진이 좌절되었는데, 진晉이 분열되었건만 다시 나타난 상대는 하필 오기였습니다. 진秦나라는 어떻게든 오기가 지키는 서하성을 공략해야 했습니다. 올가미와도 같은 서하성을 무너뜨리고 중원으로 진출할 교두보를 마련하여 국력을 떨칠 전초기지를 마련하고 싶었지요. 하지만 그들은 번번이 오기에게 무릎을 꿇었고, 오기는 그들이 감히 넘보지 못하도록 서하성을 방어했습니다.

오기가 서하에 머문 20년 남짓 동안 진秦나라는 서하성에 어떤 흠집도 내지 못했습니다. 철벽 방어, 철옹성 구축이 무엇인지 보여준 오기. 사실 성 안에만 있기에는 그의 실력이 아까웠는데, 훗날 오기는 철옹성에서 나와 진秦나라로 원정을 떠나게 됩니다. 그리고 진秦나라를 마구 짓밟지요. 오기는 진秦나라에 악몽 그 자체였습니다.

9장

지휘관의 자세와 리더십

"동고동락하며 사병을 자식처럼 대우하고,
군주가 병사에게 후한 상을 내리도록 관철시켰습니다.
이러한 오기의 리더십을 그저 솔선수범이라느니, 가부장적이라느니,
책임감이 강하다느니 하는 테두리 안에 한정시켜선 안 될 것입니다."

고름을 입으로 빨아내다

항상 병사들과 동고동락했던 장수. 특히 어려움을 함께했고 더 큰 어려움은 자신이 짊어진 장수. 오기는 그렇게 자신을 관리하며 솔선수범하여 부대를 이끌었습니다. 그는 진정 병사들을 사랑했습니다. 하층민 출신이기에 누구보다 그들의 어려움을 잘 알았습니다. 사랑을 말했던 공자와 묵자의 학문을 모두 배워 실천했습니다. 그는 무엇보다 병사들의 마음을 얻어 충성심이 강한 정예부대를 만들었습니다. 부하들과 병사들을 진정으로 아꼈던 장수 오기. 그를 반인륜적이고 잔혹한 인물로 묘사한 사서에서도 그가 병사들을 진심으로 대하는 모습이 잘 서술되어 있습니다. 오기하면 병사들을 아끼는 마음 자

세를 빼놓고 말할 수가 없었겠지요. 윗사람을 대할 때에는 다소 지나치게 꼬장꼬장했어도 아랫사람을 대할 때는 가슴이 늘 따뜻한 사람이었습니다. 그가 병사들을 얼마나 아꼈는지 잘 보여주는 이야기가 있습니다. 바로 '오기연저吳起吮疽'라는 사자성어에 담긴 일화입니다.

한 병사가 독한 종기를 앓고 있는 것을 오기가 보았습니다. 그는 종기의 고름을 직접 입으로 빨아내 낫게 했습니다. 이 사실을 병사의 어머니가 알게 되자 곧 대성통곡했다고 합니다. 주변 사람들은 의아해했지요. 한 나라의 총사령관이자 장수인 존귀한 신분의 사람이 일선 병사의 종기를 직접 빨아 치료해주었는데, 왜 우는지 이해할 수 없었습니다. 그래서 사람들이 그녀에게 이유를 물었습니다. 병사의 어머니가 말하길, "아들의 아버지도 장군님 밑에서 병사로 있었는데, 그 양반 몸에도 독한 종기가 났었다오. 장군님이 이를 알고 직접 입으로 종기의 고름을 빨아주셨답니다. 그러자 아들의 아버지는 장군님 은혜를 갚는다고 앞장서서 싸우다가 목숨을 잃고 말았소. 아들의 종기도 장군님이 빨아주었으니, 아들 역시 목숨을 돌보지 않고 싸울 것이 분명한데, 이제 난 남편에 이어 아들까지 잃게 생겼으니 어찌하면 좋겠소." 이렇게 신세를 한탄했다고 합니다.

이 오기연저라는 고사는 장수 오기가 부하와 병사를 어떻게 대하는지를 잘 보여주는 일화입니다. 한편으로는 타인과 아랫사람의 환심을 얻기 위한 '보여주기'나 '퍼포먼스'로 이야기되기도 합니다. 그런데 그가 군대를 지휘할 때마다 일관되게 보여준 이 모습을, 단순히 타인의 마음을 얻기 위해 계획한 것이라 할 수 있을까요? '보여주기'도 일관되게 계속되면 진심이 된다고 합니다. 오기는 평생 이 모습을 보여줬습니다. 진심인 것이지요. 그는 부하와 병사를 진정 자식처럼 사랑했습니다. 사서를 막론하고 오기는 병사를 진심으로 대한 인물로 그려져 있습니다. 오기를 나쁘게 서술한 사서도 병사를 대하는 오기의 진심만큼은 인정했습니다.

그래서일까요? 오기는 자신의 군주에게도 이 모습을 주문했습니다. 백성의 어버이가 되어, 그들을 진심으로 대하고, 항상 아껴야 한다고. 애민 정신을 바탕으로 나라를 잘 다스려 백성이 조국을 사랑하게 하는 것이 국방의 최우선 조건임을 거듭 역설했습니다. 부대에서도 또 정치 무대에서도 수장은 항상 어버이 같아야 하고 구성원을 끔찍이 아껴야 한다고 했는데, 이것은 유가 사상의 영향으로 보입니다. 위정자의 부모 노릇은 항상 유학자가 주장하는 바이니까요.

그런데 장수로서 인간적으로 병사들을 대한 오기의 자세를 단순히 묵학과 유학의 영향 때문이라고 이해해선 안 됩니다. 그것은 그의 리더십을 너무 협소하게 이해하는 것입니다. 단지 그 영향으로만 이해하기에는 그의 부대가 어떻게 강해졌고 왜 무적이었는지를 설명하는 데에 한계가 있습니다.

군대를 탈바꿈시키다

끔찍하게도 병사를 아꼈다. 항상 솔선수범하며 '아버지 리더십'을 보이려 했다. 묵자 무리의 거자처럼 몸을 아끼지 않으며 어려움을 함께하려 했다. 그래서 부하들의 충성심을 끌어냈고 그들의 마음을 얻었기에 강군을 만들 수 있었다. 지금까지는 오기의 리더십을 이 정도로 이해했습니다. 맞는 이야기입니다. 하지만 앞서 말했듯 이는 너무 협소한 설명이고 이해입니다. 중요한 것은 오기가 리더십을 발휘해 군대를 '변화'시켰다는 것입니다. 정확히 말하자면, 오기가 자신만의 리더십을 보여줬기에 자신의 원칙대로 군대를 재구성하고 재조직할 수 있었고, 또 자신의 방식으로 군사를 조련하고 자신의 전술대로 싸우게 할 수 있었던 것이지요.

병사들과 어려움을 함께하는 장수 오기는 먼저 신분적 특권을 군대 내에서 쓸어낼 수 있었습니다.

춘추시대 전쟁에서는 수레*를 타는 무사 세 명과 수레를 호위하는 무사 일곱 명이 중심이 되어 전투를 수행했습니다. 수레를 모는 이가 가운데에 앉아 말을 조정하고, 왼쪽에는 활을 쏘는 무사가 앉고, 오른쪽에는 창을 든 무사가 앉습니다. 투구를 쓰고 갑옷을 입은 일곱 무사가 수레를 호위했지요. 수레에 탄 무사나 호위 무사는 모두 '대부大夫' 혹은 '사士' 계급 출신입니다. 성 안에 사는 국인으로서 문화와 교육의 수혜자였으며, 정치적 기득권과 특권을 가졌던 자들입니다. 바로 이들이 전쟁 일선에 나섰지요.

물론 이들만 전쟁에 나섰던 것은 아닙니다. 성 밖의 하층민, 야인도 징발되어 전쟁에 참여했습니다. 하지만 이들은 수레에 탈 자격은커녕 가까이에서 수레를 엄호할 자격도 없었습니다. 전투를 하긴 했지만 거드는 수준이었지요. 이들은 주로 보급물을 나르거나, 신분이 높은 무사를 위해 전쟁터에서 밥을 하고, 말에게 먹일 목초를 베어 오는 등 잡무만 주로 맡았습니다. 전투는 사실상 '높으신 분'들의 특권이자 의무였습니다. 하층민은 전쟁에 참여해도 공을 세울 기회가 없었고 설사 공을 세운다고 해도 어떤 보상도 받을 수 없었

---

* 수레에는 화물용과 군사용이 있습니다. 군용 수레를 당시에는 전차라고 했지요. 오늘날 전차, 탱크와 같은 것으로 생각하시면 무리 없습니다. 군용 수레, 즉 전차의 질과 양이 국력의 척도였을 만큼 군용 수레는 춘추시대 전쟁에서 제일 중요한 무기였지요. 수레는 원래 짐을 실어 나르는 용도였지만, 은나라를 무너뜨리고 천하를 거머쥔 주나라가 처음으로 공격용 병거로 개조하여 활용했습니다. 바퀴통을 구리로 감싸 보호하고 수레를 끄는 말의 수를 늘리고 말을 보호하는 장비를 개선하였습니다. 수레를 끄는 전문 무인 계층을 양성하였는데 돌진하는 수레의 파괴력으로 보나 작전상으로 보나 위력적인 신병기이자 '비대칭전력'이었습니다. (출처 http://blog.daum.net/shanghaicrab/16152528)

습니다.

오기의 리더십을 볼 때 우리는 우선 신분적·혈연적 특권을 군대에서 쓸어냈다는 것에 주목해야 합니다. 부대에서 가장 높은 장군이 병사와 같이 생활하고 어려운 일을 도맡아 하는데, '난 지휘관인데', '난 장교인데' 하면서 특권과 계급을 내세우며 거들먹거릴 수 있었을까요? 장군도 무거운 짐을 지고 멀고 험한 길을 가는데 대부 출신이라고, 성 안의 국인이라고 폼 잡고 수레를 타고 갈 수 있었을까요? 수레에서 내려야 했겠지요. 수레에 사람 대신 짐을 실으면 보급품을 더 나를 수 있고, 전투에 임했을 때 말에 누적된 피로가 덜하니 기동성을 살릴 수 있습니다. 오기가 그렇게도 강조한 기동력을.

출신이 아무리 좋아도, 친인척이 귀족이더라도, 누구든 짐을 져야 하고 어려운 일을 해야 했습니다. 일반 병사와 똑같이 강훈련을 소화해야 했지요. 특권이 군대에서 사라지자 강훈련만 가능해진 것이 아니었습니다. 기능주의적이고 성과 중심으로 부대를 편성하고 체제를 재구성했습니다. 이렇게 하여 조직력과 단결력을 갖춘 정예부대가 탄생합니다. 신분을 기준으로 해서 역할을 맡기는 것이 아니라 주특기와 능력을 기준으로 부대를 편성하고 조직할 수 있게 된 것입니다.

오기는 더 나아가 누구든 공을 세운 자에게는 신분에 관계없이 상을 주어야 한다고 왕 앞에서 역설했습니다. 그럼으로써 하층민 출신 병사들에게 성과를 올리도록 강하게 동기부여를 했습니다. 자, 우리보다 신분이 고귀한 자들도 강훈련을 받고 힘든 일을 한다. 능력과 성과 중심으로 평가받는다. 내가 용감하게 싸우고 돌진하면 그에 상응하는 보상이 따르고 신분도 상승할 수 있다. 이런 생각과 인식이 병사들에게 퍼지면서, 병사들은 더 열심히 훈련받고 용감하게 싸우겠다는 의지를 다질 수밖에 없었을 겁니다. 그것도 아주 강하게. 훈련이 아무리 힘들어도 감수합니다. 전쟁이 아무리 격렬해도 물러나지 않습니다. 강한 전투력과 전투 경험을 갖춘 군사가 대거 양성되고 이들에게 명예와 상도 주어지자, 병사들 스스로 자긍심과 엘리트 의식마저 느낍니다. 신분과 혈연이 주는 엘리트 의식이 아니라 성과와 능력이 주는 자부심과 엘리트 의식.

병사들에게는 자의식이 있어야 합니다. 자신을 단순히 일개 병사로 여기는 게 아니라 용사이자 전사라고 생각하는 자의식. 이러한 자존심과 자부심이 있어야 잘 싸울 수 있습니다. 당연하겠지요. 그리고 군대 내엔 그러한 자긍심을 가진 우생 집단이 반드시 있어야 합니다. 이성적인 생각으로는 또는 군대 밖에서 바라볼 때는 유치해 보일지 몰라도, 자긍심과 명예심이 있는 우생 집단이 꼭 필요합니다.

동고동락하며 사병을 자식처럼 대우하고, 군주가 병사에게 후한 상을 내리도록 관철시켰습니다. 이러한 오기의 리더십을 그저 솔선수범이라느니, 가부장적이라느니, 책임감이 강하다느니 하는 테두리 안에 한정시켜선 안 될 것입니다. 알렉산드로스 대왕의 부왕 필리포스 2세처럼 오기는 성과적, 기능주의적으로 군대를 탈바꿈시켰으며, 이 바탕에서 우생 집단을 만들어냈고, 이들을 활용한 새로운 전략과 전술을 뽐내며 전장에서 활약했습니다.

그럼 도대체 어떤 기준으로 군대를 재구성하고 재조직했을까요? 이에 대해서는 위무후에게 역설하는 장면을 살펴볼 때 자세히 알아보겠습니다. 마찬가지로 얼마나 혁신적이고 참신한 전술을 도입했는지도 뒤에서 살펴보겠습니다.

군대를 탈바꿈시킨 오기는 서하성을 철옹성으로 만든 것에 만족하지 않고 진秦나라로 진격합니다. 이제 수세가 아닌 공세의 입장에서 진秦나라를 향해 칼끝을 겨누고 달려갑니다. 본격적으로 공격에 나서는 오기 장군. 진秦나라의 운명은 어떻게 되었을까요?

10장

멸망의 위기에 놓인 진나라

"막다른 골목에 몰린 진나라는 온 나라의 병사를 모두 소집해
50만 대군으로 오기의 군사를 막으려 합니다. 50만 대군에 맞선 오기의 병력은
겨우 5만. 양진에서 벌어진 10 대 1의 전쟁 결과는 오기의 완승이었습니다."

중원을 노리는 독사

진秦나라에 오기는 항상 악몽 같은 존재였습니다. 오기는 진秦나라와 붙은 전
투에서 모두 승리했습니다. 번번이 패하자 진秦나라는 야전에서 오기와 붙어
서는 도저히 승산이 없다고 판단했지요. 이후 성 방어에만 주력했는데, 사실
진秦나라는 전국시대 내내 최강국으로 군림한 나라였습니다. 오기가 위魏나
라에 있을 때를 제외하곤 항상 공격하는 위치에 있었습니다. 그리고 결국 천
하를 삼켜 통일을 이룩했지요.

후일 천하를 거머쥐게 된 진秦나라이지만, 의문점이 하나둘이 아니었습니
다. 기원도 모호하고 나라를 구성하는 지배층과 백성의 족속도 모호했지요.

서쪽의 이민족 융족戎族이 근본이고 열악한 환경에서 낙후된 문화로 시작한 나라라는 게 오늘날의 표준적인 인식입니다. 하지만 서쪽이 아니라 동쪽에서 기원했다는 설도 있습니다. 어떤 학자는 은나라의 속민屬民이 서쪽으로 이주해 나라를 세웠다고 주장합니다. 은나라가 주나라에 멸망당했을 때 왕족의 일부가 서쪽으로 가 진秦의 지배층이 되었다는 설도 있고요. 실제 진秦나라 왕실이 내세우는 종교관과 천관天觀을 보면 은나라와 닮은 구석이 많습니다. 그렇지만 발굴된 초기 유물만 보아도 서융西戎족과 거의 유사한 문화를 가진 사람들로 보입니다. 이처럼 모호한 구석이 많고 여러 의문과 베일에 싸여 있는 나라가 바로 진秦. 하지만 진秦에 대해 대략 합의된 것이 있습니다.

우선 농업 경제가 아닌 목축 경제를 토대로 시작한 나라입니다. 이들의 조상은 말과 가축을 잘 키웠는데, 특히 비자非子라고 시조로 숭상받는 인물이 목축에 능해 주 왕실로부터 봉지封地를 따로 받았다고 합니다. 이처럼 이들의 조상이 농민이 아닌 것은 확실합니다. 그들은 그 특기를 계속 이어갔습니다. 가축을 잘 기르면 여러 면에서 좋습니다. 짐승 가죽은 질 좋은 전투복이 되고, 우수한 군마를 대거 확보할 수 있으며, 소금에 절인 고기는 훌륭한 전투 식량이 됩니다. 무엇보다 동물 기름을 다량으로 확보할 수 있지요. 동물 기름은 방어전과 침략전에서 쓸 불을 만드는 데 아주 요긴하게 쓰입니다. 특히 성을 지킬 때는 꼭 확보해야 할 군수품이었지요. 그리고 이들은 전 백성이 전사의 피를 타고났다고 해도 과언이 아닙니다. 사나운 서쪽 오랑캐에서 기원했기 때문에 다른 나라와 인구가 같더라도 병사로 뽑아 쓸 자원의 비율이 압도적으로 높을 수밖에 없지요. 비록 그들은 서쪽 오랑캐로 인식됐지만 싸움을 잘했기 때문에 어느 시기부터는 서쪽 이민족과 싸우면서 주 왕실을 지키는 울타리 역할, 즉 주 왕실의 호위무사 내지는 근위병 역할을 했습니다. 근본은 서융족이었으나 주 왕실의 투견 노릇을 하면서 서융족과 자신들을 구별하기 시작했습니다. 서융족과 싸우면서 근거지를 만들어 확대해나갔고, 서융족과 구분되는 독자적 정체성을 확립한 전사의 나라가 바로 진秦나라입니다.

이 전사 집단은 결정적으로 주나라의 재건국과 동천東遷*을 크게 도왔습니다. 주나라 수도 호경은 왕실의 내분과 서융족의 침입으로 초토화되었고, 이 때문에 서주 왕실이 낙읍으로 수도를 옮기려고 할 때 진秦나라가 대활약을 했습니다. 주나라 수도 호경에서 서융족 잔당을 몰아내어 서주 왕실이 도읍을 안전하게 옮길 수 있도록 '보디가드' 역할을 한 것이지요. 이 공을 인정받아 주 왕실로부터 정식으로 제후 승인을 받았습니다. 당시 그들은 위상만을 높인 게 아니었습니다. 동천한 주나라가 버린 알짜배기 영토 상당 부분을 자신들의 영토로 편입시켰습니다.

그들이 얻은 건 위상과 영토에 그치지 않았습니다. 주나라 사람 모두가 이주해 간 것은 아니었습니다. 남아 있던 주나라 무인과 핵심 인사도 영입했습니다. 그러면서 그들은 주나라의 생존 전략과 방식은 물론 전쟁 노하우까지도 자기 것으로 만듭니다. 주공이 시조인 노나라가 주나라의 문화와 관습 등 소프트 파워를 고스란히 이어받았다면, 진秦나라는 주나라의 서쪽 영토 대부분을 흡수하여 하드 파워를 챙긴 셈이었지요.

은나라 유민이 참여하여 은나라식 상제 관념을 토대로 독자적으로 하늘에 제사를 지낸 사람들, 거기에 주나라의 핵심 거점과 하드 파워까지 흡수한 사람들. 하지만 그들은 중원 나라로부터 미개인 대접을 받았습니다. 춘추시대 중기까지 서쪽 오랑캐로 취급당했지요. 실제 낙후된 문화와 환경에서 시작한

---

* 주나라가 도읍을 호경鎬京에서 동쪽의 낙읍洛邑으로 옮긴 일을 뜻합니다.

나라라고 말하는 학자가 많습니다. 천하를 통일했기에 끝은 창대했지만 시작은 미미했던 나라라고 인식들 하지요. 이것이 진秦나라에 대한 표준 인식입니다. 하지만 애초에 은나라의 문화는 물론 주나라의 핵심 영토와 인사까지 흡수한 이 전사 집단의 나라는 시작부터 지극히 창대했던 게 아니었을까요?

춘추시대 초중기까지 다른 나라는 그들을 이민족이라 하여 비록 오랑캐로 불렀지만, 그들의 무시무시한 잠재력만은 인정했고 두려워했습니다. 오죽하면 호랑지국이라 했겠습니까? 다른 건 몰라도 그들은 싸우면서 태어났고 성장했으며 전투와 전쟁이 자신들의 정체성이자 생존 방식이며 생활양식이었지요. 진秦 건국 초기부터 다른 나라는 그들의 투쟁심과 무력을 매우 두려워했습니다.

서방에서 중원을 바라보는 '독이 오른 코브라' 진秦나라와 '태행산의 호랑이' 진晉나라는, 진晉나라가 삼분되기 전부터 많이 싸웠습니다. 진晉과 진秦이 벌인 전쟁과 갈등은 정말 격렬했는데, 특히 '효산대전[崤山之戰]'은 춘추시대 전쟁답지 않게 끔찍한 섬멸전이었습니다. 오기가 대치한 상대는 이렇게 무서운 적이었습니다. 하지만 오기에게 진秦나라는 코브라가 아니었습니다. 항상 고양이 앞에 선 쥐 신세였을 뿐.

진나라의 악몽

기원전 403년 오기에게 때가 왔습니다. 위魏나라 오기의 군대는 진秦나라와 국경에서 벌인 국지전에서 거듭 승리하며 자신감을 쌓았습니다. 거기에 상대 진秦나라는 내분에 휩싸인 상태. 왕이 죽자 왕위 계승 문제로 다툼이 생겼습니다. 이 과정에서 태자가 죽고 헌공이 왕위에 올랐지만 나라 안은 여전히 혼란스러웠습니다. 이러한 내막을 알게 된 위魏나라는 진秦나라를 칠 절호의 기회임을 직감합니다. 훗날 아버지 위문후의 뒤를 이어 위무후가 되는 태자 위격魏擊의 군사와 오기의 군대가 대진 원정길에 나섰습니다. 먼저 오기가 서하성 근처 국경에서 진秦의 군대를 대파합니다. 국경선을 돌파한 오기 군대는 이윽고 위하평원渭河平原의 요충지 '정鄭'으로 향합니다. 공황 상태에 빠진 진秦나라. 절대 요충지를 빼앗길 수 없기에 주력군을 급파합니다. 오기 군대와 진秦나라 주력군이 대치하게 되면서, 진秦나라 주력군은 발이 묶이게 되었지요. 때마침 태자 위격의 군사가 움직이네요. 태자의 부대는 틈을 놓치지 않고 진秦나라군의 거점 번방繁龐을 떨어뜨립니다.

이제 다시 오기의 차례. 오기의 부대는 정을 무너뜨리고 계속 진격합니다. 용맹함과 스피드를 겸비한 오기의 부대는 소량성小梁城, 번성繁城, 반성龐城, 낙음성洛陰城, 합양성郃陽城 다섯 성을 거침없이 연쇄적으로 무너뜨렸습니다. 순식간에 적국 수도 코앞까지 진군한 오기의 부대. 이 과정에서 실로 놀라운 일은 다섯 성 가운데 세 번째 반성을 제일 먼저 무너뜨리면서 파상공세를 시작했다는 것입니다. 첫 번째 소량성과 두 번째 번성에 군사를 남겨놓고 적과 대치시킨 상태에서, 오기는 빠르고 날랜 결사대를 직접 이끌고 적진 깊숙이 잠입했습니다. 한밤중 반성 입구에 도착한 오기의 군대. 오기는 용감한 병사 몇 명을 몰래 성벽에 오르게 하여 보초병을 제거한 뒤 성문을 열게 했습니다. 이윽고 성문이 열리자 유령처럼 성 내부로 침투한 결사대는 일제히 진秦나라 병사를 도륙하기 시작했습니다. 단잠에 빠졌다가 위魏나라군에 기습당한 진秦나라 군사는 죽거나 포로가 되고 말았습니다. 오기의 군대는 봉화를 올렸습니다. 소량성과 번성에서 적과 대치하고 있던 아군에 보내는 신호였습니다. 반성 공략이 성공했다는 소식을 접하자, 소량성과 번성에서 대치하고 있던 군사들도 총공세를 펼쳤습니다. 반성을 점령한 소식에 사기가 올라 파상공세를 퍼붓는 오기의 군사들 앞에 소량성과 번성마저 떨어지고 마네요. 오기는 다시 기세를 몰아 낙음성과 합양성까지 무너뜨렸습니다.

다섯 성이 연속해서 함락되자, 충격과 공포에 휩싸인 진秦나라 조정. 항상 중원을 향해 공세만 취하다가 처음 제대로 공격당해 본토가 초토화되고 말았습니다. 안방의 성들이 함락되었고 국토가 유린된 상황이었지요. 이렇게 주요 거점을 모두 잃은 진秦나라는 절치부심하여 빼앗긴 성을 되찾으려 공격했지만, 오기는 틈을 보이지 않았습니다. 그런데 진秦나라의 재앙은 이것으로 끝난 것이 아니었지요. 기원전 393년 오기는 다시 원정길에 올라 진秦나라군을 주성注城에서 대파합니다. 막다른 골목에 몰린 진秦나라는 온 나라의 병사를 모두 소집해 50만 대군으로 오기의 군사를 막으려 합니다. 50만 대군에 맞선 오기의 병력은 겨우 5만. 양진陽晉에서 벌어진 10 대 1의 전쟁 결과는 오기의 완승이었습니다. 5만 병력에 50만 대군이 궤멸되다시피 했습니다. 진秦나라 입장에서는 양진대첩이 아니라 양진 참사였지요. 그리고 2년 후 무하武下에서 다시 오기군과 진秦나라군이 맞붙었고, 오기군은 진秦나라의 잔여 병력마저 궤멸시키고 맙니다. 결국 진秦나라는 존망의 위기에 처했습니다.

그러나 여기까지였습니다. 위魏나라가 조금만 더 진秦나라를 몰아붙였으면 서쪽의 화근을 뿌리 뽑을 수 있었건만, 오기의 진격은 여기에서 끝나고 말았습니다. 위魏나라 조정이 오기를 견제했기 때문입니다. 오기가 천하제일의 명장이 되자, 위魏나라 조정에서는 이를 좌시하지 않았습니다. 아주 오기를 제거할 생각까지 품게 됩니다. 서서히 오기에게 먹구름이 몰려오고 있었습니다.

· 11장 ·

《오자병법》이 만들어지다

"제자들은 스승이 죽으면 스승을 대체할 '무엇'이 절실히 필요해지는데,
바로 스승의 말씀입니다. 제자들이 스승 생전에 기록한 내용을 바탕으로 기억을 더하고
마음으로 체득한 내용을 덧붙여 텍스트가 완성되지요."

스승의 가르침을 기록한 제자들

충심으로 섬긴 주군 위문후가 죽고, 오기는 주군의 아들을 새로운 주군으로
모시게 되었습니다. 하지만 새 주군 위무후는 오기를 탐탁지 않아 했습니다.
오래 지나지 않아 오기를 내몰게 되는데, 덕분에 《오자병법》이 탄생하게 됩
니다.

《오자병법》을 보면 도입 부분에 해당하는 〈서문〉 편에서만 '위문후'가 등장
하고, 다른 편에서는 '위무후'의 질문과 오기의 대답으로 구성되어 있습니다.
오기가 압박과 위협을 피해 위魏나라를 떠나자, 위魏나라에 남은 오기의 제자
들과 추종자들이 위무후와 스승 오기의 문답을 엮어 《오자병법》을 만들었습

니다. 보통 제자백가 텍스트 대부분은 텍스트의 주인공이 죽은 이후에 만들어집니다. 텍스트의 주인공이 직접 집필했거나 편집에 참여한 경우는 거의 없습니다. 공자의 텍스트 《논어》, 장자의 텍스트 《장자》 모두 공자와 장자가 죽은 이후 제자들이 편집하여 만들었습니다. 제자들은 스승이 죽으면 스승을 대체할 '무엇'이 절실히 필요해지는데, 바로 스승의 말씀입니다. 제자들이 스승 생전에 기록한 내용을 바탕으로 기억을 더하고 마음으로 체득한 내용을 덧붙여 텍스트가 완성되지요. 텍스트는 제자들이 만든 것입니다. 자기 이름이 붙은 텍스트를 가진 제자백가 사상가는 대부분 제자가 있었다고 볼 수 있습니다.

《오자병법》 역시 마찬가지입니다. 오기의 제자들과 추종자들이 만든 텍스트입니다. 그래서 오기가 살았던 시대 이후의 역사적 사실에 대한 언급이 텍스트에 등장하기도 합니다. 당연한 것이지요. 그런데 오기가 죽은 이후에 만들어졌다고 단정하기는 어렵습니다. 그랬을 공산이 크기는 하지만 오기가 위魏나라를 떠난 시점부터 만들어졌다고 생각해볼 수 있습니다. 오기는 떠났지만 그의 제자들과 추종자들은 위魏나라에 남아 《오자병법》을 쓴 것이지요.

자, 위문후가 죽고 위무후가 왕으로 등극하면서 오기에게 위기의 그림자가 다가왔습니다. 오기는 위魏나라를 떠날 수밖에 없는 상황에 놓이게 되었다고 했습니다. 그리고 《오자병법》 이야기를 했지요. 《오자병법》은 대부분 위무후가 묻고 오기가 답하는 형식으로 서술되었다고도요. 텍스트 본문을 차근차근 읽어보면 위무후의 질문에서 따지는 듯한, 시비 거는 듯한 뉘앙스를 읽을 수 있습니다. 역시 둘의 사이가 좋지 않았다는 것을 알 수 있지요. 그런데 조정의 군주와 변방의 장수가 어찌 이렇게 많이 묻고 답할 수 있었을까요? 이것부터가 궁금합니다. 사실 생각해보면 간단합니다. 변방의 장수를 중앙의 조정으로 불렀기에 문답이 가능했던 겁니다. 병권을 아예 뺏거나 회수한 뒤에 오기를 조정에 두고 대기 발령시킨 게 아닌가 하는 의구심이 듭니다. 장수가 병권을 회수당했다면 살아도 산 게 아니겠지요. 위무후가 제위에 오른 이후 얼마 되지 않아 유령처럼 지낸 오기는 축출되고 맙니다. 그 시점부터 《오자병법》이 만들어진 듯합니다. 오기의 병법서에는 이런 앞뒤 사정이 있습니다.

군주의 눈 밖에 난 오기

오기는 처음부터 위무후와 관계가 좋지 않았습니다. 오기는 윗사람을 대할 때 꼬장꼬장한 성격 탓에 거침이 없었습니다. 위무후는 독선적이고 교만한 인물이었지요. 성격이 이런 둘이 서로 사이가 좋을 수가 없겠지요. 위무후 재위 초기부터 일이 터지고 맙니다. 위무후는 군주의 자리에 오르고 나서 얼마 되지 않아 오기가 있는 서하성으로 행차합니다. 이른바 '순행巡行'이라고 군주가 자신의 나라를 둘러보는 일을 말하지요. 위무후가 서하성을 순행했을 때 일이 터지고야 맙니다. 위무후는 서하 호수에 유람선을 띄워놓고 한껏 기분을 내다가 흥에 겨운 나머지 한마디합니다.

"이 험준한 지형과 아름다운 풍경이 정말 좋구료. 이곳이야 말로 우리 위魏나라의 보배가 아니겠는가?"

그러자 따라온 신하 가운데 하나가 비위를 맞추기 위해 맞장구치며 아부합니다.

"그렇습니다. 주군께서 말씀하신 것처럼 서하가 있는 한 우리 위魏나라는 절대 걱정이 없을 겁니다."

그러자 오기가 그 신하를 노려보더니 위무후에게 한마디합니다. 충언 같기

도 하고 직격탄 같기도 한 말을 왕에게 날리는데,

"그렇지 않습니다. 지금 군주의 말씀은 나라를 위태롭게 합니다. 그런데도 이자는 맞장구까지 치니 이는 위태로운 나라를 더욱 위태롭게 하는 일입니다."

흥이 깨진 위무후가 묻습니다.

"무슨 까닭에 그런 말을 하는지 한번 들어나 봅시다."

그러자 오기는,

"산하의 험준함은 믿을 바가 못 됩니다. 나라의 보배는 군주의 덕에 달린 것이지 산하의 험준함에 달린 것이 아닙니다"라고 답합니다. 그리고 유리한 지형과 험준한 산하를 병풍으로 끼고 있었지만 덕으로 정치를 하지 않아 나라를 잃고 치욕을 당한 군주를 쭉 열거합니다.

"옛날에 삼묘씨三苗氏는 좌로는 동정호洞庭湖 우로는 팽려호彭蠡湖를 끼고 있었지만 덕으로 정치를 하지 않았기에 우禹임금에게 멸망당했으며, 하夏나라 걸왕桀王은 황허 강과 제수濟水, 태산泰山과 화산華山, 이궐伊闕과 양장羊腸 등 천혜의 지세를 사방으로 누리고 있었지만 폭정을 펼치다가 은나라 탕왕湯王에게 쫓겨났습니다. 또 은나라 주왕紂王은 맹문산孟門山과 태황산太行山, 상산常山과 황허 강을 끼고도 덕을 갖추지 못했기에 죽임을 당하고 말았습니다."

오기는 덕으로 다스리지 않아 죽임을 당하고 나라도 잃은 역사의 암군暗君을 위무후에게 상기시켰습니다. 그러면서 나라의 보배는 험준한 지형과 산하가 아니라 위정자의 덕임을 다시 한 번 강조했지요. 여기에서 그쳤으면 좋으련만 그는 직격탄을 계속 날렸습니다.

"만약 주군께서 덕으로써 정치하려 노력하지 않는다면 이 배에 타고 있는 사람들까지 모두 적으로 돌리게 될 것입니다."

계속해서 몰아붙이는 오기의 말에 위무후는 얼굴이 벌게진 채 말없이 고개를 끄덕거립니다. "잘 들었소"라고 하는데 싸늘해지는 분위기. 위무후는 자존심이 몹시 상해 바로 다음 날 날이 밝기가 무섭게 신하들과 함께 서하성을 떠납니다. 이때부터 오기는 본격적으로 위무후의 눈 밖에 나기 시작합니다. 잔뜩 먹구름이 낀 오기의 앞날. 이렇게 위무후가 즉위하면서 《오자병법》이 만들어질 조짐이 보입니다. 이제 본격적으로 《오자병법》의 핵심을 살펴보겠습니다.

그런데 참 이상합니다. 앞서 어머니에게 한 맹세, 부인을 죽인 일화 등. 사서에는 오기를 출세 지상주의자에 공명심에 눈이 먼 인간으로 그린 흔적이 보입니다. 그런데 겁도 없이 군주를 몰아붙이면서 간언을 올렸답니다. 또 병사들을 끔찍하게 챙겼답니다. 출세에 눈이 먼 사람이 바른말과 쓴소리를 하나요? 또 아랫사람을 잘 챙기나요? 아랫사람에겐 모질어도 윗사람 비위를 잘 맞추고 바른말과 쓴소리보다 아부에 능하고…. 출세 지향적 인간이 보이는 전형적인 모습은 이렇지 않은가요? 그런 사람은 협잡질도 마다하지 않는데 막상 사서에 묘사된 오기는 협잡질과는 거리가 멀고 뒤끝 하나 없는 사람입니다. 위衛, 노, 위魏 등 자신을 쫓아냈던 나라를 상대로 한 번도 전쟁을 일으킨 일이 없었지요. 재상 전문田文에게 인사 문제에 불만을 품고 따졌지만, 전문이 점잖게 타이르자 순순히 물러난 뒤 그를 존중한 일도 있습니다.

사서에 묘사된 오기의 기록을 보면 모순과 불일치가 많습니다. 이극李克이란 사람의 입을 빌려 오기가 재물과 여색을 탐했다고 하는데, 오기를 15년 넘게 곁에 두었던 위문후는 그를 청렴하고 공평무사한 신하라고 칭찬했고, 그를 제거하기 위해 계책을 꾸몄던 공숙좌公叔座는 오기의 가신에게 그에 대해 물었더니 이런 대답을 들었답니다. "지조가 있고 예禮를 지키며 명예를 중시하는 사람"이라고.

사서에는 평면적인 캐릭터가 압도적으로 많은 것을 볼 때 오기는 상당히 예외적 인물입니다. 사마천이 쓴 〈오기열전〉만 봐도 오기는 종잡을 수 없는 캐릭터이고 어떤 때에는 너무 입체적이다 못해 굉장히 별종에 가까운 인물로 그려집니다. 원래 나쁜 사람이지만 좋은 면도 조금은 있어서 그런 것일까요? 아니면 굉장히 다중적인 인물이어서 그럴까요? 향후 초나라에서 그가 보인 행보를 보면, 왜 모순된 평가와 묘사가 있는지 또 과소평가될 수밖에 없었는지 이유를 알 수 있습니다. 오기가 원래 다중인격을 지닌 게 아니라 그렇게 묘사될 수밖에 없었던 이유가 있었지요. 이것은 뒤에서 살펴보겠습니다.

《오자병법》 본론을 살펴보기에 앞서 하나만 더 짚고 가겠습니다. 《오자병법》은 많은 부분이 유실된 텍스트입니다. 《한서예문지漢書藝文志》를 근거로 한다면 본래 48편으로 된 텍스트인데 현존하는 《오자병법》은 겨우 일곱 편뿐입니다. 상당 부분이 소실된 상태이지요. 남아 있는 일곱 편만 가지고도 《오자병법》의 핵심과 오기의 문제의식, 그가 정말 말하고 싶었던 양병養兵의 목표와 용병술 그리고 국방의 대원칙에 대해 어느 정도 알 수 있습니다만, 소실된 부분이 너무 많기에 오기 사상의 전모에 대해 파악하기란 역부족인 게 사실입니다. 당대에 손자와 더불어 병법의 신으로 대우받았지만, 오늘날 손자에 비해 초라한 위상을 가지게 된 데에는 텍스트 소실이 크게 작용했지요. 너무도 많이 사라진 퍼즐 조각. 전모를 파악하는 것은 사실 불가능에 가깝다고 할 수 있습니다. 그렇지만 도움이 되는 자료가 적지 않게 있습니다.

《전국책戰國策》, 《한비자》, 《여씨춘추呂氏春秋》 같은 역사서와 텍스트가 있고 오기와 비슷한 리더십을 가진 장수와 지도자가 있습니다. 또 그와 흡사하게 부대 편성과 재구성 원칙을 만들어 지킨 군주가 있었습니다. 게다가 오기의 영향을 많이 받아 편찬된 병법서도 있지요. 구체적으로 말하자면, 알렉산드로스 대왕과 김성근 감독이 있고, 오기가 활약했던 위魏나라에서 만들어진 《울료자》라는 병법서와 그의 행적을 서술한 사서와 책이 있습니다. 아주 비슷한 인물이 있고, 오기를 극찬하고 숭상했으며 오기와 거의 똑같은 주장을 담은 병법서가 있기에, 사라진 퍼즐 조각에 미련을 갖지 않아도 좋습니다. 다소 무리한 추론과 해석이 있다고 해도 참고할 것을 참고하고 빌릴 것을 빌리면 《오자병법》을 보다 명확히 알 수 있다고 확신합니다.

자, 이제부터 위무후가 묻고 오기가 답합니다.

내편内篇 2　《오자병법》 읽기

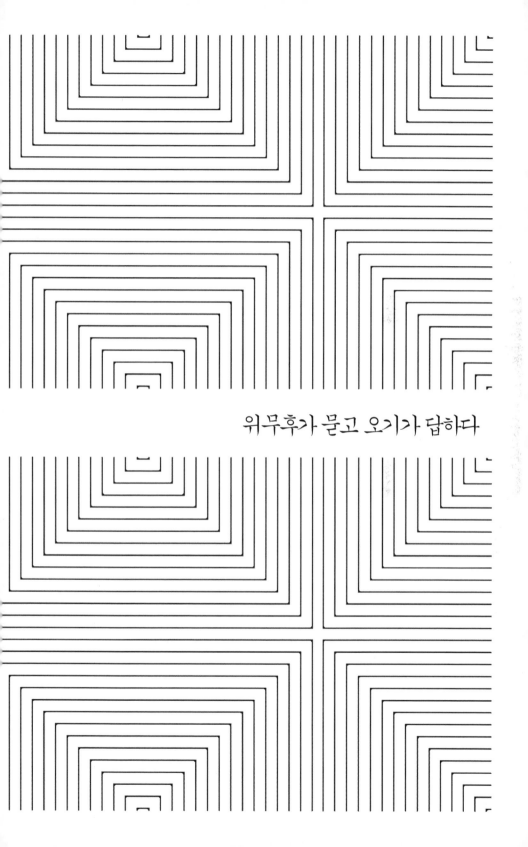

위무후가 묻고 오기가 답하다

12장

나라를 다스린다는 것

"과거 국가를 잘 다스린 명군은 반드시
백성을 잘 교화하고 친화를 이루는 데 애썼습니다.
인화가 무엇보다 중요하기 때문입니다."

백성이 화합하게 하라

《오자병법》은 일곱 편으로 나누어져 있습니다. 〈서장〉, 〈도국〉, 〈요적料敵〉, 〈치병〉, 〈논장〉, 〈응변〉, 〈여사勵士〉 편으로 구성되어 있지요. 사람에 따라 〈서장〉 편을 〈도국〉 편에 편입시켜 총 여섯 편으로 분류하기도 합니다. 〈서장〉 편만이 위문후와 오기의 대화이고 〈도국〉 편부터 〈여사〉 편까지는 위무후와 오기가 나눈 대화입니다. "오기 왈吳起曰"이란 표현보단 "오자 왈吳子曰"이란 표현이 많습니다. 앞서 언급한 대로 오기를 따르거나 흠모하는 위魏나라 사람들이 정리하고 기록한 것이라 그렇습니다. '자子'라는 말은 존칭이지요. 스승이라고 여기는 사람, 일가를 이룬 사람에게 붙이는 말인데 《오자병법》은 '오 선생님께서 말씀하시기를' 하면서 시작하는 문장이 많다는 말입니다.

　오기는 〈도국〉 편에서부터 본격적으로 자신의 사상과 주장을 전개하는데, '도국'에서 '도圖'는 '다스리다'라는 뜻으로 '치治'와 같은 뜻입니다. '도국'은 '나라를 다스린다'는 의미로 제목만 봐도 주제를 알 수 있지요. 오기가 보기에 병법에서 가장 우선해야 할 것이 '나라를 다스림'이니 이에 대해 논하는 것입니다. 〈도국〉 편에서 오기는 전쟁을 치르기 전에 "평소 나라를 제대로 다스려야 한다, 정치 공동체를 안정시키고 건강하게 해야 한다"고 주장합니다. 그러면서 가르침과 교화, 상현尙賢 사상, 부득이용병不得已用兵 사상 등 여러 정치주장을 펼치는데, 가장 먼저 오기는 '화'를 이야기합니다. '화和'야 말로 위정자가 항상 챙겨야 할 궁극적 정치 과제이자 목표입니다. 정치의 대원칙이자 근본 목표인 '화'. 〈도국〉 편에서 이야기하는 모든 것은 바로 '화'를 위함이지요.

　오기가 말하는 '화'란 무엇일까요? 어려운 것이 아닙니다. 화합과 조화, 인화, 단결, 하나됨을 뜻합니다. 위정자가 선정을 베풀어 나라의 구성원이 서로 화합하고 단결할 수 있도록 해야 한다는 말입니다. 이것이 군사력을 극대화하는 선결 조건이며 국방의 시작과 끝이라고 합니다. 병법가 오기는 군사와 국방을 논하기 전에 항상 '나라 다스림'을 강조했는데요, 앞서 위문후에게도 말했지요. '문文'으로 대변되는 내치가 우선이고 나라를 안정되게 함이 튼튼한 국방의 시작이라고. 〈도국〉 편에서 이러한 오기의 생각을 다시 한 번 분명하게 확인할 수 있습니다.

　《손자병법》은 첫 페이지부터 전쟁을 자세히 서술하고 있습니다. "국가와 백성의 생과 사가 전쟁에 달렸으니 주도면밀하게 살피고 계산해야 한다." 《손자병법》은 이렇게 시작하지요. 손자는 적과 나의 전력을 최대한 자세하게 비교 분석하라고 하는데, 어떤 항목으로 비교하고 가늠할지 세세하게 열거하며 주지시킵니다. 그래서 《손자병법》은 첫 장을 열자마자 전쟁이 임박한 느낌을 줍니다. 또 다른 손자, 손빈의 병법은 첫 페이지에 굉장히 긴박한 상황을 묘사하고 있습니다. 위魏나라와 제나라 사이에 전쟁이 발발해서 위급한 상황인데 손빈이 제나라 총사령관에게 전술에 대해 조언하는 모습을 볼 수 있습니다.

《오자병법》은 《손자병법》이나 《손빈병법》과 달리 전쟁 이야기를 바로 꺼내지 않습니다. 먼저 정치를 이야기하지요. 그리고 국정 과제와 국가 지도자의 정치 책무를 말합니다. 시작 부분이 밋밋하게 느껴지고 뭔가 변죽을 울린다는 느낌마저 줍니다. 전쟁을 주제로 한 책인 줄 알고 책장을 넘겼는데 어째 정치 이야기만 하고 있으니 말입니다. 그러나 많은 학자가 지적하듯이 전쟁은 정치의 연속이고 내정은 전쟁과 직결됩니다. 이렇게 보면 오히려 오기가 전쟁과 국방의 본질을 정확히 꿰뚫어 논했다고 보는 게 마땅하지 않을까 싶습니다. 실제 《손빈병법》 같은 경우에는 전쟁과 전장에서 이기는 것만을 주로 생각하지, 내정과 전쟁을 연관시켜 보는 시야가 부족합니다. 병법서로서 치명적인 약점이지요.

이제 오기가 위무후에게 말합니다.

"과거 국가를 잘 다스린 명군은 반드시 백성을 잘 교화하고 친화를 이루는 데 애썼습니다. 인화人和가 무엇보다 중요하기 때문입니다. 그러므로 군주가 유념해야 할 불화가 네 가지 있습니다.

나라가 하나로 화합되어 있지 않으면 군대를 출정시켜서는 안 됩니다.

군이 하나로 화합되어 있지 않으면 군대를 이동시켜서는 안 됩니다.

진영이 하나로 화합되어 있지 않으면 나아가 싸우게 해서는 안 됩니다.

전투에 임해서 군사가 하나로 움직이지 못하면 결전을 치러서는 안 됩니다."[9] -〈도국〉

먼저 나라를 잘 다스려야 하고, 나라 다스리는 데 있어 지상 과제는 '화'이기에, 오기는 군주가 어떻게든 '화'를 이루도록 전력을 다해야 한다고 합니다. 그는 위무후에게 과거의 명군을 상기시키며 자신의 주장에 근거를 대고 권위를 부여하지요. 과거에 국가를 잘 다스린 명군은 백성을 잘 가르쳐 군주를 진심으로 따르게 했으니, 위무후도 그 같은 자세로 정치해야 한다고 합니다. 이것이 과거의 그들처럼 공동체에서 화를 이룰 수 있는 길이라고 했습니다. 국정 운영을 제대로 하지 않아 공동체에 반목과 갈등, 불협화음이 팽배한 나라가 제대로 싸울 수 있을까요? 그렇기에 위정자는 항상 '화'를 이루기 위해 온 힘을 다해 선정을 펼쳐야 한다는 말입니다.

앞서 오기는 불화의 모습이 넷으로 드러난다고 했습니다. 나라 안의 불화, 군대 안의 불화, 진영 안에서의 불화, 그리고 전투에 임한 군사 사이의 불화. 갈등과 불협화음이 이러한 네 장場에서 드러나지 않도록 해야 합니다. 이 가운데 가장 중요한 것은 역시 나라 안에 불화가 생기지 않도록 하는 것입니다. 이것이 군주가 선정을 베풀어야 이유입니다. 다음으로 중요한 것은 군대 안에 불화가 없도록 하는 것입니다. 이것은 장수의 몫입니다.

오기의 생각은 이렇습니다. 위정자는 모범을 보여 백성을 아끼고 잘 교화해서 선정의 공동체를 만들어야 합니다. 그러면 백성은 지도자를 신뢰할 것이고, 자신이 속한 공동체에 애정이 생길 것이며, 굳은 의지로 전쟁에 임할 것입니다. 장수 역시 선정을 베푸는 군주와 지도층처럼 부대원 사이에서 단결을 이끌어내야 합니다. 그래야 군사에게 강도 높은 훈련을 체계적으로 시킬 수 있습니다. 이렇게 하면 군대는 실전에서도 대형과 대오를 제대로 갖추고 조직적으로 싸워 승리할 수 있습니다. 이것이 오기의 생각입니다. 나라도 '화', 군대도 '화', 실전에서도 '화'. 정치 안정에서부터 전쟁 승리까지 모두 '화'를 통해 거머쥐자는 것이지요.

자, '화'라는 덕목의 가치와 목표는 사실 유가가 이상으로 제시할 만큼 가장 중시하는 것입니다. 유가의 간판 덕목인 '인', '의', '예' 모두 '화'를 이루기 위한 것입니다. 유가에서는 그 구체적인 방법으로 가르침을 통한 백성 교화를 제시했고, 위정자의 솔선수범과 도덕적 책임 의식을 강조했습니다.

우선 백성을 가르쳐야 합니다. 이들이 바람직한 도덕규범과 문화, 관습을 알고 익히도록 교육해야 합니다. 그리고 군주를 비롯한 사회 지도층은 늘 '덕'을 갖추도록 노력해야 합니다. 일반 백성보다 훨씬 높은 도덕과 책임 의식이 지도층에 있어야 한다고 유가는 요구합니다. 위정자가 수신하고 '덕'으로 모범을 보이며 백성을 관대하게 대하고 포용하면, 백성은 자연스럽게 위정자를 신뢰하고 통치에 순응한답니다. 결국 군주가 하기 나름이라는 것이지요. 모든 것이 군주의 책임입니다. 이처럼 가르침, 솔선수범, 책임을 통해 '화'를 이루자고 공자를 비롯하여 맹자와 순자가 주장했습니다. 역시 유자인 오기의 주장도 그들과 다르지 않습니다. 독선적이고 호전적인 위무후에게 위험을 무릅쓰고 간했을 때는 물론이고, 오기 자신도 장수의 자리에 올랐을 때 '덕'으로 부하와 병사를 대했지요. 역시 유자로서 신념이 투철한 사람이었습니다.

국가든 군대든 '화'가 중요하다, '화'를 이룰 책임은 윗사람에게 있다, 국가의 일이든 군대의 일이든 이들이 하기 나름이다, 이들은 항상 무거운 책임감으로 백성을 이끌어야 한다, 이렇게 정리됩니다. 이것이 오기 사상의 핵심입니다. 오기는 이렇게 말했습니다.

"백성 모두가 우리 군주를 옳다고 생각하고 상대 국가를 그르다고 여기게 된다면 전쟁은 이미 승리한 것이나 마찬가지입니다."[10] _〈도국〉

오기 사상이 집약된 말입니다. 전쟁 역시 내정과 정치 공동체의 문제로 환원되기에, 군주가 덕치를 베풀어 '선정의 공동체'가 형성되면 전쟁은 이미 이긴 것이나 다름없다지요. 어떤 전략을 세워 전쟁에 임하고 어떤 전술로 싸울지도 중요하지만, 이러한 것은 부차적인 문제일 뿐이랍니다. 내정이 국방에서 가장 중요한 문제이다, 바로 이 말이지요.

현명한 이를 숭상하라

'선정의 공동체'를 만들기 위한 필수 요건으로 가르침과 위정자의 '덕' 말고도 오기가 강조한 것이 있습니다. 바로 능력을 기준으로 한 인사 행정입니다. 묵자의 상현 사상에 영향을 받아 오기가 국정 운영의 원칙으로 이를 주장했습니다. 상현. 글자 그대로 '현명한 이를 숭상하라'는 말입니다. 현명한 이를 등용하고 대우하라는 뜻이지요. 신분과 혈통에 따른 인사를 없애고 능력과 성과를 기준으로 인재를 등용하여 국정을 이끌어야 한다는 것입니다. 사실 기존 질서에 상당히 반하는 주장이고 다분히 체제 전복적 논리라 할 수 있습니다. 오기는 이러한 상현 사상을 외쳤습니다. 군주가 선정을 펼치고자 하면 상현 원칙을 절대 잊어선 안 된다고 말합니다.

오기가 말하는 능력 있는 자는 군사적 재능만을 가진 사람이 아닙니다. 오기에게 유능한 사람이란 백성이 마음 놓고 생업에 종사할 수 있게 하고, 관리에게 친밀감을 느낄 수 있게 하는 인물을 말합니다. 이런 사람을 등용하면 국가 생산력이 높아지고 위정자와 백성 사이에 신뢰가 싹틀 수 있다고 했습니다. 결국 상현의 정치 원칙이 선정을 베푸는 데에 크게 도움이 되고, 궁극적으로 국방력을 강화하는 데에 꼭 필요하다는 것이지요. 앞서 언급한 대로 백성이 군주를 옳다고 여기고 이웃 나라를 그르다고 여기게 하려면, 능력을 기준으로 한 공정한 인사 행정이 꼭 있어야 합니다.

오기의 상현 사상은 국가 정치의 장에서뿐만이 아니라 강한 군대를 만드는 데에도 필수입니다. 상현 사상을 조금 다르게 해석해보자면, 누구든지 능력 있는 사람에게는 신분이 올라가고 출세할 수 있는 길이 열려야 한다는 주장입니다. 이렇게 해야 유능한 인재가 실력을 발휘하여 국정의 난맥을 바로 잡을 수 있을뿐더러, 국가는 목숨을 걸고 전쟁을 치를 수 있는 부대원과 지휘관을 확보할 수 있지 않겠습니까? 그렇게 하지 않는다면 누가 강도 높은 훈련을 받으려 하며, 죽기를 마다하지 않고 싸우려 하겠습니까? 뒤에서 살펴보겠지만 오기가 중요시하는 것이 정예병 육성과 돌격대, 결사대, 특공대의 활용인데, 이는 능력에 따라 사람을 쓰고 부리지 않으면 할 수 없는 일입니다. 상현의 원칙은 선정을 위해서만이 아니라 군방을 위해서도 필요했기에 오기가 제기한 것입니다. 즉 부대원과 지휘관의 투쟁심을 강화하기 위해 주장한 것이지요. 실제 오기는 〈도국〉 편과 〈여사〉 편에서 어떻게든 공을 세워 신분을 높이고 명예를 얻어 높은 직위에 오르려는 병사를 이야기하면서, 이들을 선봉 또는 핵심 전력으로 삼아 싸우자고 했습니다. 이들은 죽기를 각오하고 싸울 것이니 장수가 부대를 조직하고 재구성할 때 이들을 반드시 중심에 넣어 공을 세울 기회를 이들에게 주어야 한다고 했지요. 이렇게 해야 강한 정예군이 만들어진다고 했습니다. 능력에 따른 신분 상승과 출세의 길이 막혀 있는 나라라면 오기가 계획하는 강한 군대의 청사진을 그릴 수 없겠지요. 능력을 발휘하여 공을 세웠음에도 아무 보상이 없고 소득도 없다면, 어느 누가 전장에서 목숨 걸고 싸우겠습니까?

부득이할 때 군사를 움직여라

다음으로 오기는 부득이용병 사상을 역설합니다. 백성 교화와 위정자의 선정, 상현 사상, 거기에 부득이용병 사상을 덧붙여 얘기하지요. 다른 것들과 마찬가지로 부득이용병 사상도 정치 공동체의 화합과 건강함을 위한 것입니다. 부득이용병. 말 그대로 '부득이한 상황에서만 군사를 움직여라'는 뜻입니다. 그래야 백성이 위정자를 신뢰하게 되어 나라 전체가 잘 화합할 수 있습니다.

　실은 손자가 이 사상을 먼저 말했습니다. 《손자병법》 책장을 넘겨보면, 손자가 정말 여러 곳에서 부득이용병 사상을 강조했다는 것을 알 수 있습니다. 초학자가 보기엔 당황스러울 정도이지요. '어떻게 싸워라, 어떻게 이겨라'라는 말은 많이 보이지 않고, "하지 마라, 신중하라, 조심하라"를 거듭 당부하고 경고합니다. 잠깐 살펴볼까요? "전쟁은 국가 재정을 잡아먹는 블랙홀이다. 전쟁을 벌이기 전에는 최대한 수학적 · 객관적으로 양국의 전력을 꼼꼼히 비교 분석하라. 승산이 없으면 반드시 전쟁을 피하라. 승산이 있어도 이득이 없다면 하지 마라. 전쟁하기 전에 지략과 외교로 승부를 겨뤄라. 즉 전쟁이 아닌 다른 수단을 최대한 강구하라. 다른 방법이 정말 없다고 판단될 경우에만 전쟁하라. 전쟁해도 적의 성을 공격하지 마라."

　손자는 왜 그렇게 전쟁을 꺼려했고 부득이할 때만 하라고 했을까요? 그는 병법 사상가지만 전쟁을 사실상 실패한 정치 행위로 보았습니다. 바로 전쟁으로 인한 '국력 소모'와 '경제 파탄'을 염려했기 때문입니다. 다른 방법이 없을 때, '정말' 없을 때 마지막으로 전쟁이란 카드를 꺼내라고 합니다.

그럼 오기가 말한 부득이용병 사상은 어떨까요? 오기는 손자와는 다른 이유로 이 사상을 주장했습니다. 국가 재정이나 경제 문제가 아닌 공동체의 '화합'과 '신뢰' 때문입니다. 함부로 전쟁을 획책하고 군사를 움직이면 나라 안에서 화합을 이룰 수 없다는 것이 그의 생각입니다. 어쩔 수 없는 경우에만 군사를 움직여야지, 위정자가 군사적 모험주의에 빠지면 절대 안 됩니다.

오기는 군주에게 이렇게 말했습니다.

"나라를 도로써 다스리는 군주는 백성을 부리기 전에 나라 안에서 화합을 이루어놓는데, 그런 군주는 감히 사람들의 사사로운 책동에 휘둘리지 않습니다. 자신의 생각이 잘못된 것일 수도 있으니 선조의 사당에 고합니다. 그리고 거북점까지 쳐봅니다. 이렇게 천시天時를 헤아려서 길하다는 판단을 내리고 나서야 움직입니다. 군주가 전쟁을 이와 같이 생각해야 백성은 군주가 자신들의 생명을 소중히 여기며 희생을 아까워한다고 믿게 됩니다. 이와 같이 된 후에야 군주가 전쟁에 임할 때 병사들은 용감히 싸우다 죽는 것을 자랑으로 생각하고 물러나 살아남는 것을 부끄러워할 것입니다."[11]_〈도국〉

나라 안의 화합을 중시하는 군주라면 모름지기 그렇게 해야 하겠지요. 전쟁을 부추기는 이들의 말에 휘둘리지 말고, 사당에 제를 올려 고하고, 점을 쳐 하늘의 뜻을 살핀 연후에 판단을 내려야 합니다. 전쟁과 군사의 일에는 신중에 신중을 기해야 합니다. 군주가 이런 모습을 보일 때 백성은 진실로 군주를 신뢰하고 전쟁에 임하여 용감하게 싸울 수 있다고 합니다.

오기는 이렇게 말하기도 했습니다.

"천하가 전쟁으로 어지러운 때에 다섯 번 승리하는 자는 화禍를 당하고, 네 번 승리하는 자는 피폐해지고, 세 번 승리하는 자는 패자覇者가 되고 두 번 승리한 자는 왕자王者가 되고, 한 번 승리하는 자는 황제가 됩니다. 예로부터 자주 싸워 이기고도 천하를 손에 넣은 자는 드물었고 오히려 망한 경우가 많았습니다."[12] _〈도국〉

전쟁을 많이 치르는 군주는 승리하더라도 화를 입어 나라가 무너진다고 합니다. 민심이 이반하여 나라 안에 신뢰가 사라지기 때문입니다. 쓸데없이 자주 전쟁을 벌여 백성을 희생시키는데 백성 입장에서 어떻게 그런 군주를 신뢰할 수 있겠습니까? 백성의 마음이 떠나면 나라의 화합을 이룰 수 없음은 당연한 귀결이지요. 그런데 그 이전에 전쟁을 왜 일으키는지에 대한 대내적 합의 없이 군대를 움직인다면 과연 전쟁에서 승리할 수 있을지도 의문스럽습니다. 군사적 모험주의는 패배를 자초하기 쉽고 신뢰와 화합이란 사회적·정치적 자산을 없애는 일! 더구나 당시는 전국시대입니다. 여러 나라가 치열하게 다툼을 벌였던 시대! 뚜렷한 대의명분 없이 전쟁을 일삼으면 전선이 분열되어 여러 나라의 협공을 받을 수 있었지요. 실제 위魏나라는 혜왕 때 이런 일을 당해 나라가 위태로웠으며, 제나라는 민왕湣王 때 열국의 합동 공격에 나라가 패망하기 직전까지 갔습니다. 비록 가까스로 패망 위기를 모면했으나 다시는 국력을 회복할 수 없었지요. 두 나라 모두 명분 없이 전쟁을 일으켜 적을 너무 많이 만들었고 그 결과 스스로 재앙을 불러들였습니다.

이제 오기가 말하는 부득이용병의 구체적 사례를 보겠습니다. 손숙오孫叔敖라는 사람이 있습니다. 초장왕楚莊王을 보필해 주군을 제환공, 진문공에 이어 전국시대 3대 패자로 등극시킨 초나라의 명재상이지요. 그는 백성이 희생당하는 것을 싫어해 전쟁에 신중했습니다. 신중하다 못해 반대하는 경우가 많았지요. 이런 까닭에 병사들에게 두터운 신임을 얻었습니다. 전쟁에 몹시 신중했던 그는 병사들을 무척 아꼈는데, 전쟁이 벌어졌다고 해도 전장에서 아군의 피해와 희생을 줄이기 위해 최선을 다했습니다. 병사들은 그가 사령관으로 전쟁에 나서면 그를 믿고 따랐고 목숨 바쳐 싸웠습니다. 손숙오가 있었기에 남방의 웅략가 초장왕이 패업을 달성할 수 있었지요. 손숙오는 부득이 용병 사상을 훌륭히 실천한 사람이라 할 수 있겠습니다.

이렇게 교화와 선정, 화합, 상현 사상, 그리고 부득이용병 사상까지, 싸우기 전에 나라를 바로 다스리는 것이 먼저라고 주장했던 오기의 정치 책무와 원칙을 살펴보았는데요, 《오자병법》에 크게 영향받아 서술된 《울료자》란 책에는 오기가 논한 '치국'을 정리해 볼 수 있는 부분이 있습니다. 가르침, 선정, 화합 그리고 단결을 말하고 있는 부분인데 흡사 오기의 주장을 보는 듯합니다.

나라에 예절과 신의와 친애의 미풍이 있으면 백성은 굶주림을 감수할 수 있으며 나라에 효도와 자애와 염치의 양속이 있으면 백성은 목숨을 바칠 수 있는 법이다. 그러므로 옛날 군주들은 예절과 신의를 우선해서 관리를 임용하고 염치를 살펴 벌을 내렸으며 친애를 이룬 후에야 법을 적용했다. 전쟁을 하기 위해서는 반드시 군주가 솔선수범해 병사를 독려해야만 자신의 손발을 놀리듯이 그들을 자유자재로 부릴 수 있다. 마음이 고무되지 않으면 병사는 죽기를 두려워하고 병사가 죽음을 각오하지 않으면 그 군대는 싸울 수 없다. 병사의 사기를 북돋기 위해 민생을 안정시켜야 하며 논공행상의 공정성과 사상자에 대한 예우 등 백성의 기대가 충족되지 않으면 안된다. 그러므로 모름지기 군주는 민생에 역점을 두어 통치해야 하고 백성의 기대에 부응하도록 대책을 분명하게 마련해야 한다. … 함께 기거하는 병사들끼리 친척처럼 가깝고 장수들 사이가 친구처럼 다정하면 이러한 군대는 멈췄을 때 담장처럼 견고하고 움직이면 비바람처럼 날래며 전차는 거침없이 전진하고 병사는 물러설 줄을 모르는데, 이것이 바로 전쟁을 하기 위한 기본 원칙이라 할 수 있다. _《울료자》〈전위戰威〉

무턱대고 법으로 다스리기 전에 교화하라! 군주가 솔선수범하고 병사의 사기 진작을 위해, 항상 민생 문제에 주력하고 충분히 그들에게 보상하도록 할 것이며, 병사와 장수가 가족같이 화합하도록 하라! 오기와 거의 똑같이 주장하고 있지요. 사실 《울료자》는 한 인물이 쓴 텍스트가 아닙니다. 위魏나라에서 만들어진 《울료자》가 있고 진秦나라에서 만들어진 《울료자》가 있는데, 둘이 하나의 이름으로 묶여 한 권의 책으로 세상에 나오게 되었습니다. 오기가 활약한 위魏나라에서 만들어진 《울료자》에는 오기 사상을 충실히 계승하여 오기가 강조한 내용을 언급한 부분이 많습니다. 《울료자》의 절반은 《오자병법》이라고 해도 과언이 아니지요.

치국, 즉 나라를 다스리는 법을 다시 정리하자면, '잘 싸우기 위해서는 정치부터 잘하라. 위정자는 정치 책무를 다할 것이며 원칙을 세우고 지켜라', 이것입니다.

13장

예와 부끄러움을 가르치다

> "무릇 나라를 잘 다스리고 군사력을 기르려면 백성에게
> 반드시 '예'를 가르치고 '의'를 고취해 그들이 부끄러움을 알도록 해야 합니다.
> 백성이 부끄러움을 알게 되면 크게는 적을 공격하기에 족하고
> 작게는 적에게서 나라를 지키기에 충분합니다."

네 가지 정치 덕목

오기는 어떻게 위정자가 '화'를 이룰 것인지 〈도국〉 편에서 계속하여 구체적으로 설명합니다. 여러 정치 덕목을 추가로 언급하고 가르침에 대해 재차 강조합니다.

그는 정치 덕목으로 '도', '의', '예', '인'을 위정자에게 제시합니다. 이 덕목으로 백성을 다스리라고 주문하지요. 모두 유가에서 내세우는 덕목이자 위정자가 지녀야 할 정치적 의무입니다.

성인은 백성을 '도'로써 품어주고, '의'로써 다스리고, '예'로써 움직이고,

'인'으로써 어루만진다.[13] _〈도국〉

위정자라면 네 덕목을 항상 명심해야 합니다. 오기가 강조했지요. 위정자가 이 덕목을 닦고 실천하면 나라가 흥할 것이고 그렇지 않으면 나라가 망할 것이라고.[14]

우선 '도'로 백성을 품어주라고 합니다. '도'라는 것은 무엇입니까? 어려운 것이 아닙니다. 바른 길, 즉 백성을 '정도正道'로 부리고 '덕'으로 인도해서 그들의 마음과 신뢰를 얻으려 노력하는 위정자의 자세입니다. 백성의 마음과 신뢰를 얻지 못하면 설 수 없다고 공자가 말했는데 정도에 따라 다스려, 즉 '도'로써 정치하여 백성의 신뢰를 얻어야 합니다. 그리고 '의'로써 백성을 다스리라고 했습니다. '의'라는 것은 공자가 말하기를 공동체 구성원이 항상 생각해야 하는 대원칙입니다. 또한 '예'로써 움직이라고 했는데 '예'라는 것은 자세하게 규정된 모둠 살이 방식과 문화 관습입니다. 아랫사람이 윗사람을 상대할 때 지켜야 할 것만이 아니라 호혜적 규범, 즉 서로 지켜야 할 것입니다. '예'를 지킬 때 상호 존중과 신뢰가 싹틀 수 있다, 이것이 공자의 가르침이지요. 마지막으로 '인'은 공동체의 평화와 안정을 뜻합니다. 오기가 강조한 '화'라는 말과 직접적으로 호환이 가능하지요. '인'을 구현해야 공동체의 평화가 만들어지고 백성을 편안하게 해줄 수 있지요. '인'으로써 백성을 어루만져, 공동체가 따뜻하고 편안한 집과 같이 되어야 할 것입니다.

오기는 이처럼 '도', '의', '예', '인'이라는 유가 덕목과 수사를 사용하여 논지를 펼치고 있는데, 과연 공자 사상을 열심히 배운 사람답다는 생각이 듭니다. 이즈음 공자가 한 말이 생각나지 않을 수 없습니다.

공자가 말하길 정령으로써 이끌고 형벌로 다스리면 백성은 면하려고만 하지 부끄러움을 모른다. 하지만 '덕'으로 이끌고 '예'로 다스리면 부끄러움을 알게 되고 스스로 격을 갖추게 된다. _《논어》〈위정爲政〉

또 공자는 이런 말도 했지요.

노인을 편안하게 해주며 벗을 믿게 하고 어린이를 품어준다. _《논어》〈공야장公冶長〉

오기는 네 덕목을 말하면서 품어주고 어루만져주라고 했는데, 이 역시 공자가 한 말을 떠오르게 합니다. 공자의 말과 비교하면 오기의 정치적 수사가 얼마나 유가적인지 잘 드러납니다. 또 오기가 생각한 이상적 공동체의 모습과 그 공동체를 만들기 위한 원칙과 덕목이 명확히 이해되지요. 그런데 위에서 열거한 덕목을 갖추고 닦는 노력은 위정자만의 몫이 아닙니다. 백성에게도 해당합니다. 그렇기 때문에 먼저 백성을 가르쳐야 하지요. 유가에서 '가르침'은 모든 통치행위의 귀결점일 정도로 중요하기에, 유자인 오기 역시 이를 강조한 것입니다. 〈도국〉 편에서 오기는 가르침에 대해 거듭 말하는데요, 그것이 무엇인지 살펴보지요.

《논어》〈자로子路〉 편 13장에서는 백성을 가르치지 않고 전쟁터로 내모는 것은 그들을 버리는 짓이라고 공자가 비판했습니다. 오기도 생각이 같았습니다. "먼저 백성을 가르치고 나서 싸우게 해야 한다. 가르치고 나서야 싸우게 할 수 있다"라고.

오기가 위무후에게 말합니다.

"무릇 나라를 잘 다스리고 군사력을 기르려면 백성에게 반드시 '예'를 가르치고 '의'를 고쳐 그들이 부끄러움을 알도록 해야 합니다. 백성이 부끄러움을 알게 되면 크게는 적을 공격하기에 족하고 작게는 적에게서 나라를 지키기에 충분합니다."[15]_〈도국〉

"옛날의 명군들은 반드시 임금과 신하, 윗사람과 아랫사람 사이의 예의를 잘 지키고 관리와 백성을 편안하게 하며 선한 나라의 풍속을 따라 가르쳤습니다."[16]_〈도국〉

가르쳐야 한다! 예를 알고 지키게끔 가르쳐라! 의를 알게 하도록 가르쳐라! 부끄러움을 알게 하도록 가르쳐라! 거듭 강조하네요.

그가 가르치라는 '예'와 '의' 그리고 '부끄러움'이란 무엇일까요? 왜 이 덕목을 가르쳐야 할까요? 왜 이 덕목이 국방력과 군사력 강화를 위한 선결 조건이고 전제가 될까요? 특히 오기는 백성이 부끄러움이란 것을 알면 잘 싸울 수 있다고 했습니다. 그래서 무엇보다 부끄러움이 도대체 무엇이고, 어떻게 군사력과 관련되는지 궁금하지 않을 수 없습니다. 이제 이 덕목이 무엇을 뜻하는지 차근차근 톺아, 군사력과 어떻게 연관되는지 살펴보겠습니다. 특히 부끄러움을 자세하게 알아보겠습니다.

오기는 유학자입니다. 그렇기에 먼저 유가적 맥락에서 따져보아야 합니다. '예'란 무엇일까요? '예'라고 하면 우리는 그저 수직적인 위계질서를 떠올리곤 합니다. 나보다 나이가 많은 연장자 또는 힘이 센 상대에게 고개를 숙이는 것, 때로는 굴종에 가까운 모습을 보이는 등 전근대적인 질곡 같은 것을 떠올립니다. 정말 '예'란 그런 것일까요?

공자와 맹자의 텍스트를 읽어보면 '예'란 자신의 진실한 마음을 드러내는 형식과 틀입니다. 상대에 대한 존중을 바탕으로 하는 소통을 위한 몸짓이고, 상대의 말을 경청하는 자세입니다. 특히 공자는 '예'를 '예양禮讓'이라는 말로 자주 표현했습니다. '예'와 '양보'를 연결 지어 말하곤 했지요. 공자는 '예양'을, 정치 현장에서 목에 힘주고 우월함을 과시하지 말고, 양보하는 마음과 존중하는 마음으로 사람들과 같이 일하는 것이 바람직하다는 맥락에서 말했습니다. 공자의 '예'에는 '예양'의 뜻이 가장 중요합니다. 정작 우리가 '예' 하면 떠올리는 '예의'라는 말이 《논어》에는 단 한 번도 등장하지 않습니다. 사실 《논어》에서 수직적 질서 또는 위계질서를 뜻하는 '예'를 찾기는 어렵습니다. 앞서 말했듯 양보와 호혜 존중을 뜻하는 말로 거론되기 때문입니다. "'예'를 알면 상대의 존재와 상대가 서 있는 자리를 인정할 수 있다. '예'를 통해 모든 구성원이 자기가 선 자리에서 존중받고 각자가 주인공으로서 공동체 일에 능동적으로 참여할 수 있다. 그리하게 되면 조화로운 화합의 공동체, 즉 '인'의 공동체가 만들어질 것이다"라고 공자는 주장했습니다. 공자의 이 말처럼 오기 역시 '화'의 공동체를 만들기 위한 필요조건으로 '예'를 언급했지요. 오기의 '예'도 공자와 같은 맥락의 '예'라고 생각하면 틀리지 않습니다.

그다음으로 '의'는 무엇일까요? 오기는 '의로움'을 가르쳐서 백성을 고취하고 백성에게 동기를 부여해야 한다고 말했습니다. 의로움이 무엇인지 알아볼까요?

공자는 《논어》에서 "군자가 천하의 일을 대할 때, 반드시 해야 한다며 고집하는 것이 없어야 하고, 또 반드시 하지 말아야 한다며 고집하는 것도 없어야 한다. 다만 '의'에 따라 결정해야 한다"고 말했습니다. 공자가 말하는 '의'는, 구성원이 공동체의 일을 처리할 때마다 생각해야 할 대원칙이나 방향을 뜻합니다. 참고로 맹자가 말하는 '의'는 '수오지심羞惡之心'으로, 어긋나고 잘못된 것을 미워하여 그것을 바로 잡으려는 마음과 그 마음의 발현을 뜻하지요. 더불어 순자의 '의'는 어떤 직분이나 보직, 역할 등과 관련지어 말할 수 있는데요, 사람에게는 맡은바 직분이 있는데, 각자 제자리에서 제 할 일을 충실히 하는 마음가짐과 몸가짐을 뜻합니다.

오기가 말한 의로움도 앞서 유학자들이 말한 의로움과 다르지 않습니다. 구성원이 항상 염두에 두어야 할 공동체의 대원칙, 공동체가 가야 할 큰 방향, 정의감과 정의의 원칙, 그리고 자신이 맡은 역할과 직분을 다하려는 자세를 두루 의미합니다. 이러한 '의'를 알 수 있도록 백성을 교육하여, '의'를 고무시키고 고취하자는 것이 오기의 뜻입니다.

부끄러움을 안다는 것

다음으로 오기가 말한 부끄러움이란 무엇일까요? '예'가 바른 '몸가짐'이라면 부끄러움은 바른 '마음가짐'이 아닐까 싶습니다. 공자는 가혹한 처벌과 형벌을 백성에게 가급적 내리지 말고, 대신 이들을 잘 가르쳐서 부끄러움을 알게 하여, 백성이 스스로 다잡게 하자고 말했지요. 부끄러움이란 이런 것입니다. 자기 행동을 스스로 제어하여 바른 길로 가게끔 하는 인간의 내적 심리 기제. 부끄러움을 알면, 외부의 강한 제재를 받지 않아도 항상 자기 마음가짐과 몸가짐을 다잡을 줄 알게 되어, 자율적으로 공동체의 건강한 일원이 될 수 있다고 공자는 자신했지요. 오기가 말한 부끄러움도 이것이 아닐까요? 스스로 착해지고 올바르게 행동할 수 있는 마음가짐. 부끄러움을 알면 크게는 밖에서 적과 싸울 수 있고 작게는 적의 공격으로부터 나라를 지킬 수 있다고 합니다.

그러니 부끄러움을 백성이 잘 알 수 있도록 가르쳐야 할 것입니다.

정리하자면, '예'와 '의' 그리고 '부끄러움'까지 잘 가르쳐서 백성이 이 덕목을 갖추게 하자. 잘 가르치면 정신적인 성숙과 각성을 기대할 수 있는데, 그러면 백성은 튼튼한 병역 자원 내지 국방의 주인공이 될 수 있다. 특히 부끄러움이란 것이 가장 중요하다. 오기의 생각이 이러합니다.

그런데 사실 이 덕목이 군사력과 어떻게 관련되는지 완전하게 이해되지는 않을 겁니다. 다른 둘에 비해 그나마 '의'는 이해하실 텐데… 무사들이 흔히 내세우는 것이 의로움, 정의감이고. 또 '의'에는 직분에 최선을 다하는 자세라는 뜻이 있으니까요. 하지만 '예'와 '부끄러움'이 어떻게 군사력과 연관되는지는 여전히 의아한 부분이 있을 겁니다. 저도 처음에는 잘 이해하지 못했습니다. 《오자병법》은 물론 다른 병법서까지 아무리 읽어봐도 '예'와 '부끄러움'이란 것을 잘 가르쳐 군사력을 키우자, 백성을 훌륭한 예비 군 자원으로 만들자는 오기의 주장이 와닿지 않았지요. 여기서 오기와 비슷한 유형의 인물이라 할 수 있는 다른 '장수'의 말을 들어보겠습니다. 다른 장수의 지혜를 빌리면 오기를 좀 더 깊이 이해할 수 있습니다.

실전을 무수히 많이 겪은 사람이 있습니다. 그러나 전쟁터에서 싸운 것은 아닙니다. 그러나 전쟁 같은 프로스포츠 세계에서 오랫동안 장수로 살아온 인물이지요. 앞에서도 잠깐 언급했지만 그는 바로 '김성근 감독'입니다. '아버지 리더십'을 역설해온 사람, 가부장적 리더십의 화신, 살아온 인생 역정이나 직설화법의 성격 등 여러 면에서 오기와 닮은 인물입니다. 마침 김성근 감독도 '예의'와 '부끄러움'을 강조했습니다. 정확히 말하자면 '예의'와 '순한 마음'인데, 그는 이러한 것이 있어야 강한 팀, 이기는 조직이 될 수 있다고 주장했지요. 그럼 조금 자세히 살펴보겠습니다.

  김성근 감독은 선수들에게 '예의'를 무척 강조했습니다. 에스케이sk 구단에 처음 부임했을 때, 그의 눈에는 팀이 정말 엉망이었답니다. 겉으로 드러나는 객관적 전력 문제가 아니라 선수들의 태도가 문제였다고 합니다. 동료들끼리 인사도 안 하는 한심한 팀이었다지요. 안되겠다 싶어 김성근 감독은 선수들에게 '예의'를 갖추고 서로 인사를 자주 또 깍듯하게 하라고 교육했습니다. 팀 전력을 냉정하게 진단하고 훈련 계획을 세운 게 아니라, '예의'를 갖추도록 그리고 인사가 몸에 배도록 '훈련'시킨 것이지요. '예의'는 교육을 통해 갖출 수밖에 없습니다. 오기가 그랬듯 김성근 감독도 예절 교육부터 시작해 팀을 새롭게 바꿔갔습니다. 언젠가 김성근 감독이 말했습니다. '예의'라는 건 타인을 존중하고 구성원 서로가 인정하는 것이라고. 후배가 선배에게, 선수가 코치와 감독에게 고개를 숙이는 것이 아니라, 구성원 모두가 서로를 인정하는 것이라고. 서로 함부로 대하지 않고 존중하면 동료애가 싹트고 팀이 하나로 결속되어 강해질 수밖에 없겠지요. 이런 이유로 '예의'를 교육했다고 합니다. '예의'의 시작과 끝은 역시 인사인가 봅니다.

  김성근 감독은 동료에게 책임을 전가하지 않는 것이 '예의'라고 말했습니다. 동료가 실수했어도 내 잘못이다, 내가 더 잘했어야 했다 생각하고 다시 경기에 임하는 것. 그가 말하는 예의란 절대 동료를 탓하지 않고, 절대 동료에게 책임을 전가하지 않으며, 내가 보다 잘하고 내가 더 책임지며 내가 한 발짝 먼저 움직이려는 자세입니다. 그러면 자연히 팀은 결속되고 단결되어 하나로 움직일 것입니다. 하나로 결속된 팀은 모두가 두려워하는 보이지 않는 힘을 가진 조직으로 탈바꿈하겠지요. 김성근 감독은 이것을 원했습니다. 결국 그는 팀을 변화시켜 한국시리즈에서 세 번이나 우승했습니다.

  김성근 감독은 이렇게 교육시켰다고 합니다. 밖에 나갈 때 반드시 인사, 또

들어올 때도 반드시 인사, 그날 처음 마주쳤을 때 당연히 인사, 또 마주치고 만날 때마다 반드시 인사. 이렇게 인사가 습관이 되도록 선수들을 지도했답니다. 한국시리즈를 세 번이나 제패한 배경에는 가장 기본적인 예의, 즉 인사가 있었다고 그는 회고합니다. 오기와 꼭 닮았다고 하지 않을 수 없습니다. 오기는 〈도국〉 편만이 아니라 군대를 육성 조직하고 다루는 〈치병〉 편에서도 평소 서로 예의가 밝은 군대가 잘 싸울 수 있는 진정한 정예군이라고 했습니다. 예의를 알아야 조직이 강해지고 승리할 수 있다는 오기와 김성근 감독. 이제 오기가 왜 '예'를 그렇게 중시했는지 조금이나마 이해하실 듯합니다. 자, 그러면 내친김에 김성근 감독의 철학을 통해 오기가 말한 '부끄러움'이란 것도 알아보겠습니다. 김성근 감독은 무엇을 말했고 어떻게 논했는지.

김성근 감독은 '순한 마음'을 말했습니다. 앞서 말씀드린 공자의 말을 떠올려봅시다. '예'와 '덕'으로 백성을 가르치고 인도했을 때 결과적으로 생기는 것이 부끄러움이라 했습니다. 김성근 감독도 선수들이 인사하는 습관을 통해 예의를 배우고 갖추면 그들에게 순한 마음이 생긴다고 했습니다. 순한 마음이 있어야 야구를 잘하고 또 오래한다고. 자주 인사하고 동료 사이에 예의를 지키면 오만해지지 않을뿐더러 겸손하고 순하게 된답니다. 마음이 순해지면 자신의 실력을 정확하게 인식하여 부족한 점을 채우려는 자세로 이어진다고 하지요. 정리하자면, 인사하는 습관을 통해 예의를 배우고, 예의를 통해 마음이 순해지고, 순한 마음을 통해 자신을 냉정히 돌아보게 되며, 약점을 보완해 더욱 발전하는 '나'를 발견하게 된답니다. 김성근 감독이 말한 순한 마음을 보니, 오기가 왜 부끄러움을 말했는지 또 오기가 말한 부끄러움이 무엇인지 이해되시나요? 오기도 백성이 순한 마음, 즉 부끄러움을 알아야 훌륭한 군사가 되어 전장에서 잘 싸울 것이라고 말한 것입니다.

'도', '의', '예', '인'이라는 유가 덕목으로 백성을 다스려라! 선정을 펼쳐라! 특히 백성을 잘 가르쳐라! '예'와 '부끄러움'을 가르쳐 백성이 바른 몸가짐과 마음가짐을 항상 지니도록 가르쳐라! 군주와 지배 계층이 이를 실천하면, 오기의 꿈이 이루어질 것입니다.

·14장·
오기의 이상, 부자지국

"이런 군대는 하나로 움직이는 까닭에 흩어지는 일이 없으며
적과 싸울 때 지치지 않으므로, 어디에서 싸우더라도 당할 군대가 없습니다.
이를 일컬어 부자의 군대라고 합니다."

아버지와 아들의 군대

〈도국〉 편에서 오기는 많은 이야기를 했습니다. '화'가 제일 중요하다. 잘 가르쳐야 한다. 부득이용병, 정말 부득이할 때만 군대를 움직여라… 여기서 가장 중요한 것은 역시 군주를 비롯한 위정자의 자세입니다. 이들이 솔선수범하여 아랫사람과 백성을 진실로 아껴야 화합, 조화, 단결을 할 수 있고, 정치 공동체가 건강해지고 잘 싸울 수 있는 발판과 토대가 마련됩니다. 이것이 바로 오기의 생각이자 이상인데, 이러한 정치 공동체의 모습을 한마디로 딱 잘라 말하자면 '부자지국父子之國'이라 할 수 있습니다.

유가는 국가를 하나의 커다란 집안이나 가정으로 봅니다. 군주는 어버이고 백성은 자식입니다. 그러니 만백성의 어버이 노릇을 위정자가 해내야 합니다. 부모와 자식 같은 관계가 통치자와 피통치자 사이에 형성되어야 한다는 것이 유학자의 신념이지요. 오기는 이를 '정치'의 장에서만 말한 것이 아니라, '용병'과 '군사'의 장으로 논의를 고스란히 확장합니다. 간단합니다. 장수는 아버지가 되어야 합니다. 장수는 자신이 아버지라는 책임감으로 부하와 병사를 자식처럼 여기고 돌보아야 합니다. 그리하면 군대는 한 가족과도 같은 막강한 전투력을 갖추게 된다고 합니다. 이러한 이상적인 군대를 '부자지병父子之兵'이라 했습니다. 클라우제비츠*가 유형의 전력과 무형의 전력이 차지하는 비중이 1 대 3이라고 했던가요? 오기는 무형의 힘을 매우 중시하는 장수입니다. 앞서 강조한 것이 바로 무형의 힘을 갖춘 군대를 만들기 위한 선결 조건인데, 부자지병이야말로 오기가 그리는 무형의 힘이 극대화된 전투 집단이지요.

　부자지국, 부자지병 모두가 오기가 지향한 이상이고 꿈이었습니다. 당연히 부자지국이 우선이지요. 우선 나라가 부자지국이 되어야 백성이 부자지병의 자원이 될 수 있습니다. 나라를 부자지국으로 만들어야 할 책무가 군주에게 있듯이, 군대를 부자지병으로 만들어야 할 책임은 장수에게 있습니다. 군대에서 장수의 책임이 막중한 만큼 그 역할이 가장 중요하지요. 앞서 '오기연저'라는 고사에서 오기는 아버지로서의 장수의 모습을 보여줬습니다. 오기는 모든 장수에게 그런 모습을 주문했던 겁니다.

---

* Carl von Clausewitz(1780~1831). 프로이센의 군인이자 군사 이론가로, 프로이센군을 근대화하고 군 제도를 확립하였습니다.

위무후가 묻습니다.

"전쟁에서 승리의 관건이 무엇이오?"

이에 오자가 답하길,

"잘 다스려진 군대라야 승리할 수 있습니다."

위무후가 다시 묻습니다.

"병력의 많고 적음에 달려 있는 것이 아니오?"

이에 오기는,

"군대의 법과 군령이 명확하지 않고 상벌이 불공정하다면 병사는 징을 쳐도 멈추지 않고 북을 울려도 나아가지 않을 것이니 비록 백만 대군이라고 한들 무슨 소용이 있겠습니까? 이른바 잘 다스려진 군대란 평상시엔 상호 간에 예절을 깍듯이 지키고 일단 움직였다 하면 위력이 막강해 공격을 당할 상대가 없고 후퇴하더라도 적이 쫓아올 수 없습니다. 진퇴에 절도가 있고 명에 따라 좌우 이동을 일사분란하게 합니다. 설령 도중에 부대가 나눠지더라도 군의 진형을 유지하고, 분산될지라도 대오를 갖춥니다. 이는 상하가 동고동락해왔고 생사를 함께한 덕분입니다. 이런 군대는 하나로 움직이는 까닭에 흩어지는 일이 없으며 적과 싸울 때 지치지 않으므로, 어디에서 싸우더라도 당할 군대가 없습니다. 이를 일컬어 부자의 군대라고 합니다."[17] _〈치병〉

부자지병. 무슨 말이 필요 있겠습니까. 결국 이 한마디에 《오자병법》 사상의 모든 것이 귀결됩니다. 아버지와 아들로 구성된 군대. 부자지간 같은 군대. 이것이 장수 오기가 가진 신념의 알파요, 오메가입니다. 《오자병법》에서 그가 주장한 것들, '오기연저'라는 일화를 비롯해 실제 사서에 기록된 인간 오기의 구체적인 모습과 행적까지 그 모든 것은 부자와 같은 군대를 만들기를 위함이었습니다.

그런데 '부자의 군대'를 말하기에 앞서 주목할 것이 있습니다. 위무후는 '병력의 수'가 중요하다고 생각한 반면 오기는 병력의 수는 중요하지 않다고 보았고 얼마나 '잘 다스려졌는지'가 중요하다고 했습니다. 이 부분을 놓치지 말아야 합니다. 병력 수보다 정예화 정도가 중요하다고 오기가 역설한 것으로 아주 중요한 대목이지요. 부자지병이란 말로 표현된 유가적 수사와 부자지병을 만드는 데 있어 지켜야 할 유가적 리더십 이전에, 오기가 정예군 육성을 역설했다는 점을 우리는 주목해야 합니다. 전국시대 최초 아니 동아시아 역사에서 최초로 정예군 육성을 오기가 주장한 것입니다.

오기가 이렇게 말했습니다.

"병사가 전사하는 것은 대부분 전투 기술에 능숙하지 못하기 때문이며 전투에서 패하는 것은 전술에 익숙하지 않기 때문이다. 그러므로 병사를 부리기 전에 교육과 훈련이라는 양병이 우선되어야 한다."[18] _〈치병〉

전쟁 전에 병사를 잘 훈련시켜 전투 기술에 능하게 만들고 전술을 잘 소화하도록 숙련시킨다면 이길 수 있다는 이야기입니다. 정예화가 중요하다는 말이지요.

전투력에서 병력 수가 차지하는 비중은 무시할 수 없습니다만 생각보다 중요하지 않습니다. 정말 중요한 것은 얼마나 정예화된 병사를 이끌고 싸울 수 있는가입니다. 병력 수가 아닌 정예화 정도가 승패를 결정짓는다, 이는 동서고금을 막론하고 병법서에서, 그리고 명장의 입에서 강조되어왔습니다. 이에 충실한 장수가 전쟁 영웅이 되었고, 이런 장수를 지원해준 국가 지도자가 나라를 반석 위에 세울 수 있었습니다. 정예화, 이는 '양병', '용병'을 함에 있어서 진리입니다. 하지만 역사에서 이를 실천한 군주, 이를 이루기 위해 전력을 다한 지도자는 많지 않았습니다. 용기와 지혜를 겸비한 극소수의 리더만이 이를 실천했을 뿐입니다. 당장 위무후만 해도 병력 수가 중요하다고 생각하지 않습니까? 수많은 리더가 덩치와 규모에 집착했지요. 병력과 물자의 확보. 수치화할 수 있는 객관적 지표에 집착하여 지혜와 용기, 결단력을 상실해 갔습니다.

전국시대에는 많은 나라가 병력 수를 크게 늘렸습니다. 이전 춘추시대에는 성 안의 국인만 주로 전쟁에 나서다 보니 규모가 그리 크지 않았습니다. 성 밖의 하층민은 좀처럼 전쟁에 동원되지 않았고, 동원된다고 해도 보급과 잡무만을 맡았습니다. 국인이 중심이 되어 전쟁을 치렀기에 수만 명 이내의 병력으로 싸웠을 뿐이었습니다. 그러나 전국시대에 들어서자 전국민개병제와 같은 군사 정책이 시행되어 수십만 대군으로 전쟁을 치렀습니다. 규모를 크게 불려서 싸울 수 있는 여건을 갖췄지만, 중요한 것은 역시 군대 정예화였습니다. 체계적으로 훈련받지 않은 군대끼리 맞붙는다면 병력 수가 승패를 좌우하겠지만, 강훈련을 수없이 소화하여 강한 전투력을 지녔고 전투 경험도 많을뿐더러 엘리트 의식을 가진 정예군이 나오는 순간 병력 수는 아무런 의미가 없습니다. 이 점을 오기가 처음으로 역설한 것이지요. 또 증명하기도 했고요. 5만 군대로 진秦나라군 50만을 궤멸시켰는데, 적 병력이 아무리 많아도 정예군이 아닌 이상 오기에게 두려울 것은 없었습니다. 먹잇감에 불과했을 뿐.

전국시대! 강병强兵만이 살 길인 당대에, 강병하려면 제대로 해야 한다고 주장한 사람, 오기는 이렇게 시대를 만들어갔습니다. 전국시대에는 바로 군 정예화에 목숨을 걸어야 한다고.

오기는 정예병을 군대의 '연예練銳'라고 했습니다. 익힐 련練, 날카로울 예銳, 잘 닦이고 조련되어 날이 시퍼렇게 선 칼과 창 같은 병사. 이 '연'하고 '예'한 정예병을 3,000명만 보유할 수 있어도 승리에는 문제없다고 합니다. 정예병만 있다면 대치한 적군의 진영을 무너뜨릴 수 있다고 했고, 원정을 가더라도 적국의 성을 함락시킬 수 있다고 했습니다. 정예병 3,000명만 있으면, 정말 이길 자신이 있다고 말입니다.

《울료자》에서도 정예군 육성을 주장합니다. 잘 훈련된 정예군이 있으면 언제 어디서든 이길 수 있다고 하면서요.

> 훈련은 먼저 백 명을 단위로 시작하고 훈련이 완료되면 다시 천 명으로 합쳐 훈련하며 천 명에서 만 명, 만 명에서 전군으로 점차 확대해나갑니다. 전군을 훈련할 때는 병력의 분산과 집합에 중점을 두어 대규모 전투 시 행동 요령을 숙달시킵니다. 훈련이 모두 끝나면 검열을 통해 훈련 성과를 점검합니다. 잘 훈련된 군대는 어떠한 진법으로 어떠한 지형에서 적과 싸워도 승리할 수 있습니다. 마치 잃어버린 자식을 찾아다니듯 적이 산에 있으면 산으로 쫓아 올라가고 물에 있으면 물로 쫓아 들어가며 조금도 주저함이 없기 때문에 적을 이길 수 있는 것입니다. _《울료자》〈늑졸령勒卒令〉

정예군을 육성하다

이제 중요한 것은 '어떻게 정예군을 만들 것인가'입니다. 〈도국〉과 〈치병〉 편에서 군대를 만들고 병사를 전사로 키우는 방법을 논했지요. 우선 군대 안에서 서로 예절을 지키며 존중하고 아끼는 분위기를 평소에 만들어야 한다고 했습니다. 거기에 장수를 포함해 부대원 모두가 동고동락해야 한다고 주장했지요. 병사는 갖은 고생을 다하고 험한 생활을 감내하는데 지휘관과 장수가 호의호식해서는 부자지병이 될 수 없다고 했습니다. 애초에 하층민 출신으로 묵학을 배우고 익힌 오기는 어렵지 않게 병사와 동고동락했는데, 이 말이 생각처럼 쉬운 일이 아닙니다. 아무나 오기처럼 할 수 없는 노릇이지요. 하지만 아랫사람의 마음을 열고 충성심을 얻고자 한다면 분명히 경청해야 할 말입니다.

정예군 육성의 다음 조건으로 평소에 군법이 제대로 서 있고 상벌이 공정하게 시행되어 병사들이 신뢰할 수 있어야 한다고 말했습니다. 사실 오기는 벌보다 상을 강조합니다. 제대로 보상해야 군대 안에 우생 집단이 형성되기 때문이지요. 보상이 없으면 병사는 병사일 뿐, 전사와 용사로 거듭나지 못한다는 것이 오기의 생각입니다. 그의 생각은 이렇습니다. 강훈련을 소화하고 목숨을 아끼지 않고 싸우면 신분 불문하고 반드시 보상받는다는 확신이 병사들에게 있어야 한다고. 그래서 종래의 신분적 질서에 위협이 될 수 있는 주장도 있었지만, 초나라에서는 법을 바꾸면서까지 병사들에게 보상하려 안간힘을 썼습니다. 뒤에서 그가 말하는 보상에 대해 더 자세히 알아볼 것인데, 이 문제를 살펴보면 왜 그의 군대가 잘 싸웠는지 그랬음에도 그가 왜 노나라와 위魏나라에서 쫓겨났고 초나라에서 죽임을 당했는지 알 수 있습니다.

다음으로 오기는 정예군의 요건으로 대오와 진형을 이야기합니다. 대오와 진형은 실전에서 빛을 발하는 것으로 병법가 대부분이 중시했습니다. 대오와 진형을 얼마나 잘 갖추고 싸우느냐가 정예화의 척도라 해도 과언이 아니지요. 실전에서 부대원을 죽이느냐 살리느냐를 결정하기 때문입니다. 대오와 진형을 잘 갖추고 싸워야 하는 것은 물론, 전투 중에 절대 흐트러지거나 무너져서도 안 됩니다. 그리고 장수의 명령에 따라 일사분란하게 대오와 진형을 바꿀 수 있어야 합니다.

축구로 치면 '포메이션'이랄 수 있습니다. 1-4-4-1 시스템, 4-4-2 시스템, 3-5-2 시스템. 축구 감독은 포메이션을 선택하고 선수를 배치하여 훈련시키고 실전에 임합니다. 그리고 경기 중에 포메이션을 바꾸기도 합니다. 물론 그러기 위해선 사전에 밀도 높은 훈련을 통해 장시간 손발을 맞춰놓아야 합니다. 군대도 마찬가지입니다. 병사들이 진형에 익숙해지게 하려면 몸에 밸 때까지 오랫동안 훈련하는 수밖에 없지요. 이 때문에 장수에게는 병사들이 신뢰할 수 있는 리더십이 있어야 합니다. 장수와 병사 사이에 신뢰가 없다면 장시간의 강훈련이 어려울뿐더러 또 한다고 해도 훈련 숙련도가 떨어지게 마련입니다.

자, 그런데 대형이 중요한 것은 단순히 승리를 위해서만이 아닙니다. 대형을 제대로 갖추고 잘 유지하며 싸우는 부대는, 이기는 데에만 능한 것이 아니라 소모전에도 능할 수 있습니다. 그러한 부대는, 전력이 월등한 적을 만났을 때 비록 이기지는 못하더라도 전쟁을 소모전으로 이끌 수 있습니다. 이뿐만이 아니라 작전상 후퇴하거나 퇴각할 때에도 피해를 최소화할 수 있습니다.

소모전, 즉 시간 끌기도 전쟁에서 중요합니다. 통쾌한 승리만을 도모하는 게 장수의 역할이 아닙니다. 불리한 상황에서 시간을 끌어 상대의 물자를 축나게 하고 전투 의지를 약화시킬 수 있어야 합니다. 적군에 비해 전력이 떨어지는 상황에서 불가피하게 전투를 해야 한다면 최소한 소모전이라도 펼칠 수 있어야지요. 적군이 아무 소득도 못 올리고 전력만 소모한다면, 전투는 교착 상태에 빠지게 될 테고, 곧 적군은 지칠 것입니다. 이 역시 실전에서 장수가 해야 할 일입니다.

또한 퇴각할 때에도 대오와 진형이 매우 중요합니다. 보통 적군을 대량 살상할 수 있는 상황은 주로 추격전에서입니다. 대오와 진형을 제대로 하여 퇴각하면 아군 피해를 최소화할 수 있어, 전력 상당 부분을 유지할 수 있습니다. 전투에 패하여 퇴각하거나 철수한 경우, 우리는 흔히 지휘관을 강하게 문책하는 것으로 알지만 항상 그렇지는 않습니다. 전력을 잘 보존하여 후퇴한 경우에는 장수를 칭찬하고 그 능력을 인정해주는 경우도 많았지요. 이 경우는 대부분 대오와 진형을 잘 유지해서 퇴각할 때 가능했습니다. 어떻게 후퇴할 것이고, 어떻게 도망갈 것인가도 중요한 것이 바로 전쟁!

후퇴할 때 진형을 제대로 갖추지 않으면 참사가 벌어질 수 있습니다. 살수대첩에서 고구려군이 수나라군을 몰살했습니다. 흔히 알려졌듯이 물을 가두었다가 터트려서 적군을 수장시킨 것이 아닙니다. 전투를 통해 죽인 것입니다. 고구려군은 진형도 갖추지 않고 무질서하게 도망가는 적군을 도륙했습니다. 적군을 수장하려면 오늘날 댐과 같은 시설물을 강 상류에 설치해서 물을 가두어야 하는데, 당시 기술로는 불가능한 일이었습니다. 설사 강 상류에 물을 가두었다고 해도, 적군이 강 하류로 도강해야만 합니다. 그러나 물이 깊고 폭이 넓은 하류로 군사를 도강시킬 만큼 어리석은 장수는 없습니다. 실제 수나라군은 강 상류로 도강했지요.

수나라군이 퇴각하기 시작하여 살수薩水에 이를 때까지, 고구려군은 수나라군을 툭툭 두드리듯, 즉 권투에서 '아웃복싱'하듯 공격하면서 지치게 만들었습니다. 그러고는 강 부근에서 엄폐하여 모습을 숨겼습니다. 이윽고 수나라군이 살수에 이르러 강을 건너기 시작했지요. 그들이 살수를 반쯤 건넜을 때 고구려군은 대대적으로 기습했습니다. 도강하던 수나라군은 진영이 분열되고 대오가 흐트러졌습니다. 한 번의 공격에 쉽사리 허물어지기에 도강할 때는 적의 기습을 주의해야 하는 법. 그렇기에 보통 도강할 때에는 경계와 엄호를 담당하는 부대를 남겨놓습니다. 군 전체의 생사가 달린 터라 책임감과 전투력이 강한 부대를 남겨놓지요. 수나라군은 신세웅辛世雄의 부대에 이 임무를 맡겼습니다. 그러나 신세웅 부대는 고구려군의 기습을 받자마자 바로 무너졌고 사령관 신세웅도 전사하고 말았습니다. 상황이 이렇게 전개되자 수나라군은 공황 상태에 빠졌지요. 장기간 지속된 원정으로 지치고 굶주린 수나라 병사들은 자신들이 얼마나 형편없이 약해졌는지 깨달았습니다. 그저 '걸음아 나 살려라' 하고 도망치는 방법 외에는 없었습니다.

30만이 넘는 대군. 그러나 군 규모가 클수록 대형을 지키지 않고 퇴각하면 위험은 더 커집니다. 적의 기습에 놀라 무질서하게 움직이면 적군이 누구인지 아군이 누구인지 알 수 없게 되어, 아군끼리 서로 밟고 밟히고 죽고 죽이고 할 수 있습니다. 결국 고구려군은 살수에서 압록강까지, 내친김에 요동까지 수나라군을 추격하며 도륙했습니다. 수나라군은 고작 2,700여 명만이 살아서 도망쳤습니다. 대오와 진형을 갖추었더라면 상황이 그 정도까지 치닫지는 않았을 겁니다. 이러한 까닭에 오기는 부자지병의 특기와 장점을 말하면서 정예군의 요건으로 대오와 진형을 꼽았지요. 다시 말하자면 부자지간 같은 군대라야 대오와 진형을 제대로 갖추어 싸울 수 있다는 말입니다.

대오와 진형은 이처럼 중요합니다. 그런데 이것을 강조한 시기는 전국시대입니다. 앞서 말했듯이 이를 병사들에게 훈련시키기 위해서는 장수에게 리더십이 있어야 합니다. 하지만 리더십만으로는 안 됩니다. 국가 경제력도 뒷받침되어야 하지요. 경제력이 없으면 장기간 훈련도 불가능한 일입니다. 농한기에 틈틈이 훈련받는 정도로는 어림도 없지요. 생산에 주력하지 않아도 될 사람들을 따로 모아 훈련시켜야 하는데, 마땅히 나라에 돈이 있어야겠지요.

전국시대에 들어 비로소 열국은 이를 실현할 만큼 경제력이 신장되었습니다. 덧붙여 대오와 진형이 특히 중요한 시점은 퇴각하고 철수할 때입니다. 춘추시대에 비해 전국시대에는 퇴각과 철수가 훨씬 위험하고 어려워졌습니다. 대오와 진형이 군 주요 전술로 떠오를 수밖에 없었습니다.

춘추시대에는 단기간에 승패가 갈려 전쟁이 끝나곤 했습니다. 도망가는 적을 악착같이 추격해서 섬멸하는 일은 거의 없었습니다. 반면 전국시대에는 도망가는 적을 추격하여 적 병력을 하나라도 더 죽이려고 안간힘을 썼지요. 춘추시대 말기에 살았던 손자는 추격전과 섬멸전에 대해 크게 고민하지 않았습니다. 오히려 섣불리 이를 시도하는 것을 금지했습니다. 오기는 달랐습니다. 이에 대해 깊이 고민했지요. 적을 반드시 추격하여 섬멸해야 한다고 주장하기도 했고요. 역시나 전국시대를 만들어간 인물다운 주장입니다. 아군, 적군 할 것 없이 퇴각하는 상대를 추격해서 섬멸전을 펼치는 시대가 되었으니, 부자지병의 정예병을 키우자! 부자지병에는 많은 장점이 있지만 특히 대오와 진형을 잘 갖춘 군이 되는 것이 목표이다! 이것이 오기의 생각입니다.

동방의 나폴레옹

자, 이렇게 부자지병의 장점과 조건까지 구체적으로 따져보았고, 이를 추구한 오기의 정예군에 대해서도 알아보았습니다. 부자지병의 조건 가운데 가장 중요한 것이 장수의 마음가짐과 몸가짐이라 했습니다. 이것을 생각하면 '나폴레옹'이 떠오릅니다. 전술, 군대 조직과 편성 원칙, 실전에서 보인 역량과 스타일 면에서 오기는 알렉산드로스 대왕과 가장 유사하고, 리더십을 따져보면 김성근 감독과 흡사하지만, 병사들을 인간적으로 대하는 모습만을 놓고 보면 나폴레옹과 무척이나 닮았습니다. 또 전국시대 군신으로 추앙받은 인물이 오기라면 서양 근대사에서 군신으로 추앙받은 인물은 나폴레옹이지요. 두 사람 모두 병사들을 소모품이 아닌 인간으로 대우했고, 진심으로 아끼고 사랑했습니다.

서양 근대사의 군신 나폴레옹은 수많은 전쟁과 전투에 승리하면서 그의 병력은 최강의 군대로 군림했습니다. 그럴 수 있었던 데에는 그의 탁월한 전략과 전술, 치밀한 준비 등이 있었지만, 병사를 아끼는 마음도 빼놓을 수 없습니다. 병사들과 자주 만나 이야기하고, 권위라고는 찾을 수 없는 소탈한 모습으로 대하고, 따뜻하게 격려하며, 비상한 기억력을 발휘해 어느 전투에서 용감히 싸운 누구라고 기억해주고…. 그래서 병사들은 나폴레옹 군대의 일원이라는 자부심이 항상 강했고, 충성심이 대단했다고 하지요. 나폴레옹이 이렇게 말했답니다. "이 세상에는 단 두 가지의 힘이 있을 뿐이다. 하나는 무력이요. 다른 하나는 정신력이다. 무력이 칼집이라면 정신력은 칼날이다." 정신력이 무엇보다 중요하다는 점을 칼날에 빗대어 한 말입니다. 나폴레옹의 리더십은 아마도 병사들의 정신력을 강하게 만드는 데 큰 기여를 했을 것입니다.

나폴레옹 못지않게 정신력을 중요시한 장수 오기도 일관된 모습으로 병사를 아꼈습니다. 그랬기에 병사들이 충성을 다했고, 여기에 다른 요소들이 더해지자 오기의 군대는 최강의 전투력을 갖추게 되었습니다. 특히 오기는 결사대와 특공대, 기습부대를 활용해 과감한 전술을 펼치며 상대를 공격했습니다. 결사대와 특공대는 기꺼이 목숨을 바쳐야 하는 부대인지라 장수에 대한 신뢰와 충성이 없으면 활용은커녕 조직하기조차 어렵습니다. 병사들이 오기를 진정 아버지처럼 여겼기에, 오기가 결사대와 특공대 활용을 극대화할 수 있었던 게 아닐까요? 결사대와 기습부대, 특공대, 별동대와 예비부대 등 다양한 부대 편제를 통해 전력을 극대화시킨 오기. 앞서 말한 대로 군대 내에서 신분에 따른 특권과 유습을 철폐시킨 점, 목숨 바쳐 싸우는 이는 무조건 보상받을 수 있도록 한 점도 빼놓지 말아야겠지만, 장수가 병사의 마음을 얻지 못하면 다른 조치와 운영 원칙, 리더십이 있더라도 오기처럼 하나하나 강력한 개별 부대를 다양하게 조직하고 활용하는 것이 불가능했을 것입니다. 병사들의 아버지가 되려고 기울인 필사적인 노력이 오기를 군신으로 거듭나게 한 것이지요. 역시 병사들을 항상 따뜻하게 대한 것이 결정적이었는데, 이 점만 놓고 보면 오기는 가히 동양의 나폴레옹이라고 할 만합니다. 아니, 나폴레옹이 서양의 오기겠지요. 아랫사람을 대하는 인정과 진심이 동서양 두 군신을 탄생시킨 가장 큰 힘이 아니었을까요?

15장

백성의 마음을 헤아리다

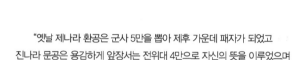

"옛날 제나라 환공은 군사 5만을 뽑아 제후 가운데 패자가 되었고
진나라 문공은 용감하게 앞장서는 전위대 4만으로 자신의 뜻을 이루었으며
진나라 목공은 특공대 3만을 두어서 패자가 되었습니다."

백성을 잘 파악하라

〈도국〉 편에서 오기는 '요민料民'도 말했습니다. 요민. 백성을 헤아리다, 살피다, 파악하다. 자기 나라 백성을 잘 알아야 한다는 뜻입니다. 손자가 말한 지피지기知彼知己의 '지기'에 대응하는 개념이라고 볼 수 있지요. 손자의 '지기'가 전쟁이 임박한 상황에서 자신의 허와 실에 대해 명확하게 파악하는 준비 과정이라면, '요민'은 오기만의 강군 육성 원칙입니다. 정예병을 육성하자고 하면서 단지 피상적인 주장에 그쳐서는 안 되겠지요. 어떤 사람을 자원으로 할 것이며, 어떻게 조직하여 정예군으로 만들 것인지에 대한 원칙과 틀을 구체적이고 명확하게 제시해야 합니다. 이 방안으로 오기는 가장 먼저 '요민'을 듭니다. 백성의 특성을 잘 헤아린 뒤에 이것을 기준으로 하여 정예군을 구성하고 조직하자는 것이지요.

사실 '요민'을 통해 오기가 주장하는 바는 군대를 재구성하고 재조직하는 것입니다. 기존의 방식과 다르게 군대를 편성하자는 말이지요. 기존에는 신분을 기준으로 하여 '3군' 형식으로만 군을 편제했습니다. 신분이 높은 국인 출신 무사와 신분이 낮은 야인 출신 병사로 병력을 양분시켜 부대를 구성했지요. 국인 출신을 수레에 태우고 다른 국인 출신에게 그 수레를 보좌하며 싸우게 했지요. 전투의 중심에 있는 이들을 야인 출신 병사가 보조하게 했습니다. 이런 식으로 국인과 비국인으로 부대를 구성해 3군을 편성했습니다. 좌군, 중군, 우군. 가장 강한 군대가 우군을 맡고, 가장 약한 군대가 보통 좌군을 맡습니다. 중군은 장수나 국왕 등 전군 지휘와 통제를 담당하는 지휘관이 맡았습니다.

오기는 이러한 전통에 얽매이지 않았습니다. 하층민을 들러리로 세우고 귀족 중심으로 전투할 것이 아니라, 하층민의 힘을 최대한 활용해서 싸우자고 주장했습니다. 이들의 힘을 유기적으로 조직하고 뽑아내 전투력을 극대화시키자는 발상이지요. 하층민의 힘도 활용하자, 이들이 귀족보다도 잘 싸울 수도 있다, 신분적 특권 의식과 차별에 얽매이지 말고 철저히 기능주의와 성과주의 중심으로 군대를 탈바꿈시켜 싸우자, 바로 이것입니다. 우선 오기는 정예군을 잘 육성해서 패자가 된 군주의 사례를 위무후에게 상기시킵니다. 패자! 춘추전국시대에 강력한 군사력으로 천하를 호령하며 열국 사이에서 질서의 중심이 되었던 군주를 이르는 말입니다. 흔히들 '춘추오패春秋五覇'라고 하는데, 다섯 명의 위대한 군주가 춘추시대의 질서를 만들어갔고 그 중심에서 천하를 주물렀습니다. 오기는 다섯 군주 가운데 제나라 환공과 진晉나라 문공, 진秦나라 목공穆公의 사례를 상기시키며 강한 정예군 육성의 필요성을 역설합니다.

"옛날 제나라 환공은 군사를 5만을 뽑아 제후 가운데 패자가 되었고 진晉나라 문공은 용감하게 앞장서는 전위대 4만으로 자신의 뜻을 이루었으며 진秦나라 목공은 특공대 3만을 두어서 패자가 되었습니다. 이처럼 강국 군주는 자기 백성의 특징을 잘 헤아릴 줄 알았습니다."[19]_⟨도국⟩

강한 군사력으로 패자가 된 군주의 사례를 열거하는 오기의 말을 살펴보면, 그가 특공대, 전위대, 돌격대 같은 부대를 좋아하는 것을 알 수 있습니다. 과감함과 공격성이 두드러지는 그의 성향이 잘 드러나지요. 그는 용맹함과 기동력이 있는 군대로 싸우길 바랐고, 실제 그런 군대를 양성해서 전투에서 승리했습니다. 오기가 지향하고 특화한 군대의 장점과 파괴력은 뒤에서 자세히 살펴보기로 하고, 여기서 중요한 점은 그가 말하는 군대 조직과 편성 원칙을 따져보는 것입니다. 그는 패자의 사례를 상기시켜 왕의 귀를 솔깃하게 한 다음 구체적인 원칙을 말했습니다. 주군을 패자로 만들어줄 수 있는 군대를 어떻게 양성할 것인가? 바로 '요민'을 통해서입니다. 오기는 백성의 특성을 잘 헤아리고 파악해 최강의 군대를 만들어보자고 합니다.

"강한 나라의 군주는 반드시 백성의 특징을 잘 헤아립니다.
첫 번째, 담력이 있고 용맹하고 기운이 센 자들로 부대 하나를 만듭니다.
두 번째, 망설이지 않고 기꺼이 전장으로 나아가 자신의 힘과 충성심과 용맹을 과시하고 싶은 자들로 부대 하나를 만듭니다.

세 번째, 높은 곳을 잘 뛰어넘고 다리가 빨라 행동이 민첩한 자들로 부대 하나를 만듭니다.

네 번째, 높은 관직에 있다가 과실로 자리를 잃은 자들 가운데 다시 지위를 회복하려는 자들로 부대 하나를 만듭니다.

다섯 번째, 과거 성을 버리고 도망갔던 자들 가운데 명예를 회복하려고 하는 자들로 나머지 부대를 만듭니다."[20] _〈도국〉_

"다섯 사항을 잘 염두에 두고 백성들의 특성을 헤아려보자. 이 가운데 하나라도 해당하는 자가 있다면 훌륭한 병역 자원이 될 것이니 이들을 선별해서 육성해보자. 이 기준으로 사람들을 다섯 무리로 분류한 다음 각 무리마다 부대 하나를 만든다. 이러한 자들로 부대 하나를 꾸리고, 저러한 자들로 부대 하나를 만들고, 이렇게 총 다섯 정예부대를 만들자. 이 정예부대를 육성해 전쟁에 나아가면 어떤 포위망도 돌파할 수 있고, 아무리 견고한 성이라도 무너뜨릴 수 있다"고 자신합니다. 비록 병력 수가 적더라도 언제든지 이길 수 있다고 호언장담했지요. 전쟁은 양이 아니라 질이다, 어정쩡한 질적 우위가 아니라 압도적인 질적 우위를 가진 정예부대를 거느리고 싸울 수 있다면, 숫자는 전혀 문제 될 것이 없다, 라는 오기의 관점이 잘 드러납니다. 그러나 병사들이 질적으로 우수한 데에 그쳐서는 안 됩니다. 이들을 짜임새 있게 조직해서 싸울 수 있어야 합니다. 이러한 까닭에 부대를 다섯으로 육성해야 한다고 말한 것이지요.

자, 그가 말한 다섯 정예군 구성과 조직 원칙을 살펴보았습니다. 용감함, 투지, 속도를 중시하는 오기의 관점이 두드러져 보입니다. 용감하고 빠른 자에게 무조건 기회를 주라고 합니다. 특히 자신의 무용을 과시하고 싶은 자가 있다면 어떻게든 활용해야 한다고 하네요. 용감하고 기운 세고 겁 없이 돌진하고 날랜 장점이 있는 병사를 반드시 써먹어야 하는데, 이런 병사는 어떻게든 국가에서 엘리트 군사 집단의 일원으로 키울 필요가 있는 인재입니다.

이런 자원을 활용하고 키워주라고 하는 주장이 뭐 새로울까 싶을 만큼 너무나 당연하게 들릴 것입니다. 기존에는 신분을 기준으로 군대를 조직하고 운영하다 보니 인재 선발과 활용에 있어 상식적으로 당연해 보이는 원칙이 제대로 지켜지지 않았습니다. 전투는 대부와 사 계급, 즉 성 안에 사는 귀족의 의무이자 권리였습니다. 야인, 천민, 소인 출신 가운데 용기와 힘이 남다르고 바람처럼 민첩한 자가 있더라도, 이들이 수레에 타거나 투구를 쓰고 갑옷을 입고 수레를 보좌하며 전장을 누빌 수 있었을까요? 또 전장에서 적극 활용하려면 이들에게 보상도 해야 합니다. 공을 세웠다면 정치적, 경제적 혜택을 주어야 하는데, 이는 귀족의 기득권을 침해하는 일이 될 수 있습니다. 그렇기에 쉽사리 야인과 천민을 활용할 수 없었습니다.

그런데 미천한 신분이었던 오기는 출세하기를 꿈꿨고 실제 그 꿈을 이룬 사람입니다. 그는 과거의 자신과 같은 야인과 천민 가운데에도 훌륭한 병역 자원이 있다는 것을 알고 있었지요. 게다가 그들 가운데 신분 상승을 꿈꾸는 자들, 즉 잠재력이 무시무시한 자들이 있다는 것을 알고 있었습니다. 오기가 그렇게 주장하는 것이 너무도 당연해 보입니다. 신분 불문하고 능력이 있는 자를 쓰자고, 또 성과를 낸 자에게 반드시 상을 주어야 한다고 〈여사〉 편에서도 적극 주장합니다. "신분이 아닌 능력과 성과를 기준으로 군대를 조직하고 운영하자. 그렇게 해서 질적으로 우월한 엘리트 군사 집단을 만들어내자. 그리하면 적이 아무리 많아도 우리가 이길 수 있다!"

야인 출신이면서도 제나라 재상이 되어 환공을 패자로 만든 관중管仲이라는 사람이 있습니다. 그 역시 야인 출신이어서 그런지, 야인 가운데 훌륭한 병역 자원이 많다는 것을 잘 알고 있었지요. 관중은 관리에게 단단히 일러두었습니다. 관할하는 지역의 농민 가운데 쓸 만한 인재가 있다 싶으면 적극적으로 천거하라고. 자기 행정 관할 지역에서 우수한 자원이 있는데도 천거하지 않으면, 폐재廢材, 폐현廢賢, 즉 인재를 땅에 묻고 현명한 사람을 썩혔다는 죄목으로 해당 관리를 강하게 처벌했습니다. 오기도 마찬가지입니다. 잠재력이 있다 싶으면 출신 가리지 말고 쓰자, 특히 군사 재목으로. 더구나 오기는 돌격대와 특공대, 결사대, 전위대를 좋아하는 장수입니다. 진문공과 진목공이 전위대와 특공대를 활용해 패자가 되었다고 말한 대목에서 이를 알 수 있습니다.

속도와 용감함에서 타의 추종을 불허하는 병사로 구성된 부대를 활용하고 한 사람. 그러니 하층민 출신 병역 자원을 선호할 수밖에 없습니다. 빠르고 용감하면서도 잃을 것이 없고 어떻게든 기회를 잡아 신분 상승을 이루고자 하는 이들만큼 오기에게 좋은 자원이 없겠지요. 가진 게 많고 모험할 필요가 없는 자들이 목숨 걸고 돌진하겠습니까? 당시 성 안의 귀족은 전통적으로 군사 일을 맡아왔기에 실전 경험과 무사 특유의 명예 의식과 자존감이 있었지만, 경쟁이 없는 세습된 지위를 누렸기에 매너리즘에 빠지곤 했지요. 특권을 누렸고 재산이 많았기 때문에 전투에서 공을 세우려는 절박함이 없는 귀족 무사는 위험한 임무를 절대 수행할 수 없었습니다.

강군을 만드는 데 있어 가장 중요한 것은 자질과 능력을 보고 쓰는 것이다. 훌륭한 병역 자원은 어떻게든 활용해야 강해진다. 오기는 〈도국〉 편만이 아니라 〈요적〉 편에서도 이러한 주장을 했습니다.

"군대에는 호랑이처럼 용맹한 병사가 있을 것이고, 힘이 세서 가마솥도 가뿐히 들어 올리는 자도 있을 것이며, 걸음이 말보다 빠른 자가 있을 것이고, 적 깃발을 빼앗고 적장을 사로잡을 만한 자도 있을 것입니다. 이러한 병사를 선별해서 아끼고 우대해야 합니다. 왜냐하면 이들이야말로 군의 핵심 전력이기 때문입니다. 또 각종 병기를 잘 다루고 신체 조건이 뛰어나며 전투 의지가 왕성한 자는 반드시 직위를 높여주어야만 전쟁에서 승리를 거둘 수 있습니다. 그리고 이들의 부모처자를 후하게 대접해야 합니다."[21]

_〈요적〉

누구든 능력이 있으면 기회를 주고 키워주자, 그리고 공을 세우면 보상해주자, 부모처자까지 돌봐주자… 사실 파격을 넘어 체제 전복적일 수도 있는 이러한 말을, 강군을 육성하고 조직하기 위해 오기는 주저 없이 역설한 것입니다.

실패한 이에게 기회를

계속해서 오기가 말한 강한 정예군 조직과 구성 원칙을 살펴보겠습니다. 이제 주목해야 할 것은 그가 '패자부활전'을 이야기했다는 것입니다. 실추된 명예를 회복하거나 지위를 다시 찾으려는 자에게 오기가 기회를 주자고 합니다.

"네 번째, 높은 관직에 있다가 과실로 자리를 잃은 자들 가운데 다시 지위를 회복하려는 자들로 한 부대를 만듭니다.
다섯 번째, 과거 성을 버리고 도망갔던 자들 가운데 명예를 회복하려는 자

들로 나머지 부대를 만듭니다."_〈도국〉

   명예를 회복하려고 하는 자, 자신의 지위를 되찾으려고 절치부심하는 자, 이들도 어떻게든 활용해야 한답니다. 이들의 용맹과 투지가 남다를 것이라 여긴 것이지요. 만회할 수 있는 전투 기회를 주면 이들이 죽기를 각오하고 싸울 것이라 판단했습니다. 실제 이들의 투지와 적극성이 남다른 경우가 많고, 이들을 활용해 승리를 쟁취한 리더의 사례도 있습니다. 하지만 실패한 자에게 다시 한 번 기회를 주자는 말은, 우수한 자원이면 신분 불문하고 중용하자는 주장만큼 쉽게 할 수 있는 주장이 아닙니다. 다른 병가 사상가에게 '다시 한 번 기회를'은 내뱉기에 정말 어려운 말이었습니다. 실패한 자는 군기를 엄정하게 세우기 위해 본보기로 참수되어야 할 대상일 뿐이지요. 특히 패주했던 자에게도 기회를 주자고 하는데, 이는 오늘날에도 받아들이기 어려운 주장입니다. '작전에 실패한 군인은 용서해도, 경계에 실패한 군인은 용서할 수 없다'고 하지 않습니까? 이는 오늘날 군대에서도 너무도 당연한 상식입니다. 그런데 당시 경계에 실패해 도망친 병사에게 기회를 주자? 과연 쉽게 주장할 수 있었을까요?
   손자 같은 경우 오나라 군주 앞에서 유세할 때 궁녀들에게 간단한 제식훈련을 시키면서 용병술을 시험받았습니다. 그때 궁녀들이 장난인 줄 알고 까르르 웃기만 하고 명에 따르지 않자 그는 지휘관 역할을 하는 궁녀의 목을 도끼로 쳐버렸습니다. 군기를 잡기 위해서였지요. 또한 《사마법》이란 병법서를 쓴 사마양저의 일화도 있습니다. 그는 손자처럼 제나라 군벌 집안의 장수였지요. 왕명을 받고 총사령관이 된 그는, 군대를 움직이기 전에 왕이 아끼던 장가莊賈라는 군의 고문을 죽여버렸습니다. 정오까지 군문 앞에서 만나기로 약속했는데도 불구하고 장가는 약속 시간이 지나도록 모습을 보이지 않았습니다. 결국 군대에 늦게 합류했다는 이유를 들어 군법에 근거해 장가를 참수시켰고, 그의 목을 병사들 앞에 내던져버렸지요.

손자와 사마양저 모두 '장수의 권위는 절대적으로 확보되어야 한다, 병사들이 적군보다 장수를 더 두려워하게 만들어야 한다'고 생각한 장수이자 병법가였습니다. 이 엄형주의자들에게 명령, 작전, 경계에 실패한 병사는 군 기강을 세우기 위한 좋은 먹잇감일 뿐입니다. 그런데 다시 기회를 주자? 오기의 이 주장은 이들에게는 조금도 받아들여질 수 없는 말이었지요. 다른 병법 사상가가 들으면 비웃었을 뿐 아니라, 사실 상상조차 하기 어려운 발상이었습니다. 그런데 이런 주장을 왜 오기가 했을까요? 여기서 유학과 묵학의 영향을 생각하지 않을 수 없습니다. 두 학문의 영향으로 오기는 그러한 주장을 과감하게 할 수 있었습니다.

《손자병법》에서 손자는 이익을 탐하는 인간의 '호리지성好利之性'에 주목했는데, 오기는 이익만이 아니라 명예와 위상을 중시하는 인간의 '호명지성好名之性'에 주목합니다. 명예를 추구하고, 사회적 평판과 명성에 욕심을 부리며, 실추된 명예를 회복하기 위해 안간힘 쓰는, 이러한 인간 심리에 오기는 주목했지요. 바로 이 때문에 '명교名教'라고 불릴 정도로 명예에 집착하는 유학과 무사의 자존감을 강조하는 묵학의 영향이라 본 것입니다.

우선 유학은 '명名'으로 대변되는 각자의 신분적 위치와 위상에 걸맞게 처신하고 '덕'을 갖추라고 강조하지요. 유교는 '답고니즘'입니다. 군주는 군주다워야 하고, 신하는 신하다워야 하며, 아버지는 아버지다워야 하지요. 누구든 자신의 위상에 걸맞게 처신해야 합니다. 나에게 부여된 역할, 내가 놓인 위치에 맞게 행동하지 못하면 사회적 생명을 잃을 수 있다고 경고합니다. 그리고 묵가에서도 명예를 중시합니다. 무사 집단인 묵가는 무사답게 어떻게든 신의와 의리를 지키고자 했습니다. 신의와 의리를 지키지 않아 명예가 땅에 떨어지는 것을 목숨을 잃는 것보다 싫어했지요. 초나라 대부 양성군陽城君의 일화가 유명합니다.

거자 맹승孟勝이 초나라 귀족 양성군에게 부탁받고 그의 성을 방어하는 임무를 맡았습니다. 양성군은 패옥佩玉을 선물할 정도로 맹승을 크게 신뢰했습니다. 그런데 문제가 생겼습니다. 기원전 381년 도왕悼王이 죽자 초나라 조정에 정변이 일어납니다. 내란까지 겹친 당시 정변에 양성군이 휘말려 달아났지요. 초 왕실에서는 양성군의 봉지를 접수하기 위해 군사를 급파합니다. 당시 거자 맹승이 제자들에게 말했습니다. "왕실의 공격을 막을 힘도 없고 그렇다고 신의를 저버릴 수도 없다. 죽음으로써 신의를 지킬 수밖에 없다"고 말하며 집단 자결을 주장합니다. 이에 제자들이 불가하다고 간합니다. 한 제자가 말하길 "양성군에게 이롭다면 죽는 것이 마땅할 것이지만, 집단 자결은 양성군에게 조금도 이로울 것이 없을 뿐 아니라, 세상에서 묵자의 명맥을 끊는 일이기 때문에 더욱 불가합니다"라고 했습니다. 하지만 거자 맹승은 제자의 말을 물리쳤습니다. "그렇지 않다. 양성군에게 나는 스승이기 이전에 벗이고, 벗이기 이전에 신하이다. 우리가 죽기를 마다한다면 앞으로 세상 사람이 엄격한 스승을 구할 때 묵가를 반드시 배제할 것이고, 좋은 벗을 구할 때에도 배제할 것이며, 좋은 신하를 구할 때도 반드시 배제할 것이다. 우리가 죽음을 택하는 것은 묵가의 대의大義를 실천하고 업業을 계승하기 위한 것이다."

맹승의 말과 자세, 너무도 결연한 무사의 자세가 아닐 수 없습니다. 맹승은 송나라에 가 있는 전양자田襄子에게 거자 지위를 넘긴다는 전갈을 보내고 바로 자결했습니다. 그러자 제자들이 스승이자 우두머리인 그의 뒤를 따릅니다. 맹승의 무리 제자 183명이 모두 목숨을 끊었습니다. 너무도 신의를 중시한 무사 집단 묵가. 신의를 생명처럼 여긴 그들은 방어 전쟁에서 항상 목숨을 다해 싸웠지요. '묵수墨守'라는 말이 괜히 생겨난 게 아니지요. 지켜주겠다고 약속하면 죽을 때까지 물러나지 않습니다. 서양에 스위스 용병이 있다면 동양에는 묵가가 있습니다.

　이처럼 오기는 유학과 묵학의 영향을 동시에 받아서인지 명예를 중시했습니다. 이러한 이유로 불명예를 썼고 명예를 회복하려는 자에게 기회를 주어 그들을 활용하자고 주장한 것입니다. 그런데 명예 이전에 생각해봐야 할 것이 유가와 묵가의 인본주의입니다. 유학과 묵학은 명예도 명예지만 먼저 인본주의를 말하는 학문이지요. 특히 유학은 온정주의를 바탕으로 하는 사상입니다. 힘으로 응징하고 벌하기 전에 교화하고, 가혹한 처벌과 형벌은 최대한 배제하자는 것이 유학의 인본주의이고 온정주의입니다. 오기는 나라는 물론이고 군대 역시 유가의 리더십이 필요하다고 했습니다. 이러할진대 오기가 가혹한 처벌을 주장했다면, 오기 스스로 모순에 빠지는 일일 것입니다. 온정주의와 병법 사상이 공존하는 것 자체가 모순 아니냐고 할 분도 있겠지만, 어찌 되었든 유가 리더십을 강조한 오기에게 엄형주의는 받아들이기 어려웠을 겁니다. 실제 《오자병법》에서는 전투가 벌어진 상황에서 뒤로 물러나거나 망설이는 행위를 제외하곤 엄격한 형벌로 다스리자는 주장을 거의 하지 않습니다. 그리고 초나라에서 법치를 밀어붙일 때도 상앙처럼 연좌제를 법제화하지 않았습니다. 가족과 이웃에게 연대책임을 묻는 것은 오기에게는 당치 않았지요. 확실히 각박하고 몰인정한 것과는 거리가 먼 사람입니다.

　실패한 이에게 한 번 더 기회를! 그들에게 기회를 주면 오명을 만회하기 위해 죽기를 각오하고 싸울 것이라 기대를 한 오기. '패자부활전'은 강군 육성을 위한 원칙에 따라 그가 주장한 것이지만, 온정주의와 인본주의를 배운 사람인지라 모질지 못해 그랬던 것이 아닐까 하는 생각도 듭니다. 그러나 분명한 점은 오기가 그들에게 기대한 것이 있었고, 그것은 역시 강한 정예군 육성을 위해서였습니다.

지금까지 오기가 말한 정예군 조직과 구성 원칙을 살펴보았습니다. 그의 주장을 따르면 5군이 탄생했을 것입니다. '요민'을 통해 다섯 범주의 무리로 병역 자원을 분류하여 각 무리 당 부대 하나씩을 만들자고 주장했으니까요. 5군이 만들어진다는 사실도 놓치지 말아야 합니다. 이것도 굉장히 중요합니다. 과거에는 3군을 조직해서 싸웠지만, 이제 5군이 탄생했으니까요. 그런데 오기는 5군을 만들라는 말만을 했지 5군을 어떻게 활용할지에 대해선 말하지 않았습니다.《오자병법》여섯 번째 장인 〈응변〉 편에 가서야 5군을 활용한 전술에 대해 논합니다. 〈응변〉 편을 다룰 때, 5군 전술의 실체에 대해 확인해보도록 하겠습니다.

백성의 특성을 잘 헤아려서 정예군을 만들어야 한다. 몇 개의 부대로 이루어진 정예군이라고요? 바로 다섯. 용기, 투지, 속도를 가진 자와 죽기로 싸울 자라면, 신분과 과거를 따지지 말고 기회를 주고 정예병으로 육성하자. 그래서 짜임새를 갖춘 최강 5군을 만들어보자. 이렇게 정리됩니다. 이제 오기는 병사를 조련할 때 무엇에 주안점을 두어야 할지 또 어떤 특기와 장점을 가진 정예군을 목표로 하여 훈련해야 할지에 대해 말해줍니다. 그가 양병을 논합니다. 병사를 어떻게 키울 것인가? 어떤 군대를 목표로 할 것인가? 이러한 질문에 오기가 답합니다.

· 16장 ·

최대한 가볍게, 최대한 빠르게

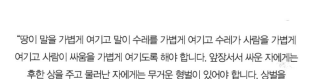

"땅이 말을 가볍게 여기고 말이 수레를 가볍게 여기고 수레가 사람을 가볍게
여기고 사람이 싸움을 가볍게 여기도록 해야 합니다. 앞장서서 싸운 자에게는
후한 상을 주고 물러난 자에게는 무거운 형벌이 있어야 합니다. 상벌을
공정하고 분명하게 시행하여서 신뢰를 담보해야 합니다."

네 가지 가벼움

앞서 국가 정예군을 만들고 조직하는 원칙과 틀을 말하면서 강군 육성을 위
한 밑그림과 윤곽을 그렸으니 이제 채색을 시작해야겠습니다. 오기는 〈치병〉
편에서 자신이 생각하는 정예병이 어떠한 장점과 강점을 목표로 해야 하는
지에 대해 구체적으로 논합니다. 장점과 강점을 갖추기 위해서는 무엇을 챙
겨야 하는지에 대해. 우리가 어떤 장점을 갖추어야 하고 어떠한 강점을 극대
화해야 하는지, 그리고 이러한 점을 갖추기 위한 구체적 수단과 방법까지.

먼저 오기는 '사경四輕 이중二重 일신一信'을 말합니다. 가벼움 넷과 무거움
둘과 신뢰 하나. 무릇 장수라면 이 원칙과 목표를 명심하고 견지하여 병사를

이끌어야 한다, 즉 양병의 대원칙과 목표를 이에 두고 병사를 길러야 한다는 말입니다. 이는 모두 속도를 위함입니다. 속도라는 장점을 만들고 극대화하여 강점으로 특화시키자는 말이지요. 정말 오기는 '속도 제일주의자'라고 해도 과언이 아닙니다. '스피드광'입니다.

위무후가 묻습니다.

"용병의 방법에는 무엇이 우선되어야 하오?"

오기가 답하길,

"우선 사경 이중 일신을 명확히 해야 합니다."

위무후가 다시 묻습니다.

"그것이 무엇을 뜻하는 것이오?"

오기가 말하길,

"땅이 말을 가볍게 여기고 말이 수레를 가볍게 여기고 수레가 사람을 가볍게 여기고 사람이 싸움을 가볍게 여기도록 해야 합니다. 지형이 험하고 평탄함을 분명히 알면 땅이 말을 가볍게 여깁니다. 제때에 꼴을 먹이면 말이 전차를 가볍게 여깁니다. 바퀴 축에 기름칠을 충분히 해두면 전차가 사람을 가볍게 여깁니다. 칼날이 예리하고 갑옷이 견고하면 병사가 싸움을 가볍게 여깁니다. 이 가벼움 넷을 4경이라고 합니다.

앞장서서 싸운 자에게는 후한 상을 주고 물러난 자에게는 무거운 형벌이 있어야 합니다. 이 무거움 둘을 2중이라고 합니다.

상벌을 공정하고 분명하게 시행하여서 신뢰를 담보해야 합니다. 이 믿음 하나를 1신이라고 합니다.

이러한 이치를 잘 헤아려 통달한다면 승리의 주인공이 될 것입니다."[22] _(치병)

- 146 -

위무후는 '용병'의 원칙을 묻는데 오기는 '양병'의 원칙을 답합니다. 어떻게 병사를 써야 하냐고 묻는데 병사를 이렇게 조련해야 한다고 대답하네요. 동문서답 같은데 사실 생각해보면 용병 이전에 양병이 있어야지요. 병사를 실전에서 어떻게 부릴 것인가를 생각하기 전에 병사를 조련하고 훈련시키는 방법에 대해 생각해봐야 합니다. 당연한 순서인데요, 특히 전국시대에는 양병을 우선시해야 했습니다.

춘추시대에는 양병에 대해 깊이 생각할 이유가 없었습니다만 전국시대에는 상황이 달라졌지요. 춘추시대에는 전쟁에 임박한 상황이 되어서야 병력과 물자를 징발해 싸울 채비를 했습니다. 적이 선전포고를 하거나, 아니면 군주와 대부가 먼저 적을 치기로 합의해 전쟁이 임박하면 징발을 통해 병력과 물자를 충원하여 전쟁터로 나갔습니다. 징발 과정은 대부가 주도했는데, 자신의 영지에서 군사와 물자를 동원하여 국군에 합류해 국가의 깃발 아래에서 출정했습니다. 이러한 상황인지라 춘추시대에는 용병만 생각해도 무방했습니다. 춘추시대 말이 주 배경인《손자병법》도 주로 용병을 다루었지 양병은 거의 다루지 않습니다.

하지만 이제 전국시대. 용병 이전에 양병이 있어야 했지요. 국주가 직접 관리하는 국가 상비군이 있어야 했습니다. 국가 상비군은 가장 정예화된 군사집단으로 훈련되어 대기해야 했지요. 언제든지 전쟁터에 나가 싸울 수 있도록. 앞서 오기가 정예군 육성 문제를 제기했는데, 여기서도 다시 한 번 강조한 셈입니다. 용병 이전에 양병. 양병을 통한 최고의 정예병 확보와 확충. 이를 위한 대원칙을 설명하면서 오기는 4경을 말한 것입니다. 빠르고 안전하게 달릴 수 있는 기동로를 확보하고, 말을 제대로 관리하며, 바퀴 축을 평소 빈틈없이 정비하고, 무기를 최대한 날카롭게 손질해두고, 질 좋은 전투복을 보급시켜 병사를 무장시켜라. 그러면 땅이 말을 가볍게 여기고 말이 수레를 가볍게 여기며 수레가 사람을 가볍게 여기고 사람이 싸움을 가볍게 여기게 된다고 합니다. '가볍게' 하라고 거듭 이야기하는데, 이는 곧 '빠르게' 하라는 뜻이지요. 가벼워야 빠를 수 있으니까요.

앞서 〈도국〉 편을 통해 정예군 구성과 조직 원칙을 살필 때 보았다시피 오기는 '속도전 마니아'입니다. 실전에서 속도, 즉 기동력을 극대화하려고 합니다. 그러니 속도를 낼 수 있게 준비시켜야지요. 빠르면 이길 수 있다, 승리는 속도에서 구한다는 오기는 실제로 속도전으로 전장에서 무수히 이겼습니다. 기습을 통해 적을 궤멸시키고 빠른 특공대를 앞세워서 적의 진형과 대오를 무너뜨려 균열을 만들어냈습니다. 발 빠른 별동대를 움직여서 측면과 후방에서 적을 포위하고 날쌘 병사를 적의 성에 침투시켜 성문을 열었습니다. 그래서인지 손자에게 보이지 않는 면이 오기에게 있습니다. 적보다 우월한 전력과 물자의 양, 적보다 우월한 위치와 지형, 적보다 우월한 정보량 등 항상 우월한 위치와 상황에서만 싸워 확실하게 승리하려는 손자에 비해 오기는 과감합니다. 바로 속도에 자신이 있기 때문입니다.

빠르면 여러 장점이 생깁니다. 우선 유격대와 돌격대의 위력을 극대화할 수 있습니다. 두 부대를 활용해 적진 교란과 적진 돌파, 적 대형 파괴를 도모할 수 있지요. 또한 은밀하고 빠르게 별동대를 움직여서 적의 측면과 후위를 공격하고 퇴로를 차단할 수 있습니다. 퇴로 차단은 무서운 전술입니다. 다 죽이겠다는 거지요. 도망가지 못하게 길을 막고 적을 모두 죽이겠다는 겁니다. 이른바 섬멸. 퇴로를 막고, 적을 추격해서 모두 없애버리자. 바로 전국시대 전쟁의 목표입니다. 춘추시대에는 추격전과 섬멸전이 쉽지 않았을뿐더러 목표로 삼지도 않았습니다. 귀족적 허세와 스포츠맨십 때문이지요. 수레를 중심으로 전투를 치렀을 뿐, 강하고 빠른 기병과 훈련으로 단련된 정예 보병은 없었습니다. 만일 수레에 집착하지 않고 기병을 운용하고 제대로 훈련된 보병을 거느렸다면 이야기가 달라졌겠지요. 적을 독 안에 가두고, 도망가는 적을 추격하여 없애는 것, 정확히 오기가 추구한 전술이지요.

이밖에도 장점이 많습니다. 칼과 창이 부딪히는 본격적인 실전 상황이 아니어도 속도를 통해 얻을 수 있는 것이 많습니다. 연락, 수색, 정찰과 같은 작전에서도 우위를 점할 수 있습니다. 신속하게 적의 상황을 포착할 수 있고, 안전한 기동로를 확보할 수 있으며, 무엇보다 손자가 강조한 '군쟁軍爭'에서 적을 이길 수 있습니다. 좋은 지형과 장소를 먼저 차지하기 위해 다투는 것을 군쟁이라 합니다. 빠르면 유리한 지형과 장소를 선점하여 적이 나타나길 기다릴 수 있겠지요. 손자는 《손자병법》〈군쟁軍爭〉 편에서 "적군과 만나 싸움을 시작하는 데 있어 군쟁보다 어려운 일은 없다"*고 강조했습니다. 군쟁에서 반드시 이겨야 한다고 했습니다. 군쟁에서 이기면 가까운 곳으로 나가서 먼 데서 오는 적을 기다릴 수 있고, 여유로운 상태에서 피곤한 적을 기다릴 수 있으며, 배부른 상태에서 굶주린 적을 기다릴 수 있다고 했는데, 오기도 군쟁이 중요하다고 판단한 것이지요.

> "가까운 곳에서 온 군대가 되어 멀리서 행군해 오는 적을 기다리고, 편안히 쉬고 있는 상태에서 지친 적을 기다려라. 그리고 배부른 군대가 되어 굶주린 적을 기다려야 한다."23 _〈치병〉

---

* 交和而舍 莫難於軍爭.

이렇게 하면 당연히 시작부터 주도권을 잡고 싸울 수 있겠지요. 이처럼 군쟁에서 이기기 위해서는 반드시 속도가 필요합니다. 적보다 빨라야 합니다. 손자도 이 점에 대해서 잘 알고 있었습니다. 그러나 손자는 속도 문제에 대해서는 답을 명쾌하게 내놓지 못했습니다. 중요하다는 것은 알았지만 너무 어렵다고 생각했습니다. 그래서 속도를 말하는 것을 상당히 주저했지요. 이런 데에는 두 가지 이유가 있습니다.

첫째, 속도와 물자의 딜레마입니다. 속도를 중시하자면 물자를 줄여야 하고, 물자를 중시하면 속도를 늦추어야 합니다. 병사만 빠르게 이동한다고 해도 물자를 보급하지 못하면 아무 소용이 없겠지요. 약탈을 강조할 정도로 물자 보급을 중시했던 손자는, 물자와 병사가 동시에 빠르게 이동할 수 없다는 걸 알았기에 속도전을 주장하지 못했습니다.

둘째, 병사 문제입니다. 물자 문제는 차치하더라도 병사들 간의 협동에 문제가 있었습니다. 손자는 병사들이 저마다 속도와 체력이 제각각이라 빠르게 이동하면 낙오자가 많이 생길 것을 우려했습니다. 대오 전체의 머리와 꼬리가 끊어질까 염려한 것이지요. 분열된 군대는 전력 자체를 상실하기 때문에 장수는 부대 분열을 굉장히 두려워했습니다. 속도를 위해 분열을 자초할 수는 없는 일입니다.

갑옷을 걷어붙이고 달려가 밤낮 멈추지 않고 두 배 속도로 행군하여 100리 길을 가서 이익을 다툰다면 3군의 장수가 사로잡히고 건장한 병사는 앞서나 허약한 병사는 뒤쳐져 열에 하나만 도착할 것이다. 50리를 가서 이익을 다툰다면 상장군을 잃고 절반만 도착할 수 있다. 30리를 가서 이익을 다툰다면 3분의 2만 도달할 수 있다. _《손자병법》〈군쟁〉

　단순히 빠르게 움직이는 게 아니라, 전 병력이 같은 속도로 빠르게 움직여야 하고 동시에 보급품까지 운반해야 합니다. 그렇기에 손자는 속도의 중요성을 잘 알고 있었지만 속도전을 주장하지 못했습니다.

　하지만 오기는 속도전을 자신했습니다. 자신한 정도에서 그친 게 아니라 자신의 장점으로 특화시켜버렸지요. 우선 속도전을 수행하려면 병사들에게 강한 행군 능력이 있어야 하는데 춘추시대에는 시대 여건상 이 능력을 기대할 수 없었습니다. 병사들에게 행군 훈련을 소화시킬 수 있는 환경이 아니었지요. 손자가 살았던 시대만 하더라도 징발의 형태로 병사를 수급하고 모아서 싸웠습니다. 전쟁이 임박하면 귀족은 영지에서 징발한 병사와 자신의 개인 무사를 데리고 참전했습니다. 이러한 병력에 행군 능력을 기대하긴 어려웠습니다. 하지만 국가가 직접 관리하는 상비군을 확보하면 이야기가 달라집니다. 평소에 강도 높은 행군 훈련으로 병사를 단련시킬 수 있습니다. 위魏나라는 상비군을 확보하여 오기에게 맡겼고, 오기는 상비군에 체계적이고 강도 높은 행군 훈련을 시켰습니다. 앞서 언급한 대로, 그는 솔선수범하여 말과 수레를 타지 않고 병사들과 같은 짐을 지고 함께 행군하는 등 동고동락하면서 생활했습니다. 악기 소리에 맞춰 행군하는 훈련법까지 만들었다고 했습니다.

　사실 오기는 동아시아에서 제대로 된 행군 훈련과 전술을 가장 처음 만들어낸 장수라 볼 수 있습니다. 강도 높고 체계적인 행군 훈련을 받아 장거리 행군을 많이 경험한 병사들을 확보한다면, 손자가 우려한 문제는 상당 부분 덜어낼 수 있습니다. 뒤처지며 낙오하는 병사 없이 같은 속도로 전 병력이 움직이는 동시에 보급품까지 빠르게 운반할 수 있습니다. 순자가 〈의병〉 편에서 "위魏나라의 병사들은 3속三屬의 갑옷을 두르고 20석 장력의 활을 당기며 화살 50개를 지고 그 위에 다시 창을 들고 검을 차고 사흘치 양식을 가지고 하루에 100리를 간다"고 말한 것을 보면, 오기 군대의 행군 능력이 정말 우수했다는 것을 짐작할 수 있습니다.

그런데 속도를 높이기 위해서 행군 훈련만 한 게 아니지요. 수레와 무기 등 장비도 손봐야 할 것이고, 군마도 챙겨야 하며, 안전하고 빠른 기동로를 확보해야 할 것입니다. 앞서 오기가 4경을 주장한 이유가 여기에 있습니다. 행군 능력에 이러한 조건이 충족되어야 속도를 극대화할 수 있으니까요. 기존에는 수레에 탄 무사와 수레를 보좌하는 무사에게만 좋은 무기와 갑옷과 투구를 주었습니다. 좋은 장비가 소수에게만 주어진다면 나머지 병사는 겁먹지 않고 어떻게 돌진할 수 있겠습니까? 좋은 장비로 모두를 무장시켜야 합니다. 그래야 전 병력이 싸움을 가볍게 여길 수 있겠지요. 관중이 말하길 병기를 예리하게 해두면 어리석은 사람도 현명해진다고 했지요. 무기와 장비가 받쳐줘야 빨라지고 용감히 싸울 수 있습니다. 오기는 정신력을 강조했지만, 그것은 정신력을 발휘할 최상의 조건을 만든 다음이었습니다. 그저 막연하게 정신력만을 강조하지는 않았습니다. 당시 위魏나라가 가장 먼저 청동기를 대체해 철제 병기를 채택하여 병사들을 무장시켰습니다. 위魏나라 지역은 야금, 야철 기술이 발달하여 선진화된 철제 병기를 갖출 수 있었습니다. 이는 오기에게 큰 힘이 되었고, 결국 위魏나라의 군사 대국화에 핵심 동력으로 작용했습니다.

그리고 수레가 땅을 가볍게 여기도록 만들기 위해서는, 특히 바퀴 축을 잘 만들고 관리해야 합니다. 묵학을 공부한 오기는 이 부분에 대해서도 자신 있었습니다. 선왕인 위문후는 물론 위무후에게도 수레에 대해 구체적으로 이야기한 것을 봐도 그렇고, 《오자병법》에서 수레를 언급한 부분을 보면 묵학을 배운 가락을 오기가 잘 보여준다는 것을 알 수 있지요. 여기에 장수의 안목과 판단력이 필요합니다. 안전하고 평탄한 기동로를 선택하고 확보하는 안목과 판단력이 있어야 합니다. 그리고 말이 수레를 가볍게 여기게 하기 위해서는 말을 세심하게 관리해야 합니다. 이제 오기는 군마의 관리에 대해 집중적으로 논합니다.

군마를 관리하는 법

오기는 군마 관리, 즉 우수한 군마의 확보와 관리를 강조했습니다. 강조에 그친 것이 아니라 군마 관리 요령과 지침을 자세하게 설명합니다. 이 부분이 바로 양병을 주제로 하는 《오자병법》 〈치병〉 편의 하이라이트입니다. 오기가 위무후에게 군마 관리법을 말하는 장면을 보면, 그 치밀함이 과연 경이적일 정도입니다. 앞서 나라를 잘 다스려라, '문덕'을 갖추어 내정을 안정시켜라, 백성을 사랑하고 아껴야 한다고 말한 부분을 봤을 때, 오기에게 어떤 유가적인 백면서생의 냄새가 많이 나 장수로서의 능력과 미래가 의심스러운 분도 있을 겁니다. 하지만 빈틈없이 군마 관리에 대해 논하는 장면을 보면 오기가 얼마나 실전을 잘 알고 준비하는 장수인지 느낄 수 있습니다. 역대 병서 가운데 《오자병법》만큼 군마 관리에 대해 자세히 서술한 책이 없지요. 그만큼 그는 유능한 장수였습니다.

위무후가 묻습니다.

"군마를 사육하고 관리하는 데에 어떤 방도가 없겠소?"

오기가 답합니다.

"말은 반드시 거처하는 곳을 편안히 해주고, 물과 꼴을 적절하게 공급해주며, 굶주리지도 않고 배부르지도 않게 조절해줍니다. 겨울에는 마구간을 따뜻하게 하고, 여름에는 마구간을 시원하게 해주며, 털과 갈기를 잘 깎아주고, 발굽을 조심스레 잘라주며, 귀와 눈을 편안하게 하여 놀라는 일이 없게 합니다. 달리고 쫓는 것을 훈련시키고, 나아가고 멈추는 것을 단련시켜, 사람과 말이 서로 친숙하게 해야 합니다. 그런 뒤에야 말을 부릴 수 있습니다.

안장, 굴레, 재갈, 고삐 등 마구는 반드시 온전하고 튼튼하게 만들어야 합니다. 말은 부리다가 손상을 입는 것이 아니라 처음 사육할 때 손상을 입으며, 먹이가 모자랐을 때보다 너무 많이 줬을 때 탈이 나는 법입니다. 먼 길을 갈 때는 종종 내렸다가 타도록 하는데 차라리 사람이 피곤할지언정 말을 지치게 해서는 안 됩니다. 이처럼 항상 말에 힘이 있게 하여 적이 덮치는 것을 대비해야 하니 이러한 이치를 분명히 아는 자가 천하를 누빌 수 있습니다."[24] _〈치병〉

오기가 제시한 말 관리법, 보시는 바와 같이 정말 상세히 기술되어 있습니다. 그가 얼마나 말을 중시했는지 잘 알 수 있지요. 그는 최대한 준마를 확보해서 기병의 비중을 높이고, 말이 끄는 수레도 더욱 빠르게 움직이게 해서 철저히 속도를 극대화한 군대를 만들고자 했습니다. 여기서 사람이 피곤할지언정 말을 지치게 해선 안 된다고 하는 부분을 주목하십시오. 그렇습니다. 말을 지치게 해선 안 되지요. 말이 지치면 어떻게 속도를 내겠습니까.

전국시대를 연 오기가 기병의 비중을 높여갔고 전국시대 말 조나라에서는 독립된 기병부대가 탄생합니다. 시간이 갈수록 전쟁사에서 기병부대의 역할이 중요해집니다. 시대와 국가를 막론하고 기병부대를 운영할 때에는 말을 절대 피곤하게 해선 안 된다는 원칙이 항상 관철되었습니다. 기병하면 우리는 흔히 전장에 갈 때도 말을 타고 신속하게 이동해서 싸우는 것으로 아는데 그렇지 않습니다. 기병도 걸어서 말을 끌고 전장으로 이동하는 경우가 많았습니다. 오기가 이동할 때마다 말을 타지 않고 걸어갔다는 사실이 꽤 의미심장해 보입니다. 동고동락하려는 목적도 있지만 다른 노림수가 있는 것으로 생각됩니다. 장수인 나도 말에서 내려 걸어가니 모두 말에서 내려서 걸어가라는 무언의 명령을 내린 것입니다. 말을 타고 가고 수레를 타고 갔던 귀족 출신 지휘관과 국인 모두 말과 수레에서 내리게 하기 위한 포석이었지요. 최고 지휘관도 걸어가는데 누가 감히 팔자 좋게 말이나 수레를 타고 갈 수 있었겠습니까? 사람을 태우고 수레를 끈 말은 실전에서 힘을 최대한 쓸 수 없을뿐더러, 속도전은 애초에 불가능한 일이 되겠지요. 속도전을 위해 자신부터 말에서 내려 걸었던 게 아닌지… 오기가 군대에서 보인 행적과 행동을 보면, 단순히 자신이 생각하는 이상적인 장수로서의 마음가짐과 몸가짐을 보여준 게 아니라, 다분히 목적을 위해 치밀하게 계산된 행동을 했다는 생각이 많이 듭니다. 강훈련을 위해, 기능주의적으로 군대를 재구성하기 위해, 말의 힘을 아끼기 위해, 이러한 목적을 위해 고생을 자처하고 힘든 일을 즐기면서 하지 않았나 싶습니다. 물론 그가 보고 배운 거자의 리더십, 즉 사람을 사랑하는 마음이 뒤에 있었지만.

이렇게 오기는 가볍게 해야 하는 네 과제를 말했습니다. 그런데 이것 말고도 속도전을 위해서는 필요한 것이 더 있습니다. 주저하지 말아야 합니다. 망설이지 말아야 합니다. 월등한 기동력을 갖추고도 주저하고 망설이면 아무 소용이 없습니다. 오기가 말했습니다. 자고로 용병에 있어서 가장 큰 병폐는 주저함이고, 전군을 재앙으로 몰고 가는 것은 의심에서 비롯된다고. 특히 장수가 주저해서는 절대 안 됩니다.

《울료자》에서도 오기의 이 말을 거의 반복하다시피 하며 강조했는데,

작전 계획은 조속히 결정하고 확정해야 한다. 만약 계획을 확정하지 못하고, 결단을 빨리 내리지 못하면, 부대는 진퇴가 불안정하게 되고 병사들은 의구심이 생겨 결국 패할 수밖에 없다. 그러므로 강한 군대는 빠름을 가장 귀하게 여긴다. _《울료자》〈육졸령〉

정병귀선正兵貴先! 잘 싸우는 군대는 빠름을 가장 귀하게 여긴다고《울료자》에서 이릅니다. 역시 절대 주저하거나 망설이면 안 된다고 말하네요. 특히 오기처럼 장수가 주저해서는 안 된다고 합니다. 장수는 절대 망설이면 안 되지요. 판단이 섰다 싶으면 바로 명령을 내려 병사들을 움직여야 합니다. 병사들도 마찬가지, 망설이면 안 됩니다. 이들이 망설이지 않게 하는 것은 장수의 몫입니다. 오기는 병사들에게 상과 벌을 주라고 했습니다. 앞장서서 돌파하는 돌격대와 전위대 역할을 하는 자에게 후한 상을 주고, 물러서는 자는 엄하게 벌해야 한다고.

무거움 둘과 믿음 하나

오기는 병법가이지만 가혹한 처벌과 무거운 형벌을 좋아하는 사람이 아니라고 했습니다. 일벌백계, 가혹한 처벌을 내려 본보기를 통해 군기 잡는 것을 좋아하지 않았습니다. 부대가 강한 전투력을 갖추도록 훈련시키고, 전장에서 이길 수 있는 상황을 조성하며, 병사들이 정신력을 최대한 발휘할 조건을 만들면 되지, 병사들을 가혹하게 다룰 이유는 없습니다. 다시 한 번 말하지만

오기는 절대 병사들을 함부로 다루는 것을 좋아하지 않았습니다. 그러나 오기도 절대 용납하지 못하는 게 있습니다. 전장에서 망설이고 뒷걸음치는 것입니다.

앞장서는 자에게 후한 상을, 물러서는 자에게 가혹한 벌을! 이 두 원칙을 무겁게 여기는 것, 이것이 오기가 주장하는 무거움 둘, 즉 '2중'입니다. 2중은 4경과 마찬가지로 군대의 속도를 높이기 위한 것이지요. 《오자병법》 기존 해석서에는, 오기가 4경과 2중 1신을 같이 묶어서 주장했음에도 불구하고 4경과 2중을 따로 떼어서 설명하는 경우가 많았습니다. 4경은 준비 태세를 말하는 것으로 전쟁 전 준비와 관련해서 말한 것이고, 2중은 군대를 다스리고 부대원을 다루는 원칙으로서 군법과 군대 운영의 맥락에서 말했다고 하는데 그렇지 않습니다. 둘 모두 군대의 속도를 극대화하기 위한 것입니다. 그리고 1신도 마찬가지입니다. 누구든지 앞장서면 무조건 상을 줄 것이다. 신분까지 상승시켜줄 것이다. 하지만 물러서는 자는 누구라도 용서하지 않겠다. 이러한 원칙을 모두에게 각인시켜 절대 흔들리지 않는 '군법'으로 믿을 수 있게 하자는 것입니다. 이것이 오기가 말하는 1신, 곧 신뢰입니다. 이 역시 속도전을 위한 것이지요.

오기와 알렉산드로스 대왕

이 밖에도 '오기식 속도전'을 위해서는 해결해야 하고 챙겨야 할 것이 많습니다. 전투 시 장수의 위치 문제도 있습니다. 오기는 장수가 주저하는 일이 절대 없어야 한다고 누누이 말했지요. 실제 전장에서 오기는 몸을 조금도 사리지 않고 선봉에 서서 싸웠습니다. 장수가 선봉에 서면 병사의 사기와 투지를 끌어올릴 수 있는 것은 물론, 전술적인 '판단-결정-실행'의 과정을 최대한 단축할 수 있습니다. 판단에서 실행에 이르는 과정을 하나의 프로세스로 만들어 전투의 효율을 높일 수 있지요. 서양의 알렉산드로스 대왕도 마찬가지였습니다.* 선봉에서 전장의 흐름을 읽어, 상황을 판단한 다음 작전을 신속하게 실행할 수 있게 했지요. 그도 오기만큼이나 속도전을 좋아했습니다.

장수가 선봉에서 지휘하고 돌격대와 같이 움직이는 것을, 단지 용기 있는 행동이라거나 주저하지 않는 과감함으로 한정시켜 이해하면 안 됩니다. 지휘 전달 체계에 소요되는 시간을 따져봐야 합니다. 전장에서 멀리 떨어진 곳에서 지휘하는 장수는 전투의 흐름을 제대로 읽을 수 없을뿐더러, 선봉에서 싸우는 병력과 '통신'하기 어려운 탓에 제대로 지휘할 수 없습니다. 이 때문에 '판단-결정-실행'의 과정이 하나가 되어야 합니다. 그러면 적군에 균열이 생기고 틈이 드러났을 때 바로 그곳을 신속하게 집중 타격할 수 있습니다.

전투에서 '승리의 문'은 찰나에 열렸다가 닫힙니다. 열리는 바로 그 순간 그 문으로 들어갈 수 있어야 합니다. "전쟁은 격동"이라고 말한 알렉산드로스 대왕은 전쟁 중에 벌어지는 돌발 상황에 신속하게 대처했습니다. 예상하지 못한 적의 허점이 노출되는 순간을 절대 놓치지 않았고, 허점을 즉각적으로 집중 타격해 기적과도 같은 승리를 수차례 거뒀습니다. 이것이 가능하려면 일단 무조건 빨라야 합니다. 병사도 빠르고 장수의 판단, 결정, 실행 역시 빨라야 합니다. 특히 장수에게는 망설이지 않는 정도가 아니라 무모할 정도로 앞장설 수 있는 용기가 필요하지요. 전장에서 활약하는 오기의 모습을 보면, 안 그래도 알렉산드로스 대왕과 닮은 점이 많은데, 그 역시 '격동의 전쟁'

---

* 임용한, 《명장, 그들은 이기는 싸움만 한다》, 위즈덤하우스, 2014.

을 지향했구나 하는 생각을 합니다.

그 밖에도 두 사람은 닮은 점이 참 많습니다. 놀라울 정도로 흡사한 면이 있지요. 알렉산드로스 대왕의 군단은 오기의 군대와 마찬가지로 신분적, 혈연적 특권 의식이 없었고, 철저히 기능주의적으로 훈련된 부대였습니다. 알렉산드로스 대왕도 병력 수에 집착하지 않고 정예화를 중시했으며 무서울 정도로 속도에 집착했습니다. 또한 병사들에게 후하게 보상하는 것을 중요하게 여겼습니다. 역시 보상이 있어야 용감하게 싸울 수 있다고 판단한 것이지요. 〈응변〉 편에서 오기는 프리롤free role 역할을 수행하는 부대를 주장하기도 했는데, 알렉산드로스 대왕 역시 같은 역할을 하는 부대를 챙겼습니다. 닮은 점이 한둘이 아니지요? 하나하나 차근차근 살펴보면 놀라울 정도입니다. 심지어 약점까지 똑같습니다.

두 사람이 지향한 '격동의 전쟁'을 치르려면 병사들에게 돌아갈 몫이 많이 있어야 합니다. 이것은 경제적 부담만이 아니라 정치적 부담으로 작용할 수도 있습니다. 애초에 병사들에게 마련된 몫이 없다면? 이것을 반대하는 힘 있는 정치 세력이 존재한다면? 그렇다면 오기의 군대와 알렉산드로스 대왕의 군단이 탄생할 수 있었을까요? 소아시아와 페르시아에 지천으로 깔린 재물이 없었더라면 알렉산드로스 대왕의 병사들은 죽기를 각오하고 싸우지 않았을 겁니다. 훗날 오기는 병사들에게 나눠줄 몫을 확보하기 위해 초나라에서 변법에 착수하다가 귀족 세력의 반발을 사서 죽고 말았습니다. 보상을 위한 몫을 확보하는 것, 절대 쉬운 일이 아니지요. 일단 이것이 확보되어야만 군대가 만들어질 수 있다는 한계가 있습니다.

또 병사들과 함께 싸우려면 장수가 용감해야 합니다. 단순히 용감해서는 안 되고 무모할 정도로 용감해서 선두에서 싸우면서 지휘할 수 있어야 합니다. 그래야 오기와 알렉산드로스 대왕 같은 전투와 전술이 가능하지요. 그러나 모든 장수가 알렉산드로스 대왕이나 오기 같을 수는 없는 노릇입니다. 알렉산드로스 대왕 이후 알렉산드로스 대왕의 군단과 같은 군대가 서양 역사에 등장한 적이 있었나요? 오기 이후 칭기즈칸이 등장할 때까지 오기의 군대와 같은 '굶주린 호랑이 떼' 군이 동양 역사에서 등장했나요?

《오자병법》을 읽다 보면 이 점이 못내 아쉽습니다. 잘 싸우고 강해지기 위해 경청해야 할 말이 많지만, 오기가 지향한 이상적 군대란 것은 오기 같은 사람이 장수가 되어야지만 온전하게 만들어질 수 있다는 점 때문입니다. 모든 사람이 오기 같을 수야 없겠지요. 용감함은 물론이고 병사들과 같은 밥을 먹고 같은 짐을 나르고, 병사들이 먼저 밥을 먹어야 수저를 들고, 병사들이 잠들어야 잠을 청하고…. 그뿐입니까? 장비 문제와 군마 문제 등 여러 방면에 능하기까지 하니… 초인이 아니고서야 사람이 오기 같을 수는 없는 노릇입니다. 그렇기에 《오자병법》이 지향하는 군대는 현실적으로 불가능하다고 생각합니다.

알렉산드로스 대왕이고 오기고 공부를 해보면 굉장히 놀랍고 경이로운 면을 많이 볼 수 있지요. 이들의 강한 매력이기도 하고요. 하지만 이 매력은 동시에 한계이기도 합니다. 아쉽습니다. 특히 알렉산드로스 대왕과는 달리, 오기는 병법서에서 나처럼 싸울 수 있다, 싸워야 한다고 구체적으로 주장하기에, 이상적인 측면이 도드라져 보이는 듯하여 더욱 아쉽습니다. 그러나 모든 사람이 초인이 될 수는 없으니, 초인이 나타나길 하염없이 기다려야 하느냐며 한탄하고 말 일은 아니라고 생각합니다. 보통 장수가 오기처럼 살 수는 없고 오기의 군대 같은 병력을 만들 수 없다고 하더라도, 수용해야 하고 수용할 수 있는 이야기를 분명 《오자병법》에서 많이 해주고 있으니까요. 병사들의 정예화, 속도, 용감성을 오기만큼 극대화시키진 못해도 어느 정도 높일 수 있지 않겠습니까? 구성원과 어려움을 꼭 함께하지는 못하더라도 그들의 고충을 더 많이 이해하고 성과에 보상해주려는 자세가 리더에게 있어야겠고요. 사람들은 늘 그런 리더를 원하고, 그런 리더에 충성하지요.

《오자병법》은 정치사상서로서의 측면도 있습니다. 현실에서는 초인과 같은 장수가 나올 수 없기에 오기의 군대 같은 병력이 만들어질 수 없다고 해도, 정치적 맥락에선 받아들여야 하고 또 받아들일 수 있는 이야기를 《오자병법》은 말합니다. '정치사상가 오기'는 우리가 경청해야 하고 또 실현할 수 있는 이야기를 그의 병법서를 통해 말하고 있습니다.

이번 장에서는 '양병'의 문제를 자세히 논했습니다. 이제 〈요적〉 편으로 넘어갑니다. 승리하기 위해선 아군의 전력을 높이기도 해야지만 적을 잘 아는 것도 필요하지 않겠습니까? 이제 그가 말하는 '요적'을 알아보겠습니다.

17장

여섯 나라에 대해 논하다

"길흉을 따져볼 것도 없이 적과의 전쟁을
피해야 할 경우로 여섯 가지가 있습니다."

백 번을 싸워도 위태롭지 않다

손자가 적을 알고 나를 알면, 백 번을 싸워도 위태롭지 않다고 말했습니다. 위태롭지 않음, 즉 '불태不殆'를 추구한 손자는 적과 나의 허와 실에 대해서 꿰차야 한다고 말했지요. 그래야 무모한 전쟁을 벌이지 않고 또 전쟁이 벌어져서도 주도권을 잡아 세를 장악해 이길 수 있습니다. 손자의 '지피지기'에서 '지피知彼', 즉 '적을 아는 것'에 대응하는 오기의 개념이 '요적料敵'입니다.

《오자병법》에는 〈요적〉 편이 따로 한 장 있습니다. 순서로는 〈도국〉 편 다음에 나오는데, 나라 다스림을 논하고 나서 적을 알아야 한다고 주장하는 모양입니다. 〈요적〉 편에서 오기는 진秦, 한, 조, 초, 제, 연燕이라는 6대 강국을 논합니다. 그리고 적을 파악하는 여러 기준과 항목을 열거합니다. 이러저러한 기준과 항목으로 적을 분석하여, 이럴 때는 반드시 피하고 저럴 때는 반드시 공격하라며 세세하게 일러주지요. 〈요적〉 편에는 오기가 죽고 난 후 3세기의 정황도 나옵니다. 바로 이 대목이 《오자병법》이 제자와 지지자에 의해 만들어진 흔적입니다. 이것 말고도 〈요적〉 편에서 눈에 띄는 점은 정치에 대해 논한다는 점입니다. 후반부에 나오는데, 정치를 잘해야 잘 싸울 수 있다고 재차 강조하는 내용이지요. 역시 오기답습니다.

> 위무후가 오기에 묻습니다.
> "지금 진秦나라는 우리 서쪽을 위협하고 있으며, 초나라는 남쪽을 둘러싸고 있고, 조나라는 북쪽에서 우리와 대치 중이고, 제나라는 동쪽에서 우리와 맞서 있고, 연나라는 우리 후방을 차단하고 있으며, 한나라는 우리 전방에 버티고 있소. 이처럼 여섯 나라의 군대가 우리를 사방에서 에워싸고 있어 형세가 위태로운데 과인은 늘 이게 걱정이오. 어찌하면 좋소?"[25] _〈요적〉

사실 위魏나라의 지정학적 환경이 굉장히 안 좋았습니다. 여러 나라에 둘러싸여 있었지요. 힘이 있으면 여러 곳으로 뻗어나가 힘을 과시할 수 있겠지만, 힘이 없을 경우 여러 나라의 협공에 무너지기 딱 좋은 환경! 그렇기에 위魏나라는 쉽사리 상대를 도발해서는 안 되었고, 전선을 넓히지 말아야 했으며, 전쟁을 하더라도 명분이 있어야 했습니다. 그래서 현명한 위문후는 힘을 서쪽으로만 분출시켰지요. 그러나 그의 아들 위무후나 손자 위혜왕은 그러질 못했습니다. 위문후와 달리 장기적 안목과 통찰력이 없어서 그랬던 것인데, 이 탓에 두 왕은 사방에서 공격받았습니다. 위혜왕은 맹자에게 다음과 같이 하소연하기도 했습니다.

"우리 진晉나라가 천하에 막강했음은 선생님께서도 잘 아시는 바입니다. 그런데 과인의 대에 이르러 동으로는 제나라에 패해 큰아들이 죽었고, 서로는 진秦나라에 토지 700리를 빼앗겼으며, 남으로는 초나라에 모욕을 당했습니다."_《맹자》〈양혜왕梁惠王〉

위魏나라는 춘추시대 최강국 진晉을 계승했다고 자부하고 있지만 현실은 여러 나라에 치이기만 했습니다. 위혜왕 자체가 무능하기도 했지만, 사실 호전적인 군주였던 위무후가 저지른 업보 때문에 사방에서 공격받을 수밖에 없기도 했습니다. 아무튼 지정학적 환경이 매우 안 좋았습니다. 그래서 위무후가 묻습니다, 주변 여러 나라에 어떻게 대처하면 좋겠냐고.
오기가 답합니다.

"국가를 편안히 하는 데에 있어 가장 중요한 것은 우선 경계하는 일입니다. 지금 주군께서는 경계하고 계시니 화를 당할 일은 없을 것입니다. 청컨대 신이 여섯 나라의 풍속에 대해 논해보겠습니다."²⁶_《요적》

이렇게 운을 뗀 오기는 위무후에게 적국을 간략히 개괄해줍니다.

"제나라는 진영이 두터워 보이나 막상 견고하지 못하고, 진秦나라는 진영이 산만해서 제각기 싸우고, 초나라는 진영이 정돈되어 있으나 오래 지탱하지 못하고, 연나라는 진영을 지키기만 할 뿐 나아가지 못하고, 한나라와

조나라는 진영이 잘 다스려져 있으나 병력을 활용하지 못합니다."**27** _〈요적〉

제나라는 나라가 부유하고 흥청망청하는 풍속이 있어 군대가 내실이 없고 속 빈 강정과 같았지요. 진秦나라 같은 경우는 병사들이 공을 세우려는 마음이 앞서다 보니 지나치게 공격적이어서 실전에서 전열이 분열되는 약점이 있었나 봅니다. 초나라는 지속적인 전쟁 수행 능력에 문제가 있었고, 연나라 같은 경우는 공세를 취하기 힘든 지정학적 환경에 있었습니다. 한나라와 조나라는 군대의 정비와 조직은 잘되어 있지만 실전에서 약했나 보네요. 이렇게 오기는 여섯 나라를 간략히 개괄한 다음 각 나라의 국민성, 풍속, 정치 상황, 환경을 설명합니다. 그리고 나라 별 대응 방법을 제시하지요.

"제나라 사람은 성격이 드세고 나라가 부유해서 군주와 신하가 서로 교만하고 사치하여 백성을 소홀히 합니다. 정사는 느슨하고 봉록이 불공평해 군사가 두 마음을 품습니다. 그래서 겉은 강해 보여도 속은 허약합니다. 겉으로만 튼튼해 보일 뿐 실상은 견고하지 못합니다. 이들을 공격하는 방법은 이렇습니다. 부대 셋을 따로 보내 적의 좌우측을 급습하고 후방을 공격하고 위협하여 추격해 들어가면 반드시 허물어질 것입니다.

진秦나라 사람은 호전적이고 지형이 험하고 정사가 엄격합니다. 상벌이 분명하고 사람들이 양보할 줄 모르고 모두가 공을 세우려는 마음만 있다 보니 공격하기에만 급급해 흩어져서 싸우는 경향이 있습니다. 진秦나라를 공격하는 방법은 이와 같습니다. 반드시 먼저 이익을 보여주고 군대를 이끌고 물러나며 상대를 유도합니다. 그러면 진秦나라 병사들이 서로 공을 세우고자 달려들어 장수의 통제권을 이탈할 것입니다. 이때 대오와 진형이 어긋난 틈을 타서 흩어진 병사들을 공격하고 매복하여 기습하면 틀림없이 적장을 잡을 수 있습니다.

초나라 사람은 나약하고 영토가 광활하고 정사가 어지럽고 백성이 지쳐 있습니다. 그러므로 정연해 보이나 오래 버티질 못합니다. 이들을 격파하는 방법은 이와 같습니다. 주둔한 적군을 급습하여 어지럽혀서 먼저 적의 기세를 빼앗고 재빠르게 전진하고 신속하게 후퇴하여 적을 지치고 수고롭게 하면서 저들과 다투지 않고 힘을 뺍니다. 그러면 저들을 패퇴시킬 수 있습니다.(유격전)

연나라 사람은 성격이 질박하고 백성이 신중하고 용맹과 의리를 좋아하며 속임수가 적습니다. 그러므로 지키기만 하고 나아가지 못합니다. 이들을 공격하는 방법은 이와 같습니다. 먼저 공격하고 압박을 가하여 약을 올린 후에 멀찍이 후퇴합니다. 추격하면 달아나는 척하다가 갑자기 역습을 시도합니다. 이렇게 하면 적장은 우리 의도를 몰라 의심하며 망설이고 병사들은 두려워하기만 합니다. 이때를 놓치지 말고 아군의 전차와 기병을 적절히 움직여서 후방을 차단하면 틀림없이 적장을 사로잡을 수 있습니다.

한나라와 조나라는 중원 한가운데 있는 나라입니다. 성질은 온화하고 정사가 안정되어 있으나 백성이 전투에 지쳐 있습니다. 지휘관은 장수를 업신여기고 군주의 영도 잘 받들지 않습니다. 그리고 병사들은 결사적으로 싸울 마음이 없습니다. 진영과 편제는 질서 정연해 보여도 제대로 활용을 못합니다. 이들을 공격하는 방법은 이와 같습니다. 적의 진영을 가로막아 압박하며 겁을 줍니다. 군대가 오면 막아내고 물러나면 추격하여 군대를 지치게 합니다."[28] _〈요적〉

이렇게 여섯 나라를 논했습니다. "이것이 바로 6국의 형세입니다" 하고 말을 끝마쳤는데, 각 나라의 국민성과 정치 상황까지 언급한 것이 인상적입니다. 정치를 중시하여 군사력보다 우선하는 것으로 생각하는 오기의 특징이 여기서도 두드러져 보입니다. 손자는 적을 살필 때 그 나라의 경제력이 어느 정도인지, 외교를 통해 끌어올 수 있는 외부 역량이 있는지, 군대의 상벌 체계가 얼마나 엄정하게 돌아가는지 그리고 군주가 장수에게 어느 정도의 독자적 지휘권을 줬는지를 살펴야 한다고 했습니다. 반면 오기는 적국의 정치가 어떻게 돌아가는지, 지도자와 백성 사이가 어떠한지, 정치적 민심이 어떠한지 이런 것들에 주안점을 두고 살피라고 합니다. 두 사람의 의견이 뚜렷하게 대조가 됩니다.

오기를 통해 한 나라 한 나라를 톺아보았습니다. 부연 설명하자면, 우선 제나라. 동아시아 최초의 경제학자이자 재정학자 관중이 세운 나라입니다. 부유하고 살림살이 넉넉하고 상업이 흥성한 나라로, 수도 임치臨淄는 춘추전국시대 여러 국가의 수도 가운데 가장 번영했고, 임치성의 귀족은 호화스러운 생활을 누렸습니다. 그러나 귀족의 사치와 부의 독점이 심했고 빈부 차이가 극심했습니다. 하층민은 굶주리는데 귀족은 흥청망청했지요. 망하기 직전의 로마제국과 분위기가 비슷했습니다. 상비군이 있었고 그 수도 꽤 되었지만, 투지가 없어 속 빈 강정과 같았습니다. 귀족이 흥청망청한 데다가 잘 싸워봐야 돌아오는 게 없는데 병사들이 투지를 가지고 전쟁에 임할 수 없었겠지요.

진秦나라. 태생이 전사 집단인 국가라 그런지 병사들이 억세고 호전적이었습니다. 약탈 전쟁을 자주하던 서융족 시절의 때도 벗지 못했고요. 지나치게 공격적이고 서두르며 덤비다 보니 산만하게 싸우고 각개 전투하는 경향이 강했는데, 오기는 이처럼 조직력이 약한 진秦나라군에는 유인책과 매복 공격으로 대응하라고 합니다. 우선 이익이 될 만한 것으로 그들을 유인하라고 했습니다. 전리품이 될 만한 것을 남겨두고 도망가는 척하는 거지요. 진秦나라 병사들이 자기 멋대로 돌진하여 약탈하게 되면, 자연히 전열을 이탈하게 하고 지휘관의 통제 범위를 벗어나게 됩니다. 이때 흩어진 진秦나라 병사를 각개격파하고 고립된 적 장수를 매복 공격을 통해 사로잡습니다. 진秦나라의 천적 오기가 제시한 진秦 격파법이지요. 오기는 〈응변〉 편에서 약탈을 위해 침입한 비적을 상대하는 방법도 제시했는데 이 역시 진秦나라를 상대하는 법입니다.

"도적 떼가 쳐들어오면 그들의 전투력이 센 점을 고려하여 우선 지키는 데 주력하고 대응하지 말아야 합니다. 그들이 약탈을 마치고 돌아갈 때는 반드시 짐이 무거울 것입니다. 또 혹시 공격당할까 두려워 서둘러 빠져나가는 데에만 급급할 것인데, 적의 대오는 벌어지고 분산됩니다. 이때를 놓치지 않고 공격하면 비적을 궤멸할 수 있습니다."29 _〈응변〉

진秦나라 병력의 특징이 앞서 인용한 〈요적〉 편에서는 물론 〈응변〉 편에서도 잘 드러납니다. 그들이 서쪽 이민족 시절의 때를 아직 벗지 못했다는 것을 알 수 있지요. 노략질과 약탈을 위해 기습적으로 국지전을 벌이는데, 이에 대한 대응책을 오기가 제시한 것입니다. 역시 오기는 진秦나라에 대해 무척 잘 알고 있었음에 틀림없습니다.

초나라는 춘추시대엔 북방의 진晉과 함께 양 강 체제를 이루며 천하를 호령한 나라였습니다. 하지만 전국시대 들어서는 부진과 침체를 면치 못했습니다. 북방의 진晉과 서방의 연에 비해 백성이 유순하기도 했고, 결정적으로 오기가 지적한 것처럼 국토가 너무 광대했습니다. 제나라, 진晉나라, 한나라, 위

魏나라까지 거의 모든 나라들과 전선을 형성하고 있었습니다. 이 때문에 늘 외침에 시달려야 했고 국력의 소모가 심했습니다. 힘을 한쪽으로 쏟기에는 전선이 너무 분열되었고 국경을 맞댄 나라가 너무 많았습니다. 지정학적 환경이 안 좋다는 위魏나라보다도 나쁜 나라가 바로 초나라였습니다.

훗날 천하를 통일한 진秦나라는 지리적 조건이 정말 좋았습니다. 북쪽은 사막이 막아주고 등 뒤는 티베트 산맥이 방패처럼 솟아 있어 오로지 힘을 '동쪽으로!' 집중시킬 수 있었습니다. 반면에 초나라는 너무 많은 나라와 인접한 탓에 정신을 못 차릴 지경이었습니다. 더구나 춘추시대에 패권 국가로서 군림하는 동안 많은 나라에 진 빚으로 인해, 여러 곳에 형성된 전선은 항상 적의 침입에 노출되어 있는 상황이었지요. 역시 패자 노릇 하느라 전쟁을 자주 벌이다 보니 전쟁에 시달린 백성은 너무 지쳐 있었습니다. 전쟁에 동원된 백성이 보상이라도 제대로 받았으면 모르겠지만, 귀족은 국가재정을 장악하고 백성에게 보상을 제대로 하지 않았습니다. 심지어 그들은 왕을 허수아비로 만들고 국정을 농단하기도 했습니다. 이러한 이유로 인해 초나라는 단결해서 싸울 수가 없었습니다. 단결력은 약하고 백성은 지친 데다가 전선마저 분리되었으니, 오기가 정말 정확히 지적했듯이 장기전에 취약할 수밖에 없는 나라였습니다. 그는 초나라와 상대할 때 유격전을 펼치면서 상대의 힘을 빼고 지치게 해야 한다고 했지요. 공격 방법과 대응 매뉴얼을 정말 날카롭게 제시했다고 생각합니다. 실제로 초나라 수도를 무너뜨렸던 오나라의 재상 오자서는 유격전으로 초나라를 괴롭히다가 붕괴시켜버렸지요.

이제 연나라를 살펴볼까요? 연나라 왕족은 주 왕실의 친척이지만 백성 대다수는 동북쪽 이민족 출신으로 사실상 동이족*의 나라라고 할 수 있습니다. 질박하고 용기와 의리를 숭상하고 속임수나 권모술수, 꾀를 모른다고 지적했는데, 이민족으로 구성된 나라라서 중원 국가와는 기질이 다르고 민심도 달랐던 것으로 보입니다. 이민족 출신들답게 싸움과 전투에 능했지만 지정학적 위치가 문제였습니다. 초나라만큼이나 형세가 좋지 않았지요. 제나라와 조나라 같은 중원 강국과 대치하는 것도 버거운데, 위로는 흉노匈奴와 동호東胡 그리고 뒤로는 우리 조선** 등 막강한 이민족 국가가 연나라를 둘러싸고 있어, 좀처럼 공세를 취하기 힘든 나라였습니다. 오기가 지적한 대로 나아갈 줄 모르고, 지키기만 하고 망설이기만 하고… 그럴 수밖에 없었지요. 서쪽 오랑캐라고 불렀던 서융족의 진秦나라처럼, 용기와 의리를 숭상한 동이족의 연나라도 전선을 단일화했으면 무서운 나라로 성장했을 텐데, 지적했듯이 애석하게도 지정학적 문제 탓에 조금도 성장할 수가 없었습니다. 오기는 망설이기만 하는 연나라군을 상대할 때는 과감하게 선제공격해야 한다고 했지요. 유인책을 써서 바짝 약을 올리고 그들이 쫓아올 때 갑자기 역습하라고 합니다. 이렇게 하면 연나라 특유의 고질병이 나타난다지요. 그들은 또 망설이고 주저하면서 진퇴를 결정하지 못한 채 우왕좌왕할 텐데, 이때 발 빠른 별동대를 움직여 후방을 차단하고 에워싸서 공격하라고 합니다. 이른바 섬멸하라는 것이지요.

한나라와 조나라 같은 경우는 오랜 전쟁으로 인해 백성은 지쳐 있고 부하 장수는 상관 알기를 가볍게 여긴다고 했습니다. 그럴듯하게 군사 편제를 갖추고 전장에 나오지만 보기보다 약하다고 합니다. 특히 장기전에 취약하다는 점을 들어 전쟁을 길게 끌어 그들을 피로하게 만들라고 오기는 주문합니다.

---

* 동이족이라고 하여 반드시 우리나라와 같은 민족으로 보면 안 됩니다. 동쪽에 사는 이민족을 통칭한 말입니다.
** 중화 중심 사관 탓에 조선을 거의 언급하지 않았지만 '힘이 있는', '하나의 실체'로서 고조선이 중원의 나라에 '인식'된 것은 분명한 사실입니다. 동쪽의 연나라와 제나라가 특히 고조선을 의식하고 있었지요.

그는 적국 군대의 장수와 병사가 얼마나 단결되었는지 그리고 군대의 조직력이 어느 정도인지 꿰뚫고 있습니다. 적군의 특징이 이러하니 빠르고 용감한 기습부대를 활용해서 선제공격하여 기선을 제압하자는 것입니다. 그리고 별동대를 보내서 좌우 측면과 후방을 노리자고도 합니다. 적군을 유인해 싸우자, 유격전을 벌이자는 부분도 눈에 띕니다. 이 모든 전략에는 그가 그토록 강조한 속도가 관건입니다. 앞서 말한 바와 같이 오기의 '양병'과 '용병'의 첫 번째 원칙인 속도의 중요성을 여기에서도 확인할 수 있습니다. 진秦나라가 오기와 야전에서 붙어서는 승산이 없다고 판단해 성을 지키는 데에만 주력하게 된 것은 괜한 전략이 아닙니다. 그나마 오기와 맞서려면 성과 참호를 튼튼히 하고 기다릴 수밖에 없었지요. 이 밖에도 그는 적국의 지정학정 환경과 정치 상황까지 살펴 헤아립니다. 매번 거론되는 것을 보면 정치는 역시 중요합니다. 내정을 안정시켜야 백성이 불만을 품거나 민심이 이반되는 일이 없겠지요.

여섯 나라를 진단하여 나라별로 맞춤형 공격 방식과 대응법을 살펴보았는데요, 역시 오기입니다. 속도와 정치 문제가 빠지지 않고 등장하네요.

정치와 군사의 일

앞서 보았듯이 오기는 〈요적〉 편에서도 계속 정치 이야기를 합니다. 백번을 싸워도 언제나 이길 수 있는 상대가 있답니다. 오기는 상대가 드러내는 약점과 징후를 분석하여, 특징을 하나하나 열거하면서 정치 문제를 비중 있게 거론합니다. "정치적 문제로 생긴 이러저러한 이상 징후가 드러나는 군대는 무조건 패한다. 그런 적과 맞서 싸우면 우리의 병력 수가 훨씬 적어도 이길 수 있다."

자, 오기가 위무후에게 말합니다.

"전진해 오는 적이 산만하고 경계가 소홀하며 깃발이 무질서하게 움직이고 병사와 말이 주위를 자주 살피면 한 명으로 열 명을 무찔러 꼼짝 못하게 할 수 있습니다. 또 주변국과 동맹 관계가 돈독하지 못하고 군주와 신하 사이에 불화가 있고 방어진지가 허술하고 군령이 제대로 행해지지 않고 전군이 어수선해 공격과 후퇴에 머뭇거리며 질서가 없을 경우, 절반의 병력만 있어도 충분히 격파할 수 있을뿐더러 백번을 싸워도 지지 않을 것입니다."[30] _〈요적〉

정치와 군사의 일을 같이 논하지요? 외교를 제대로 하지 않으면 안 되고, 군주와 신하 사이에 틈이 벌어져서는 안 된답니다. 적국의 정치 상황이 어지럽고 군대가 일사분란하게 움직이지 못하면 언제든지 싸워 이길 수 있겠지요. 사실 오기의 말을 거꾸로 적용하면, 아군이 이런 모습을 절대로 보여서는 안 된다는 것입니다. 그는 위魏나라 조정과 군 내부에 질서가 제대로 서야 한다고 주장한 것입니다. 내부 단속이 안 되어서 조정과 군대의 틈이 벌어지고, 구성원 사이에 반목이 생겨 따로 놀게 된다면, 적과 싸우기도 전에 스스로 무너지고 패하는 꼴입니다.

반대로 오기는 절대로 공격하지 말고 피해야 하는 경우도 언급합니다. 역시 정치 문제를 중요하게 거론하는데요, 군주가 명심해야 할 정치 원칙입니다.

오기가 위무후에게 말합니다.

"길흉을 따져볼 것도 없이 적과의 전쟁을 피해야 할 경우로 여섯 가지가 있습니다.

첫째, 국토가 넓고 인구가 많으며 경제력이 풍부할 경우입니다.

둘째, 군주가 백성을 아끼고 정치를 잘하여 혜택이 백성에게 두루 미칠 경우입니다.

셋째, 상벌이 공정하며 항상 적시에 이루어질 때입니다.

넷째, 전쟁에서 공을 세운 자가 높은 지위에 오르고 어진 자에게 임무를 맡기고 능력 있는 인사를 등용할 경우입니다.

다섯째, 병력이 많고 질 좋은 병기와 갑옷이 준비된 때입니다.

여섯째, 사방 이웃 나라의 도움이 있고 강대국의 지원이 있는 경우입니다."[31] _〈요적〉

광토중민曠土衆民*에 성공한 나라와는 싸우지 말 것이고, 선정을 펼치는 국가와 싸우지 말 것이며, 상벌이 공정하게 이루어지고 또 적시에 이루어져 신뢰가 형성된 국가와 싸우지 말라고 합니다. 공을 세운 자에게 후한 상을 내리고 어진 자와 능력 있는 인사를 등용한 나라와 싸우지 말고, 병력이 많고 군수물자를 충실히 준비한 적과 싸우지 말 것이며, 마지막으로 주변 열국과 외교 관계가 좋고 강대국의 지원을 받을 수 있는 적과 싸우지 말라고 합니다.

싸워서는 안 되는 국가 여섯을 들었지만, 오기가 말하고 싶은 것은 두 가지입니다. 첫 번째, 군주는 이러한 모습이 보이도록 국가를 다스려야 합니다. 즉 국정을 이끌어갈 때 이 여섯 항목을 항상 명심하고 챙기라는 것이지요. 두

---

* 토지를 넓히고 인구를 늘린다는 뜻으로 《맹자》에 나온 말인데 전국시대 모든 나라가 추구한 바였습니다.

번째, 전쟁을 일으키기 전에 이러한 항목을 기준으로 해서 적국과 자국을 비교하라는 것입니다. 그렇게 하면 전쟁에 승산 있을 것이고 '부득이용병'이 가능할 것입니다. 군사적 모험주의를 자제하고 진정으로 확신이 있을 때에만 군대를 움직이게 되겠지요.

여섯 항목 가운데 특기할 만한 부분이 네 번째 정치 원칙입니다. 공을 세웠고 검증된 인사에게 높은 직위를 주라고 하고, 어진 이와 능력 있는 인사를 등용하라고 합니다. 이는 묵가에서 말하는 상현 사상입니다. 다시 말하지만, 당연한 정치 원칙 같아 보이나 당시엔 쉽지 않은 일이었습니다. 경쟁적으로 힘과 덩치 키우기에 여념이 없었던 열국의 수장에게, 신분과 출신을 따지지 말고 유능하고 현명한 인사를 쓰고 부리라는 것은 지극히 당연한 말이었지만, 현실에서 실현되기는 쉽지 않았습니다. 토착 귀족 세력이 강한 나라에서는 정치적 지위와 자원이 세습되고 독점되었습니다. 능력이 있어도 신분이 천한 인사는 배척받았고 외부 출신 인사는 공을 세워도 소모품처럼 쓰이다가 버림받는 일이 많았습니다. 구습과 관행에 얽매인 나라는 국력 경쟁에서 뒤쳐져 결국 멸망의 길을 걸었습니다. 반면에 폐쇄적 혈연 논리, 기득권 논리에 구애받지 않고 능력이 있다고 판단하면 누구에게든 기회를 주고 중용한 나라는 부강을 이루었습니다. 대표적으로 상앙과 장의張儀, 범저范雎, 이사를 등용하고 묵자 무리를 중용한 진秦나라가 있겠습니다.

이처럼 오기는 〈도국〉 편에 이어 〈요적〉 편에서도 상현 사상을 강조했습니다. 《오자병법》의 영향을 받은 《울료자》도 마찬가지입니다. 사람의 역할이 중요하니 능력이 있는 자라고 판단되면 쓰라고 합니다.

옛날 말에 이르기를 훌륭하고 유능한 인재를 기용하면 시운을 따지지 않고

도 매사가 순조롭고, 법령이 분명하면 점을 치지 않아도 좋은 결과를 얻게 되며, 공을 세운 자를 우대하고 수고한 자를 보살피면 하늘에 기원하지 않아도 복이 온다고 했다. 또한 천시는 지리地利만 못하고 지리는 인화만 못하다고 했다. 그렇기에 옛날 성인들은 오직 사람의 역할을 중요시했던 것이다._《울료자》〈무의武義〉

스물한 가지 기회

이제 〈요적〉 편 나머지 부분을 마저 보도록 하겠습니다. 지금부터는 철저히 실전을 전제로 이야기합니다. 실제 전투에서 적을 파악하는 데 있어 기준이 될 항목을 구체적으로 열거하지요. 오기는 이 〈요적〉 편에서 반드시 적을 공격해야 하는 상황 여덟 가지와 공격해도 좋은 상황 열세 가지를 언급합니다. 공격하기에 좋은 기회 총 스물한 가지를 이야기하는데, 앞서 적과 전쟁을 피해야 할 경우 여섯 가지를 말할 때와는 다르게 전쟁이 발발해서 적국의 군사가 움직였을 때를 전제하고 있습니다. 전쟁을 피해야 할 여섯 상황에서는 전쟁이 벌어지기 전 적국의 내정이 얼마나 튼튼하고 국력이 얼마나 강한지를 기준으로 이야기했다면, 이번에는 두 나라가 군대를 움직여 서로 마주했을 때 어떻게 해야 하는지를 이야기합니다. 축구로 치면 '킥오프', 야구로 치면 '플레이볼'을 한 상황이랄까요.

오기가 말합니다. 적의 현재 상황을 살펴 길흉을 따져볼 것도 없이 싸워야 하는 경우로 다음 여덟 상황이 있다고.

"첫째, 적이 바람이 심하게 부는 혹한의 날씨에 아침 일찍 숙영 시설을 거두고 병사의 고통은 무시한 채 얼어붙은 강을 무리하게 건너려 할 때.

둘째, 적이 무더운 여름날 출발이 늦어 행군 도중 휴식을 취하지 못했는데도 병사와 말의 허기와 갈증은 돌보지 않고 계속 장거리 행군을 강행할 때.

셋째, 적이 출병한 지 오래되어 식량이 떨어지고 적국 백성이 조정을 원망하고 분노하며 불길한 일이 자주 일어나는데도 조정에서 군대를 멈추지 않을 때.

넷째, 적의 물자가 고갈되고 땔감과 말을 먹일 풀이 부족하며 날씨마저 악천후가 거듭되어 물자의 현지 조달마저 불가능할 때.

다섯째, 적 병력이 적고 물과 지형이 편리하지 못하며 병사와 말이 전염병에 걸리고 인접한 나라의 지원군이 오지 않을 때.

여섯째, 적이 오랜 행군 중에 해가 저물었는데 병사들은 피곤하고 두려워하고 있고 지친 상태인데도 밥을 먹지 못하고 갑옷을 벗은 채 휴식을 취하기에 급급할 때.

일곱째, 적 장수는 무능하고 지휘관은 경솔하며 병사들이 단결하지 않아 자주 동요하고 서로 도와주지 못하고 지리멸렬할 때.

여덟째, 적 진지의 배치와 형태가 불안정하고 주둔할 곳을 제대로 잡지 못하였으며 산비탈을 타고 행군하고, 또 험하고 막힌 곳을 건너가는 과정에서 적 진영이 절반으로 갈라졌을 때.

이와 같은 경우에는 모두 의심하지 말고 공격해야 한다."[32] _〈요적〉

이러한 때에는 조금도 지체하거나 망설이지 말고 공격하라고 합니다. 절대 놓쳐선 안 될 완벽한 공격 기회라는 것입니다. 반대로 아군이 이러한 상황에 처하지 않도록 해야 할 것인데, 바로 군을 관리해야 할 장수로서의 원칙을 열거한 것이라고도 볼 수 있습니다.

오기는 적을 공격해도 좋을 상황 열셋도 언급합니다. 앞서 열거한 여덟 상황만큼 완벽한 기회는 아니지만 이 역시 좋은 기회라고 합니다. 위무후가 반드시 적을 공격해야 하는 때가 언제인지 묻자 오기는 이렇게 대답합니다.

"공격 작전은 반드시 적의 허와 실을 면밀히 분석하여 부실한 곳으로 달려가야 합니다. 바로 다음과 같은 경우입니다.

첫째, 적이 먼 곳에서 막 도착하여 대오가 정돈되지 않았을 때 공격해야 합니다.

둘째, 적이 식사를 마치고 전투 준비 태세가 아직 갖추어지지 않았을 때 공격해야 합니다.

셋째, 적이 무질서하게 달릴 경우 공격할 수 있습니다.

넷째, 적이 피로에 지쳐 있으면 공격해야 합니다.

다섯째, 적이 불리한 지형에 자리 잡고 있을 경우 공격할 수 있습니다.

여섯째, 적이 시기를 자주 놓칠 경우 공격할 수 있습니다.

일곱째, 적이 먼 길을 행군하여 대열의 후미가 아직 휴식을 취하지 못했을 때 공격해야 합니다.

여덟째, 적 병력이 절반쯤 강을 건넜을 때 공격해야 합니다.

아홉째, 적이 험한 길이나 좁은 길에 있는 경우 공격할 수 있습니다.

열째, 적의 깃발이 무질서하게 움직이는 경우 공격할 수 있습니다.

열한째, 진지를 자주 이동하는 경우 공격할 수 있습니다.

열두째, 적 지휘관이 병사들과 떨어져 서로가 고립되어 있는 경우 공격할 수 있습니다.

열셋째, 적이 공포심에 떨고 있는 경우 공격해야 합니다."[33] _⟨요적⟩

이렇게 열세 가지 좋은 기회를 언급했는데요, 앞서 반드시 공격해야 할 때처럼 이 사항은 아군에게도 적용됩니다. 이 문제가 아군에 생기는 일이 절대 없도록 또 이러한 모습을 적에게 노출하지 않도록 장수와 지휘관이 챙겨야겠지요. 공격해야 할 적이 보이는 것이든 공격하지 말아야 할 적이 보이는 것이든 ⟨요적⟩ 편에서 말하는 적의 특징과 모습은 모두 장수가 아군을 관리할 때에도 살펴야 합니다.

여섯 강국에 대해 논했고, 정치에 대해 재차 논했고 그리고 적을 파악하는 데 있어 살펴야 할 구체적 항목과 사항을 말했습니다. 보신 바와 같이 적을 파악하는 데 있어 살펴야 할 것은 역으로 자국을 다스릴 때나 아군을 다스리고 관리할 때 항상 챙기고 살펴야 한다고 했습니다. 오기의 '지피' ⟨요적⟩ 편은 이렇게 정리가 됩니다. "적을 알아라!"

18장

군사를 부리는 여덟 가지 원칙

"무릇 군을 현장에서 부리는 방법은 전진과 정지의 원칙을 어기지
않고 식사의 때를 놓치지 않으며 사람과 말을 지치지 않게 하는 데 있습니다.
이 세 원칙을 준수해야 장수의 위엄이 서는 것입니다."

군대는 살아 있는 유기체

이제 오기가 '용병'에 대해서 논합니다. 실제 전투가 벌어지는 현장, 즉 전장
에서 병사를 어떻게 부리고 활용할 것인가에 대해 말합니다. 용병에서 가장
중요한 것은 무엇일까요? 다시 말하자면, 실전에 돌입한 장수가 가장 중요하
게 챙겨야 할 것은 무엇일까요? 군대를 이끌고 나가서 본격적으로 적과 부딪
쳐 싸워야 하는 장수는 '군대는 커다란 사회이고 살아 있는 유기체'라는 것을
항시 명심해야 합니다. 장수는 군대라는 사회가 건강하게 기능할 수 있도록
관리해야 합니다. 커다란 유기체이자 생명체가 잘 먹고 잘살 수 있게 알뜰하
게 살림을 꾸려가야지요. 그렇습니다. 장수에겐 빈틈없는 경영 능력이 요구

됩니다. 역사에서 맹활약한 명장은 알뜰하게 살림을 잘한 사람들입니다. 용병의 제1원칙이 바로 알뜰하게 군대 살림을 챙기는 것입니다.

그러나 권력은 장수의 경영 능력을 주목하지 않은 경우가 많았습니다. 권력을 장악한 유자가 붓 대롱을 독점해 역사를 쓴 탓입니다. 강한 문치주의 전통 아래 전쟁과 전투에 대해 잘 모르는 백면서생이 붓을 놀려 전쟁사까지도 서술해왔지요. 또《삼국지》의 문제가 있습니다. 동아시아인에게 《삼국지》의 영향은 너무 큽니다. 이러한 원인 탓에 사람들이 실제 전쟁을 그리고 장수의 고민과 임무를 상당히 협소하게 이해하는 경우가 많습니다. 사람들은 흔히 장수가 참모와 탁자에 둘러앉아 제갈량 혹은 사마의처럼 기발한 전략과 전술로 상대를 꺾기 위해 골몰하는 것으로 생각합니다. 하지만 전쟁 전문가와 전쟁 사학자는 말합니다. 그런 부분은 실제 전쟁에서 그리고 장수의 임무에서 차지하는 비중이 우리가 생각하는 것보다 굉장히 작다고. 학자에 따라선 20퍼센트도 되질 않는다고도 합니다. 10퍼센트 정도로 보는 학자도 있는데 실제 전쟁 영웅들은 전쟁에 임하여 자신의 시간과 노력의 80~90퍼센트를 군대 경영에 할애했습니다.

하나의 유기체인 군대라는 사회를 잘 경영하여 잘 먹이고 살려야 하는 장수의 살림살이 능력은 많은 병법가가 중시했습니다. 전쟁 영웅 대부분이 실제로 전력을 다한 부분이지요. 병법가이자 장수인 오기도 예외가 아닙니다. 〈요적〉 편에서 길흉을 따지지 않고도 싸워 이길 수 있는 경우가 여덟이 있다고 했는데, 그 부분을 하나하나 뜯어보면 오기가 장수의 살림살이, 바로 경영 능력에 대해 역설한 것임을 알 수 있습니다. 다시 한 번 살펴보지요.

"첫째, 적이 바람이 심하게 부는 혹한의 날씨에 아침 일찍 숙영 시설을 거두고 병사의 고통은 무시한 채 얼어붙은 강을 무리하게 건너려 할 때.

둘째, 적이 무더운 여름날 출발이 늦어 행군 도중 휴식을 취하지 못했는데도 병사와 말의 허기와 갈증은 돌보지 않고 계속 장거리 행군을 강행할 때.

셋째, 적이 출병한 지 오래되어 식량이 떨어지고 적국 백성이 조정을 원망하고 분노하며 불길한 일이 자주 일어나는데도 조정에서 군대를 멈추지 않을 때.

넷째, 적의 물자가 고갈되고 땔감과 말을 먹일 풀이 부족하며 날씨마저 악천후가 거듭되어 물자의 현지 조달마저 불가능할 때.

다섯째, 적 병력이 적고 물과 지형이 편리하지 못하며 병사와 말이 전염병에 걸리고 인접한 나라의 지원군이 오지 않을 때.

여섯째, 적이 오랜 행군 중에 해가 저물었는데 병사들은 피곤하고 두려워하고 있고 지친 상태인데도 밥을 먹지 못하고 갑옷을 벗은 채 휴식을 취하기에 급급할 때.

일곱째, 적 장수는 무능하고 지휘관은 경솔하며 병사들이 단결하지 않아 자주 동요하고 서로 도와주지 못하고 지리멸렬할 때.

여덟째, 적 진지의 배치와 형태가 불안정하고 주둔할 곳을 제대로 잡지 못하였으며 산비탈을 타고 행군하고, 또 험하고 막힌 곳을 건너가는 과정에서 적 진영이 절반으로 갈라졌을 때."_〈요적〉

못 먹고, 못 자고, 못 쉬는 군대는 진다. 손발이 맞지 않고, 안전한 이동로, 시간, 공간을 확보하지 못한 군대는 패배한다는 것입니다. 자연환경과 날씨 때문에 겪는 병사의 고통을 무시하고, 병사와 말의 배고픔을 외면하며, 군수품의 조달과 보급을 소홀히 하는 것은 물론, 군대 내 조직이 정비되어 있지 않거나, 의사전달과 협조가 제대로 되질 않는 등 허점이 있는 군대는 적과 싸워 결코 이길 수 없다고 했습니다. 사실 군대 역시 사회이기에, 거대한 생물 또는 유기체와 같습니다. 따라서 이러한 오기의 관점과 생각은 지극히 당연합니다. 다른 병법가도 지적한 바입니다.

앞서 언급한 대로 이러한 여덟 상황은 적군을 대할 때는 물론이거니와 아군을 살필 때에도 늘 명심해야 합니다. 이는 아군의 상황을 경계하고 관리하는 '용병'에 있어 장수가 해야 할 가장 큰 임무입니다. 이것을 토대로 오기는 용병의 원칙 여덟 가지를 말합니다.

첫째, 바람이 심하게 부는 혹한의 날씨에 아침 일찍 병사를 깨우지 말 것이며, 병사의 고통을 무시한 채 급하게 얼어붙은 강을 건너려 하지 마라.

둘째, 무더운 여름날에 행군할 때에는 일찍 출발해 행군 도중에 휴식을 취할 시간을 확보해야 하며 병사와 말의 허기와 갈증을 살피지 않은 채 강행군하지 마라.

셋째, 출병한 지 오래되어 식량이 떨어지고 나라 안의 민심이 이반되어 군주가 이를 수습하지 못하는 상황이면 싸우지 마라.

넷째, 군수품과 땔감이 떨어지는 일이 없어야 한다. 군수품과 땔감이 동이 난 상황에서 보충을 기대할 수 없고 악천후가 거듭되면 싸우지 마라.

다섯째, 가뜩이나 병력이 적은 상황에서 수질과 지형이 나쁜 곳에 주둔해 병사와 말이 질병에 시달리게 하지 마라. 이러한 상황에 빠졌다면 반드시 지원군을 요청해야 한다.

여섯째, 행군을 지나치게 오래 해 병사들이 지치고 사기가 떨어지게 하지 마라, 또 행군 중에 지쳤다고 하더라도 휴식하기에 앞서 반드시 병사들이 식사를 하도록 하라.

일곱째, 장수는 무능하고 지휘관은 경박하며 병사들은 단결되지 않아 서로 협조 체계가 이루어지지 않는 일이 절대 없도록 해야 한다.

여덟째, 대오는 항상 안정되게 유지해야 하며 안전한 곳에 진을 치고 주둔해야 한다. 산비탈을 타고 행군하거나 험한 곳을 건너갈 때에 병력을 절반으로 분열시키지 마라. _〈요적〉

군대는 전투와 살상만 하는 조직이라 생각하시면 안 됩니다. 왜 부대 내에 비전투병이 적지 않게 존재하겠습니까? 군대라는 유기체의 신진대사를 위해서지요. 장수는 왜 물자와 전력, 전투 상황을 계수하고 데이터화하길 원할까요? 알뜰한 집안 살림꾼이 가계부를 꼼꼼히 쓰고 기업 수뇌부가 장부를 철저하게 관리하듯이, 명장은 많은 것을 계량하고 계수하여 파악하려고 합니다. 그래야 살림을 알뜰하게 꾸릴 수 있고 적군과 아군의 전력과 상황을 정확히 비교해볼 수 있으니까요.

사람에겐 편히 머물고 쉴 집이 중요한 것처럼 군대에도 주둔지가 필요합니다. 군 지휘관은 안정된 장소를 정할 수 있는 안목이 있어야 합니다. 목전에 아무리 긴박한 상황이 닥쳐도 병사 역시 사람이니 쉬면서 회복할 수 있어야겠지요. 또한 주둔지에 있는 병사를 먹이기 위한 보급에 힘써야 합니다. 군대의 보급로와 수송망은 인체의 혈관과도 같습니다. 절대 막히게 해선 안 됩니다. 길이 끊겨 물자 보급이 막히면 군대의 신진대사가 되지 않아 이 생명체는 병들어 죽고 맙니다. 보급로와 수송망은 군대의 혈관이자 생명선입니다.

신호 전달 및 의사소통 체계도 중요합니다. 하나의 거대한 사회가 항상 톱니바퀴처럼 돌아가서 일사분란하게 전투를 치를 수 있게 하는 요소입니다.

신호 전달 체계를 잘 갖춰 병사가 이를 훈련을 통해 숙지하도록 해야 합니다. 의사소통이 원활한 군대는 전선 상황이 얽히고설키더라도 분열되지 않습니다. 장수가 전장에서 가장 두려워하는 것이 전선이 얽혀 전력이 흐트러지는 것이지요. 이를 피하기 위해서 장수는 신호 전달과 의사소통 체계를 점검하고 거듭 훈련하여 병사의 몸에 배게 해야 합니다.

마지막으로 부대가 이동할 때 병력이 분산되는 일이 없어야 합니다. 산을 넘거나 강을 건너고 위험한 지형을 통과할 때 병력이 분산되는 경우가 많습니다. 이때 적의 기습을 받으면 쉽게 무너지고 맙니다. 병력이 절반으로 나뉜다고 전력이 딱 절반만 줄어드는 게 아닙니다. 분산된 병력은 전력 자체를 상실하지요. 병법의 상식입니다. 장수는 먼저 최대한 안전한 이동로를 확보해야 하고, 부득이하게 병력이 흩어질 여지가 있는 위험한 지형을 통과해야 할 때에는, 최대한 안전한 시간을 택하여 적이 눈치채지 못하게 해야 합니다. 병사가 잘 먹고 잘 자고 잘 쉬게 하고, 여기에 의사 전달 체계를 명확하게 하며, 안전한 길과 시간을 확보하는 것까지 장수가 경영자의 관점에서 챙겨야 할 것이 이렇게 많습니다.

앞서 말을 관리하고 기르는 방법에 대해 오기가 설명한 부분 역시 장수의 살림살이 능력과 관련된 것입니다. 군대의 가장 중요한 재산인 말을 평상시에도 잘 관리해야 하는데 전쟁 중에야 말할 것도 없겠지요. 말을 쓰고 부리는 '용마' 역시 용병술의 하나입니다. 군대를 지휘하면서 군마 관리 지침을 모르면 절대 안 될 것입니다.

〈요적〉편 다음의 〈치병〉편에서도 오기는 장수의 살림살이 능력을 강조합니다. 이 능력이 있어야 장수에게 리더십과 위엄이 확고하게 생긴다고 합니다.

"무릇 군을 현장에서 부리는 방법은 전진과 정지의 원칙을 어기지 않고 식사의 때를 놓치지 않으며 사람과 말을 지치지 않게 하는 데 있습니다. 이 세 원칙을 준수해야 장수의 위엄이 서는 것입니다. 장수의 위엄이 바로 서야 잘 단결된 군대가 만들어집니다. 만약 전진과 정지에 무질서하고 식사 시간이 부적절하며 사람과 말이 피로해도 쉬지 못한다면 장수의 위엄과 영이 서질 않습니다. 그리고 장수의 영이 서질 않으면 그 부대는 평소에도 혼란하고 싸우면 패배합니다."[34] _〈치병〉

부대를 이동시키는 데 원칙과 기준이 없는 장수를 어느 병사가 신뢰하고 따르겠습니까? 제때에 먹게 해주고 제때에 쉬게 해주고 군대의 이동과 정지에 맺고 끊음을 확실하게 해야지요. 그래야 병사가 장수를 신뢰하고 따를 것입니다. 소위 '영이 선다'는 것이지요. 아무리 큰 벌을 내리고 다그쳐도 소용없습니다. 원칙과 기준 없이 부대를 끌고 다니면 장수에게 리더십은 생기지 않습니다. 그런 장수가 이끄는 부대는 전쟁 전에는 어수선하고 전쟁에서는 패배합니다. 장수가 살림을 제대로 못 꾸리면 군대는 오합지졸이 되고 말지요. 군대가 아니더라도 사회 구성원이 기본적으로 받고 누려야 할 것을 그때그때 적시에 해줄 수 없는 리더는 설자리가 없습니다. 이 당연한 원칙을 오기가 용병에 대해 논하며 상기시켜주네요. 잊지 마세요. 전쟁은 경영입니다. 알뜰해야 이길 수 있습니다.

19장

명예로운 장수의 길

> "백만 대군이라도 그 위용과 사기는 지휘관 한 사람의
> 역량에 의해 좌우됩니다. 얻으면 나라가 강성해지고 떠나면
> 나라가 위태로워지는 인물을 훌륭한 장수라 합니다."

장수의 자세

《오자병법》다섯 번째 편은 〈논장〉입니다. 말 그대로 장수에 대해 논한 부분
이지요. 〈논장〉 편에서 오기는 장수에게 필요한 자질과 자세, 덕목을 말합니
다. 지도자의 가부장적 리더십, 솔선수범, 무한 책임을 주장하는 사람답게 오
기는 장수에 대해 비중 있게 다루고 있습니다. 제아무리 백만 대군이라 해도
그 위용과 사기는 군대의 어른인 장수가 행하는 바에 달려 있습니다. 장수 한
사람이 나라의 강성함을 만들 수 있다고 하지요.

오기는 장수의 역량과 비중을 높이 사는 만큼 장수에게 많은 것을 요구합
니다. 지금껏 언급한 솔선수범하는 자세와 병사를 아끼는 마음은 물론이고

이 밖에도 굉장히 많은 자질이 필요하다고 합니다. 먼저 군주와 마찬가지로 장수 역시 문무를 겸비해야 한답니다. 장수라면 문과 무를 갖추어 '강剛'과 '유柔' 모두 쓸 줄 알아야 한답니다. 오기는 장수가 용기만 앞세우는 것을 절대 금했습니다.

오기가 위무후에게 말하기를,

> "무릇 문과 무를 총괄하는 사람이 장수이고 강과 유를 겸비하는 것이 군대의 일입니다. 사람들이 장수를 논할 때 흔히 용기만 살피는 경우가 많지만 용기라는 것은 장수에 있어 여러 덕목 가운데 한 요소일 뿐입니다. 용장은 항상 무턱대고 적과 맞서 싸우려고만 합니다. 경솔하게 싸우려고만 하고 득실을 살필 줄 모른다면 장수의 자격이 없습니다."[35] _〈논장〉_

돌격과 정면 승부를 좋아한 오기였지만 오해하면 안 될 점이 있습니다. 용기를 중요하게 여긴 만큼 만용을 경계했습니다. 장수가 무작정 강공을 펼치거나 병사가 공을 세우려는 생각에 급급해 홀로 돌진하는 것, 이 두 가지를 매우 싫어했습니다. 주춤거리다가 물러나면 강하게 처벌했지만, 그렇다고 통제에 따르지 않고 성급하게 돌진하는 것을 그냥 지켜보지는 않았습니다. 《울료자》에는 명령을 무시한 채 돌격하는 병사를 참수시켰다는 말도 전해집니다. 사사로이 용기를 뽐내려 하거나 호승심을 못 이겨 군 조직력을 해치는 행위를 그대로 두면 안 되겠지요. 특히 군대의 심장이자 대들보인 장수가 그렇게 하면 곤란합니다. 용기는 장수가 갖춰야 할 덕목 하나일 뿐입니다. 문무를 '겸비'해야 한다고 했습니다. 강함만이 아니라 부드러움도 갖춰야 한다고 했지요. 용기만을 앞세우는 것을 확실히 경고한 다음에, 장수로서 전장에서 늘 견지해야 할 바람직한 자세 다섯 가지를 이야기합니다. 바로 다스림(리理), 준비태세(비備), 과감함(과果), 경계태세(계戒), 간결함(약約)입니다.

오기가 위무후에게 말합니다.

"장수가 늘 마음에 새겨야 할 자세 다섯이 있습니다. 다스림, 준비함, 과감함, 경계함, 간결함입니다. 다스림은 많은 병력을 마치 적은 병력 다스리듯 하는 것입니다. 준비함이란 항상 문밖에 적이 있는 것처럼 대처하는 것이며, 과감함은 적과 싸울 때 살려는 마음을 품지 않는 것입니다. 경계함이란 싸움에 이겼더라도 싸움을 시작할 때와 같이 조심하는 것이고, 간결함이란 군령이 간단명료하여 번잡하지 않은 것을 말합니다."[36] _〈논장〉

장수의 자세로 먼저 다스림을 말합니다. 많은 병력을 적은 병력 부리듯이 부릴 수 있어야 한답니다. 앞서 군대는 하나의 사회라고 했습니다. 조직이 체계적으로 정비되어 있어야 하고, 조직을 다스리는 법이 명확하고 공정하게 시행되어야 하며, 의사소통과 신호 전달 체계가 제대로 마련되어야 합니다. 이러한 체제 전반이 항상 잘 돌아가도록 장수가 관리해야 합니다. 그래야 지금 이야기하는 다스림, 즉 적은 인원을 부리듯이 무리를 움직여 빠르고 조직적으로 싸우게 할 수 있겠지요.

다음으로 경계함을 이야기합니다. 방심은 언제든 금물! 전투 과정에서 항상 경계태세를 유지하라고 당부합니다. 전투에 임해서는, 끝난 것처럼 보여도 시작할 때처럼 긴장의 끈을 놓지 말라는 것이지요. 끝날 때까지 끝난 게 아니지요. 때에 따라서는 확인 사살이 필요하기도 하고, 추격전이나 섬멸전도 치러야 하며, 퇴각할 때에도 대오와 편제를 유지하고 이동해야 합니다. 장수가 늘 견지해야 할 자세이지요. 더구나 때는 전국시대인지라 더욱 중요했습니다. 정해진 시간에 정해진 장소에서 승패를 결정짓는 춘추시대와는 달리 추격, 포위, 매복, 기습이 판쳤으니까요.

과감함도 말합니다. 오기의 군대는 무조건 빨라야 합니다. 빠르기 위해서는 과감해야지요. 과감한 장수가 명령을 신속하게 내려 부대를 빠르게 지휘할 수 있습니다. 과감함을 용기라고 할 수 있는데, 물론 장수에게 이것만 있어선 안 됩니다. 바로 다음에 말하는 간결함이 필요합니다.

간결해야 합니다. 빨리 명령을 내렸지만, 늦게 전달되거나 늦게 이해되면 아무런 소용이 없습니다. 군령은 간단명료하고 번잡하지 않아야 합니다. 또한 명령 전달에 소모되는 시간을 최대한 단축해야 합니다. 간결함이 생명이지요.

마지막으로 철저하게 준비하라고 합니다. 이것은 따로 설명할 필요가 없는 원칙이자 자세이지요. 준비하지 않고 전쟁을 치를 수는 없겠지요. 기본 중의 기본입니다.

오기는 〈논장〉 편에서 지금까지 이야기한 장수의 자세 다섯 가지에 둘을 덧붙입니다. 이 두 자세는 모두 용기와 관련되었습니다.

"일단 출전 명령을 받으면 집에 알리지 않고 적을 격파한 후에 집에 들어와 돌아왔다고 말하는 것이 장수의 예절입니다.
전쟁에 나가는 장수에겐 명예로운 죽음만 있을 뿐이지 수치스러운 삶이란 있을 수가 없습니다."[37] _〈논장〉

장수도 사람인지라 가족 얼굴을 보면 마음 약해질 수밖에 없겠지요. 그래서인지 전쟁에서 이기고 돌아온 후에 가족을 만나는 사람이 장수랍니다. 이 것이 "장지예將之禮", 장수가 지킬 예절이라고 못 박았습니다. 또한 장수에게 는 명예로운 죽음만 있다고 합니다. 명예로운 죽음의 길을 가는 사람이 장수 이지요. 최근 더 유명해진 말이 있지요. "죽으려고 하면 살 것이요. 살려고 하 면 죽을 것이다."* 사실 오기가 가장 먼저 한 말입니다. 이 말은 병사를 정신 무장시키기 위해서 한 것이 아닙니다. 장수의 마음가짐을 논하는 맥락에서 나온 말이지요. 오기식 용병이나 전술은, 앞서 말한 과감함, 간결함, 다스림, 기동성, 이런 것이 모두 받쳐준다고 해도 장수의 엄청난 용기가 전제되어야 합니다. 항상 선봉에 서서 싸울 수 있는 무모할 정도의 용기가 없으면 불가능 합니다.

적장을 파악하라

이제 오기는 적장에 대해 논합니다. 적장이 어떠한 인물인지 알고 싸워야 하겠지요. 양국의 실력을 겨루는 전쟁이란 무대에서 장수라는 존재는 너무도 중요합니다. "전투의 요체는 적장이 어떤 능력을 가진 인물인지 파악하는 데 있다"[38]고 합니다. 적장의 성향과 능력을 잘 관찰해서 맞춤식 대응 전략으로 아군의 칼과 창을 겨누어야 한다는 것이지요.

오기가 위무후에게 말하기를,

"밖으로 드러나는 적장의 모습에 따라 수단을 강구하면 힘들이지 않고 목

---

* 必死則生, 幸生則死.

적을 달성할 수 있습니다. 장수가 어리석고 남을 잘 믿는 인물이면 속임수를 써서 유인해야 합니다. 탐욕스럽고 명예를 소홀히 하는 인물이면 재물을 미끼로 매수해야 합니다. 변덕이 심하고 지략이 없으면 수고롭게 만들어 곤경에 빠뜨려야 합니다. 장수는 부유하고 교만한데 부하가 궁핍해서 원성이 자자하면 이간질하여 서로 벌어지게 해야 합니다. 진퇴에 머뭇거리고 병사가 믿고 따르지 않으면 놀라게 하여 달아나게 해야 합니다. 병사가 장수를 무시하고 돌아가려는 마음이 있으면 평탄한 지형을 막고 험한 지형을 열어놓았다가 공격해 사로잡아야 합니다."**39**_〈논장〉

상대 장수의 성향과 경향, 허점과 약점에 따라 대응하고 공격하는 매뉴얼을 제시하고 있습니다. 그런데 이러한 맞춤식 대응 전략은 〈요적〉 편에서 보았던 것처럼 아군 또한 명심해야 할 것이지요. 무릇 장수는 이러한 틈과 허점을 적에게 절대 노출해서는 안 됩니다. 장수라면 다른 사람의 말을 쉽게 믿어서는 안 되고, 탐욕스러워도 안 되며, 부하를 궁핍하게 해선 안 될 것이요, 변덕을 부리지 말고 진퇴에 결단력을 보여야 합니다.

자, 그런데 맞춤식 대응 전략을 펴기 위해서는 먼저 적장의 성향과 허점에 대해서 정확히 알아야 합니다. 그렇다면 어떤 방법과 수단으로 파악할 수 있을까요? 오기는 〈논장〉 편에서 간첩을 써야 한다고 말하기도 했지만 일부 병사에게 적장을 관찰하는 역할을 따로 부여하자고 합니다. 위무후가 물었습니다. "양군이 서로 마주보고 대치한 상태에서 적장에 대해 전혀 모를 때 말이요, 이때 적장에 대해 알고자 한다면 어떠한 방법을 써야 하오?"

오기가 답하길,

"신분이 천하지만 용감한 자에게 임무를 부여합니다. 가볍게 무장한 정예병을 딸려 보내 적을 시험하게 하는데 전과를 올리지 말고 도망치게 합니다. 그때 추격해오는 적을 관찰해보는 것입니다. 적이 움직임에 절도가 있고 도망치는 자를 추격함에 따라오지 못하는 척하며 미끼를 보아도 모른 척하는 등 계략에 말려들지 않는다면 이러한 군대의 장수는 지혜로운 자이니 섣사리 맞붙어선 안 됩니다.

반면 적 진영이 소란스럽고 깃발이 어지러우며 병사들이 제멋대로 전진하고 사방팔방 무질서하게 움직이거나 달아나는 적을 잡지 못할까 안달하고 미끼를 물지 못할까 안달한다면 적장은 어리석은 자임이 분명하니 비록 병력이 많다 해도 능히 무찔러 사로잡을 수 있습니다."[40] _(논장)

신분이 낮지만 용감한 병사를 요긴하게 활용하라고 합니다. 그런데 그런 병사라고 해서 어렵고 위험한 임무를 기꺼이 수행하지는 않을 것입니다. 그가 공을 세우면 장수나 국가가 나서서 합당한 대가를 확실히 챙겨줘야 합니다. 그래야 목숨 걸고 적진으로 향할 수 있겠지요. 병사를 단순히 소모품이나 '총알받이'로 쓰려고 한다면 이러한 임무에 활용하는 것은 불가능합니다. 오기는 병사를 결코 가볍게 쓰려고 하지 않았고, 그들에게 내릴 합당한 보상을 중시했습니다.

여기에서도 눈여겨볼 것이 속도입니다. 탐색병을 보낼 때 "가볍게 무장한 정예병"을 딸려 보내라 합니다. 치고 빠지며 탐색병이 도망치는 것을 도와야 하는데 당연히 빨라야 합니다. 그리고 탐색 자체를 위해서도 꼭 필요하겠지요. 앞에서 '4경'을 역설하고 치밀하고 빈틈없는 군마 관리를 강조한 까닭을 여기에서도 찾을 수 있습니다.

이번 〈논장〉 편에서는 장수로서 늘 견지해야 할 자세와 적장을 탐색하기 위한 수단까지 살펴보았습니다. 이제 오기는 '응변應辯'을 말합니다. 전장 상황에 따라 적절히 변화하면서 싸워 이기라는 것입니다. 지금까지는 정치를 중심에 놓고 병법을 논했다면, 이제부터는 더욱더 실전적인 병법을 이야기 합니다.

· 20장 ·

변화무쌍한 5군 전술

"성인의 지모가 있어야 합니다. 부대를 다섯으로
편성해 배치합니다. 아군이 부대 다섯으로 맞선다면 적은 틀림없이
당황하여 어떻게 대처해야 할지 몰라 고심하게 될 것입니다."

응하여 변하라

《오자병법》의 여섯 번째 편은 〈응변〉입니다. 응하여 변하라! 상황과 변수에
따라 적절히 대응하고 싸워 이기라는 것인데, 대응과 변화가 이 편의 주제입
니다. 이것도 오기 용병술이라고 말할 수 있지요. 앞서 말한 군대 경영 능력
이 용병의 대원칙이라면 응변은 용병의 세부 원칙이랄 수 있겠습니다. 그런
데 사실 상황에 적절히 응하면서 싸워라, 변화해서 이기라는 주문은 오기만
한 것이 아닙니다. 다른 병법가도 역설한 바이지요.

전쟁터에서 상황은 항상 유동적입니다. 무한한 변수가 발생합니다. 그래서
모든 병법가는 상황에 따라 적절히 대응하라, 상황에 맞게 변화하여 공격하

고 수비하라고 한목소리를 냅니다. 손자는 최상의 군대는 물과 같아야 한다면서 임기응변과 변화를 강조했지요.

> 물이 지형에 따라 흐름을 만들듯, 전쟁은 적에 따라 승리를 만든다. 그러므로 군대는 고정된 형세가 없어야 하니 마치 물이 고정된 형태가 없는 것과 같다. 적에 따라 변화하여 승리를 얻을 수 있는 자를 신神이라고 부른다.
>
> _《손자병법》〈허실虛實〉

고정된 형태가 없는 물처럼 군대도 고정된 형세가 없어야 승리할 수 있다는 말인데요, 이처럼 손자는 변화를 중시했습니다. 풍림화산風林火山, 즉 군대는 때에 따라 바람과 같고, 숲과 같고, 불과 같고, 산과 같아야 합니다. 지형, 기상, 적의 허실, 적의 동태 등 여러 변수와 가변적인 상황에 따라 유연하게 변해야 합니다.

오기가 말한 변화를 살펴보겠습니다. 오기는 〈응변〉편에서 아홉 상황을 전제합니다. 각 상황에 따라 어떻게 대응해서 싸울지 구체적 전술 지침을 설명하지요. 그런데 이를 단순히 맞춤식 전술이나 변화에 따른 용병술로 이해해선 안 됩니다. 손자나 오기나 둘 다 변화를 말했지만 손자의 변화에는 유연함, 마치 카멜레온 같은 변화의 다양함이 중시되었고, 오기의 변화에는 공격성이 두드러집니다. 그렇기에 오기가 말하는 응변은 개성이 드러나는 그만의 공격 전술과 옵션이라고 보는 것이 좋을 듯합니다. 이는 사실 오기의 일반적인 공격 전술과 공세 원칙입니다. 손자처럼 변화, 유연함, 유동적 움직임을 따로 강조한 게 아니지요. 어떻게든 공격하고 부수어서 승리를 쟁취해야 하는데 맞닥뜨리는 상황이 항상 같을 수는 없으니, 상황을 세분해서 공격 전술과 공세 원칙을 논한 것입니다. 그렇기에 〈응변〉 편은 제목 그대로 보지 말고 오기의 개성과 특징, 이에 따른 공격성과 그가 극대화하려는 장점 등을 살펴보는 게 좋습니다. 군사의 질적인 면에서 자신이 있었고, 보병이든 수레병이든 기병이든 일대일 전투 능력에서 자신이 있었던 오기는 손자보다 훨씬 공격적이고 과감했습니다. 이러한 특징이 〈응변〉 편에서도 잘 나타납니다.

위무후가 묻습니다.

"우리의 전차와 말이 모두 튼튼하며 장수와 병사가 모두 용감하고 강하다지만 갑자기 적과 마주쳐서 질서를 잃고 대열이 흐트러지면 어떻게 해야 하오?"

오기가 답합니다.

"대저 전투를 하는 수행하는 방법은 이와 같습니다. 낮에는 깃발을 지휘 수단으로 삼고, 밤에는 징과 북, 피리를 지휘 수단으로 삼습니다. 가령 기를 왼쪽으로 휘저으면 병사는 왼쪽으로 이동하고 오른쪽으로 저으면 오른쪽으로 이동합니다. 또 북을 치면 전진하고 징을 치면 멈춥니다. 그리고 피리를 한 번 불면 행진하고 두 번 불면 모입니다. 신호에 따르지 않는 자가 있으면 군법으로 다스립니다. 전군이 장수의 지휘에 복종하고 병사가 명령에 철저히 따른다면 아무리 견고한 적 진지라도 무너뜨릴 수 있습니다."[41] _〈응변〉

오기의 대답을 살펴보면, 어떤 특정 상황을 염두에 두고 한 말이라기보다는 전투에서 지켜야 할 일반 원칙으로 보입니다. 모든 군대에 있어 지휘와 통신은 중요한 문제이자 신속함과 명확함을 그 생명으로 합니다. 특히 속도와 격동의 전쟁을 추구하는 오기에겐 더욱 중요할 수밖에 없습니다. 〈요적〉편에서 그는 상대가 망설이거나 적장과 병사가 분리된 경우 정예병을 보내 '풋볼 선수'처럼 돌진시켜 충돌해 균열을 만들어내라고 했지요. 이렇게 격동을 선호하는 오기이기에 평소에 군사를 부단히 훈련시켜 장수의 지휘에 따라 부대가 신속하고 일사분란하게 움직이도록 단련해야 합니다. 이렇게 하면 공격이 잘되는 것은 물론이요, 적과 갑자기 조우하거나 또 기습받는다고 해도, 질서를 잃거나 대오가 무너질 일은 없습니다.

그런데 위무후의 질문이 뭔가 개운치 않습니다. 당신이 병사들을 잘 훈련시켜놓았다지만 그래도 적의 기습에는 허점을 보이지 않겠냐고 따져 묻는 것 같습니다. 주군의 공격적인 질문을 받고 오기는 평소 이런 구체적인 방법으로 열심히 훈련했으니 아무 문제없을 것이라고 자신 있게 답하는 장면이었습니다.

다시 위무후가 묻습니다.

"만약 적이 아군보다 수가 우세할 때는 어떻게 해야 하오?"

오기가 답합니다.

"평탄한 지형을 피하고 좁은 지형에서 맞이해야 합니다. 옛말에 전하길, 한 사람으로 열 명의 적을 공격하기에는 지형이 좁은 곳보다 더 좋은 곳이 없고 열 명으로 백 명을 공격하기에는 험한 곳보다 더 좋은 곳이 없으며 천 명으로 만 명을 공격하기에는 막혀 있는 요새보다 더 좋은 곳이 없다고 했습니다."[42] _〈응변〉

군사의 수가 상대보다 적을 때에는 유리한 지형을 선점해서 싸우라고 합니다. 군사의 수에 관계없이 유리한 지형을 선점하는 것은 정말 중요합니다만, 특히 병력 수에서 열세일 때 더욱 중요합니다. 전쟁사를 살펴보면 원정을 온 군대의 전력이 훨씬 우월하고 그 숫자가 아무리 많아도 전쟁에 패배한 경우가 적지 않습니다. 방어하는 나라가 좋은 장소를 선점하여 적군을 기다리기 때문인데요, 유리한 지형은 최소한 다섯 배의 이점을 준다고 합니다. 열 배의 이점을 주는 경우도 흔합니다. 오기는 이것을 말한 것입니다. 반대로 말하자면, 적이 기다리는 곳으로 가지 말아야 하고, 불리한 지형으로 들어가 싸우지 말아야 합니다. 이처럼 유리한 지형 선점이 무척 중요합니다. 이러한 까닭에 손자도 '군쟁'의 중요성을 역설한 것이고요.

그런데 이와 관련해서 꼭 명심해두어야 할 것이 있습니다. 유리한 지형과 고지를 선점했다고 해서 곧 승리할 것이라고 착각해서는 절대 안 되겠지요. 유리한 지형을 선점하고도 패배한 경우가 비일비재합니다. 유리한 지형만 믿고 버티기로 일관하여 아군의 움직임을 스스로 고착시켜버려서 화를 입은 경우가 많았습니다. 움직임이 고착되면 아군의 전술과 전략을 적군이 쉽게 예측할 수 있게 됩니다. 이 탓에 주도권을 잃고 점차 수세에 몰리다가 지는 경우도 적지 않습니다. 실제 역사에서 이러한 착각에 빠져 패배하고 사라진 군대와 조직을 찾아볼 수 있습니다. 유리한 조건은 어디까지나 조건일 뿐입니다. 결과, 즉 승리 그 자체가 아닙니다.*

위무후가 묻습니다.

"적 병력이 아주 많은 데다가 훈련도 잘되어 있고 또 용감하며, 큰 산을 등

---

* 임용한, 《한국고대전쟁사》(전 3권), 혜안, 2011~2012.

지고 험한 곳을 가로막고 있으며 오른쪽에는 산이 있고 왼쪽에는 물이 있으며, 해자를 깊이 파고 보루를 높이 쌓고서 위력이 큰 활로 수비하고, 군대의 위용을 보면 후퇴할 때는 마치 산이 움직이는 것과 같고 전진할 때는 마치 비바람이 몰아치는 듯하며, 게다가 식량도 충분하다오. 이런 경우 적과 오래 대치하기가 어려울 텐데 어떻게 해야 하오?"[43] _(응변)

첫 번째는 기습공격을 받을 때 힘들지 않겠냐고 물었고, 두 번째는 적의 병력이 많을 경우 어떻게 대처해야 하냐고 물었는데, 세 번째 질문엔 조건을 많이 달아 묻고 있습니다. 적이 병력만 많은 게 아니라 훈련도 잘되어 있고 유리한 지형도 선점해, 우리가 당신이 말한 대로 지형을 선점해서 싸울 수도 없고 적군의 진지는 견고하고 무기도 강력하며 이동도 조직적이고 보급도 충분한데, 이런 적과 싸워서 승산이 있겠느냐, 별 수 없지 않겠냐고 묻고 있는데, 위무후의 말 뉘앙스가 다분히 시비조에 가깝습니다. 오기의 말을 경청하자는 게 아니라 오기를 공격하고 따지려는 듯한 의중이 느껴지는데, 오기는 의뭉스럽게도 훌륭한 질문이라고 위무후를 칭찬합니다. 그리고 이럴 때는 고난도의 전술을 써야 한다고 답합니다. 그 전술은 과연 파격적이고 새롭습니다.

오기가 답합니다.

"성인의 지모가 있어야 합니다. 먼저 전차 천 대와 기병 만 명을 준비하고 보병을 두어 지원하게 합니다. 그런 다음 부대를 다섯으로 편성해 배치합니다. 아군이 부대 다섯으로 맞선다면 적은 틀림없이 당황하여 어떻게 대처해야 할지 몰라 고심하게 될 것입니다. 적이 이때 굳게 지키려고 한다면 재빨리 간첩을 침투시켜 그들의 의도를 염탐하는 한편 사자를 파견해 협상을 시도합니다. 만약 저들이 우리 요구를 수용하면 철수하면 그만입니다. 그러나 적이 우리 요구를 거부하여 사자를 죽이고 문서를 불태우면 즉시 다섯 부대를 움직여 공격합니다. 싸워서 이기더라도 섣불리 추격하지 말고 도중에 밀리는 것처럼 꾸며 신속하게 철수하는 척합니다. 이와 같이 패한 척해서 적이 유인되면 천천히 움직이다가 갑자기 공세로 전환합니다. 부대 하나는 적의 선봉에 맞서 가로막게 하고, 또 하나는 적의 후방으로 이동해 퇴로를 차단합니다. 그리고 다른 두 부대는 은밀하게 기동하여 적의 좌측과 우측을 급습합니다. 이렇게 다섯 부대가 번갈아 공격을 가하면 반드시 승기를 잡을 수 있으니 이것이 바로 강한 적을 공격하는 방도입니다."[44] _〈응변〉

여기서 드디어 '5군 공격 전술'이 등장합니다. 유형적 힘으로는 승산이 없으니 적군을 분산시켜야 하는데, 그러기 위해서는 먼저 아군을 분산해야 합니다. 군대를 다섯으로 나누어 사방에서 적과 대치시켜 권투에서 말하는 '아웃복싱'을 시도합니다. 그렇게 양동과 교란을 통해 적의 관심과 집중력을 흐트러지게 하고 대오도 어수선하게 만들어 상대를 지치게 합니다. 이렇게 하면 집중력이 떨어지고 병력이 분산된 적 진영에 균열점이 생깁니다. 이때 이 지점을 놓치지 말고 공격합니다. 약한 곳을 집중 타격하여 적 진영을 헤집어놔야지요. 이때 공격은 적을 섬멸하기 위한 것이 아니라 진형과 대오를 무너뜨리는 것이 목적입니다. 그런 후에 전군이 총공세를 펼칩니다. 이때부터 살육과 섬멸에 나섭니다. 이 단계에서는 후방으로 침투한 부대의 역할이 중요합니다. 이들이 적의 퇴로를 차단해야 하기 때문이지요. 빠르고 용감한 기병, 이들이 주가 되어 5군으로 나누어진 아군이 교란과 양동 작전으로 적을 분산시키고, 기습공격과 강습 타격을 통해 적진을 돌파하여 적의 대오를 무너뜨린 후 다섯 부대가 사방에서 적을 에워싸고 섬멸하는 전략입니다. 아군을 분산하여 적군을 분산시키고 적진에 균열을 만들어 집중 타격하라! 오기의 5군 전술의 전모가 이렇습니다.

춘추전국시대에는 보통 좌군, 중군, 우군 이렇게 셋으로 나누어 부대를 편성했다고 했습니다. 중군 수장이 전군 지휘를 맡습니다. 전력이 가장 강한 부대가 우군을 맡고 가장 약한 부대는 좌군을 맡았는데, 이런 방식이 당시 '게임의 규칙'이었습니다. 3군 편제의 군대끼리 붙을 때는 서로 강군으로 약군을 치고 약군으로 강군을 막는 것이 전투의 기본이었습니다. 사실상 버티기 싸움이었지요. 아군의 강군 즉 우군이 적군의 좌군을 최대한 빠르게 무너뜨립니다. 그다음에 적 중군의 측면을 공격해 들어가 아군의 중군과 함께 적 본대를 밀어붙입니다. 이런 과정을 통해 적군의 전체 대형을 와해시킵니다. 적군의 대형이 붕괴되면 전쟁이 종료되며 아군이 승리를 거두게 되지요. 중요한 것은 아군의 약점인 좌군이 적의 강군인 우군에 맞서 최대한 버티며 시간을 벌어주는 것입니다.

그런데 '룰 파괴자'가 등장한 것입니다. 3군이 아니라 5군 등장! 적은 어떻게 대응하고 맞서야 할지 몰라 당황스러웠을 것입니다. 물론 적의 후방으로 이동하고, 좌우 측면을 장악해서 적을 교란시키고, 사방에서 날을 세워 위협하면서, 적을 교란하고 지치게 하는 것이 말처럼 쉬운 일이 아닙니다. 은밀하고 빨라야지요. 날래고 용감하며 노련한 기병이 필요합니다. 적군보다 경험이 많고 기동력과 속도에서도 압도적이어야지요. 오기가 왜 그렇게 군마 관리를 중시했고 정예화를 강조했으며 속도를 강조했는지 이제 완전히 이해하시겠지요?

자, 5군입니다. 첫 번째 부대는 적의 중군을 맞고, 두 번째 부대는 적의 후방을 노리거나 퇴로를 차단하고, 세 번째와 네 번째 부대는 각각 적의 좌우 측면을 찌릅니다. 이제 부대 하나가 남았습니다. 이 부대는 예비부대입니다. 일종의 '프리롤'을 수행하는 부대이지요. 앞서 말한 대로 순식간에 노출된 적의 약점과 균열을 집중 타격할 예비부대로 남겨두는 것입니다. 5군 전술에서는 모든 부대원이 빨라야 하지만, 특히 이 프리롤 역할을 수행하는 예비부대가 민첩해야 합니다. 장수의 지시에 따라 즉각적으로 움직여서 돌진할 수 있어야 하기 때문이지요.

5군 전술을 처음 접한 상대는 상당히 당황스러웠을 것입니다. 앞서 언급한 다섯 부대의 정예군 조직 원칙은 이러한 5군 전술을 위한 준비였습니다. 용감해야 하고 빨라야 합니다. 그리고 장수는 몸을 사리지 말고 선두에 서서 싸우며 상황을 정확히 판단해야 하고 지휘, 통신, 명령 등의 체계를 최대한 빠르고 단일하게 만들어야 합니다. 이 때문에 기병을 말했고 말의 관리와 4경을 중시한 것이지요. 전략과 전술에서 혁명을 이룬 오기의 군대는 진秦나라를 비롯해 주변국 모두에게 너무도 버거운 상대였을 겁니다. 국인 출신 전사가 이끄는 수레 중심의 3군 전술로만 싸웠는데, 수레의 비중을 낮추고 빠르고 용감한 기병과 보병을 주력으로 하여 싸우는 5군 전술이라는 괴물이 등장했습니다. 비록 아군 전력이 객관적으로 열세일 때 내미는 카드로 오기는 이야기했지만, 뒤집어 보면 언제든 사용할 수 있는 전술이지요. 5군 전술의 위력은 상당했을 겁니다. 전술상의 혁명이고 혁신이었으니까요.

5군 전술의 핵심은 은밀하고 신속하고 기동입니다. 5군 전술의 형식과 형태는 후대에 계승되지 않았다지만, 그 핵심인 기동만큼은 계승되어 활용되었습니다. 이후 중국 역사에 등장하는 여러 통일 제국 군대의 기본 전술·전략

원칙으로 굳어졌지요. 바로 인해전술. 이 전술의 핵심이 바로 은밀하고 신속한 기동입니다. 적군 몰래 빠르게 이동하여 적군을 포위하고 기습하는 전술입니다. 오기는 전력 열세를 극복하기 위한 전술로 제시했지만, 이처럼 병력 수가 많을 때에도 아주 요긴하게 쓰일 수 있습니다.

인해전술하면, 흔히들 병력 수만 많은 것을 믿고 그저 우직하게 '무한 러시', '떼거지 돌격' 등으로 단순하게 여기는 사람이 많습니다. 대부분 후진적인 전술로 생각하고 있지만, 절대 그렇지 않습니다! 인구와 병력 수가 많은 중국이 쓰기에 수월한 전술인 것은 확실합니다만, 절대 무식하고 후진적인 전술이 아닙니다. 인해전술은 고난도의 포위 전술입니다. 병력을 나눈 다음 은밀한 기동을 통해 적진의 후방과 사이사이 길목과 거점에 침투시킵니다. 특히 밤에 몰래 침투하지요. 요소요소 방위방위 침투한 병력은 적진을 분열시키고 적군의 보급망을 차단합니다. 이런 상태에서 적을 포위하고 압박하지요. 굉장히 무서운 전술입니다. 고구려를 침공한 수당의 제국군 그리고 한국전쟁에 투입된 중공군 모두 이 전술을 펼쳤습니다.* 무기의 화력이 떨어져도 많은 실전 경험과 강한 행군 능력을 가진 중국군 탓에 한국군과 유엔군은 고전을 면치 못했습니다. "그림자 없는 유령." 한국전쟁에서 중공군을 그렇게 불렀다지요. 오기는 이른바 '곡지전谷地戰'에서도 이 전술로 싸우자고 했습니다.

위무후가 묻습니다.
"좌우에 높은 산이 있고 지형이 아주 협소한 곳에서 갑자기 적과 마주쳐 공격도 후퇴도 여의치 않을 경우 어떻게 해야 하오?"

* 임용한, 《한국고대전쟁사》(전 3권), 혜안, 2011~2012.

오기가 답합니다.

"이러한 경우를 곡지전이라 합니다. 이때는 비록 병력이 많더라도 쓸모가 없습니다. 우선 아군의 용감한 병사를 뽑아 적군과 대치시키고, 발이 빠르고 날쌘 병사로 하여금 병기를 잡고 앞에서 싸우도록 하여 적의 관심을 집중시킵니다. 그사이 전차와 기병을 분산하여 사방에 매복시켜 멀찌감치 떨어지게 하여 군대를 철저히 숨겨둡니다. 적군은 이쪽의 전략을 모르기에 진지를 견고히 한 채 진격도 후퇴도 하지 않고 상황을 관망하려 할 것입니다. 이때 깃발을 내세우고 진열을 갖추고 유유히 빠져나와 산 밖에 진을 칩니다. 이렇게 하면 적군은 틀림없이 놀라 두려움을 느낄 것입니다. 이때 매복시켜둔 전차와 기병을 움직여 상대를 반복 타격함으로써 적군을 지치게 만듭니다. 이것이 곡지전에서 싸우는 방법입니다."[45] _(응변)

산과 들에 매복한 병력이 끊임없이 기습하면 적은 두려움에 떨게 되고 또 상당히 지치고 전력 소모가 심할 것입니다. 한국전쟁 때 중공군과 싸운 한국군이 그러했습니다. "산과 들이 통째로 들고 일어나 덤비는 것 같다." 한국전쟁 때 중공군과 전투 경험이 있는 참전 용사가 증언한 말입니다.

"계곡에서 싸울 때에는 용감하고 날쌘 정예병으로 적군의 진로를 막아라. 부대를 은밀하게 이동한 후에 매복하여 상대를 움직이지 못하게 하라. 그리고 신속히 퇴각하는데, 상황이 심상치 않음을 눈치 챈 적은 우리를 두려워할 것이다. 이때 매복한 병력이 반복해서 적군을 공격하라." 오기가 말하고 있지만 한국전쟁에서 중공군 사령관이 하는 말을 듣는 것 같습니다. 산이 유독 많은 한국 지형에서 중공군의 은밀하고 신속한 기동을 통한 이 전술이 톡톡히 효과를 보았습니다. 이로 인해 한국군은 숱하게 패퇴했는데 중공군의 피리

소리만 들어도 한국군은 겁에 질렸답니다. 한국전쟁에서 보인 중공군의 전술을 생각하면 오기의 전술을 쉽게 이해할 수 있습니다.

곡지전은 산에서 하는 전투입니다. 이른바 '산전山戰'이라고 하지요. 앞서 말했지만, 전국시대에는 탁 트인 들판에서 전차전만 치르지는 않았습니다. 다양한 지형에서 싸워야 하는 시대였지요. 위魏나라의 전신이라 할 수 있는 진晉나라는 산에서 융족, 적족狄族과 숱하게 싸웠고, 특히 바로 옆 강대국 진秦나라와 효산대전이라는 대혈전을 산에서 벌였습니다. 이렇듯 산전은 진晉나라나 그 후신인 위魏나라에 항상 현실일 수밖에 없었습니다. 이 때문에 오기의 곡지전 전술은 위魏나라에 정말 필요했지요.

자, 여기서도 역시 오기 군대만의 특징이 보입니다. 곡지전에서 이기기 위해서는 기동성 있는 부대의 활약도 중요하지만, 전방의 정예군이 적군과 싸우면서 잘 버티는 것이 우선입니다. 이들이 목숨을 걸고 치열하게 버텨내야 합니다. 아무리 전쟁으로 해가 뜨고 지는 전국시대의 군사라지만 목숨 걸고 싸우는 건 참으로 어려운 일이었겠지요. 사람에 따라 또는 상황에 따라 죽음의 공포를 넘어서서 용감하게 싸우기도 합니다만, 사람은 누구나 죽음에 대한 두려움이 있습니다. 그렇지만 용맹과 투지를 타고난 사람 또한 분명 있습니다. 전쟁에서 이들을 활용해야지요. 그리고 누누이 말했지만 이들에게 주어질 보상이 있어야겠지요. 다시 강조합니다만, 국가는 이러한 체계를 통해서만 용기 있는 엘리트 전사 집단을 거느릴 수 있습니다. 이 집단은 용감한 사람을 가려 뽑아 훈련시키는 것만으로는 만들 수 없습니다. 공에 따른 보상, 즉 명예와 경제적 이득이 있어야 합니다. 오기는 지나치다 싶을 정도로 강력히 주장합니다. "여사!", 즉 '사士'를 격려하라고. 여기서 말하는 '사'는 선비나 지식인이 아니고 무사이자 전사입니다.* "전사를 격려하라! 이들에게 보상을 통해 동기를 부여하라!"는 주장입니다.

이제 오기는 '여사'를 논합니다. 이것은 기득권 재조정, 국부와 정치적 파이의 재분배, 신분질서 개혁과도 연관되는 문제입니다. "전사에게 명예와 보상을 보장하라!"

---

* '사'는 원래 갑골문에서 도끼를 든 형상으로 '무사'와 '전사'를 뜻하는 단어였습니다. 공자의 영향으로 '지식인'과 '학자'의 의미로 변하였으나, 지금도 '전사', '무사'를 의미하는 말이 남아 있습니다. 대표적인 단어가 '사관학교士官學校'와 '사기士氣'입니다.

· 21장 ·

신분을 따지지 말고 보상하라

"주군께서는 공이 있는 모든 사람을 왕실 사당 앞으로 초대해
잔치를 베푸시고, 공이 없는 사람도 격려해주십시오.
한 사람이 죽을 각오를 하면 충분히 천 명을 두렵게 만들 수 있습니다."

세 가지 즐거움의 비밀

오기와 알렉산드로스 대왕. 앞서 살펴보았지만 두 사람 사이에는 비슷한 면과 큰 접점이 있었지요. 이는 두 사람을 설명할 때 큰 비중을 두고 살펴야 할 부분이기도 합니다. 그 가운데 가장 눈에 띄는 부분이 바로 보상에 관한 것입니다.

오기의 군대가 그러했듯, 알렉산드로스 대왕의 군대도 왕부터 병사까지 군 전체가 서구 역사상 전례가 없을 정도로 용맹했습니다. 이 때문에 알렉산드로스 대왕만의 전술과 용병술이 가능했지요. 무엇보다 알렉산드로스 대왕은 오기처럼 병사에게 돌아갈 보상과 명예를 중시했습니다. 아버지이자 선왕

인 필리포스 2세는 군대에서 신분 특권을 없애고 성취, 능력, 기능 중심의 체제로 군대를 탈바꿈시켜 병사를 동원했습니다. 알렉산드로스 대왕은 한발 더 나아가 명예와 자부심은 물론, 소아시아와 페르시아의 부와 재물을 병사들에게 나눠주었습니다. "용감하게 싸워라. 공을 세워라. 어떻게든 보상해줄 것이다!" 비록 오기와 알렉산드로스 대왕은 서로 신분도 달랐고 처한 상황도 달랐지만, 지향하는 바가 같았음을 알 수 있습니다. 왕이 직접 개혁을 밀어붙이는 것과 장수나 신하가 국왕에게 이를 건의하는 것은 전혀 다른 차원입니다만, 어쨌든 공을 세운 병사에게 보상하는 것은 필수입니다. 부와 명예에 대한 약속 없이는 '오기의 군대'도 없습니다.

위무후가 묻습니다.
"형벌을 엄격히 하고 상을 분명히 하면 충분히 승리할 수 있겠소?"
오기가 답합니다.
"형벌을 엄격히 하고 상을 내리는 것은 신하된 자로서 제가 자세히 논할 수 없습니다. 그러나 굳이 제 생각을 말씀드리자면 승리를 거두는 데 큰 도움이 된다고 생각하지 않습니다. 전투에서 꼭 승리를 거두기 위해선 다음의 세 가지 조건을 지켜야 합니다. 첫째, 위에서 내린 명령을 백성이 기꺼이 따르게 해야 합니다. 둘째, 군사를 일으켜 군대를 이동시킬 때 백성이 기꺼이 전쟁터로 가게 해야 합니다. 셋째, 병기를 들고 전투를 벌이게 되었을 때 백성이 기꺼이 죽을 수 있게 해야 합니다. 이 세 가지를 갖춰야만 군주가 승리를 확신할 수 있습니다."[46] _〈여사〉

상과 벌을 엄격히 하는 것. 모든 병법 사상가가 주장하는 바입니다. 그런데 대부분 상보다 벌을 우선합니다. 실제로 많은 나라에서 군사력을 키우기 위해 군인들에게 상보다 벌을 내렸습니다. 오늘날 한국 군대만 봐도 그렇습니다. 위무후 역시 무거운 벌, 그다음이 상이었나 봅니다. 주군의 물음에 오기는 그것은 주군의 소관이지 자신은 잘 모르겠다고 운을 떼네요. 하지만 곧바로 아니라고 단호하게 말합니다. 그런 방법으로 백성을 다루고 병사를 부려서는 승리를 담보할 수 없답니다. 그럼, 오기의 말을 더 살펴보겠습니다.

오기는 승리의 요건 세 가지를 말하고 있습니다. 국가가 동원령을 내렸을 때 백성이 기꺼이 소집에 따르도록 해야 한다. 부대를 이끌고 전쟁터로 향할 때 백성이 기꺼이 전쟁터로 나가 싸우도록 해야 한다. 백성이 전장에서 목숨 걸고 싸우도록 만들어야 한다. 이 세 요건을 "즐거워[樂]"하게 만들라고 합니다. 이를 각각 요문樂聞, 요전樂戰, 요사樂死라고 합니다. 백성이 동원령 듣는 것을 즐거워하고, 전쟁터로 가는 것을 즐거워하고, 죽기를 각오하고 싸우는 것을 즐거워하면 승리를 확신할 수 있다고 주장합니다. 좋습니다. 이 세 요건을 백성이 즐겁게 따른다면 과연 두려운 힘을 국가는 얻게 될 것입니다. 진정으로 용맹한 전사를 확보할 수 있으니까요. 오기의 생각은 이렇지만, 이것이 현실에서 가능한 일이었을까요? 위무후는 그래서 다시 묻습니다. 어떻게 해야 가능하냐고.

오기가 말합니다.

"주군께서는 공이 있는 모든 사람을 왕실 사당 앞으로 초대해 잔치를 베푸시고, 공이 없는 사람도 격려해주십시오."**47** _〈여사〉

왕실 사당 앞에 공이 있는 사람을 초대해 연회를 베풀어 대접하라. 왕실 사당은 비록 공을 세웠어도 신분이 낮은 자는 절대 출입할 수 없는 곳이었을 텐데, 오기는 그곳에서 잔치를 열고 대접하라고 합니다. 신분이 낮은 자에겐 굉장히 영광스러운 일이었겠지만, 귀족이 이 제안을 긍정적으로 생각했을까요? 그리고 실제 잔치가 열리면 그 광경을 곱게 보았을까요? 당연히 아니었을 것입니다. 기득권을 침해당했다는 생각이 들었겠지요. 자신들만 드나드는 '성지'에 천한 것들이 드나드니 무척 불쾌했을 것입니다.

오기는 이에 그치지 않습니다. 파격적인 주장을 더 하는데 공이 없는 자도 불러서 격려하자고 합니다. 공이 없는 자는 벌을 내려야 하는 것이 병가의 상식입니다. 전국시대 열국이 백성과 병사를 부리는 기본 원칙이기도 했고요. 그런데 그들도 격려하자고 합니다. 앞서 언급한 대로 오기는 엄형주의를 싫어하는 인물입니다. 전장에서 전진과 돌격을 망설이는 경우를 제외하곤 엄벌로 다스려야 한다고 말하지 않습니다. 부국강병을 외치는 병가 사상가 그리고 이들과 친화적인 법가 사상가에게 엄형주의는 너무도 당연했습니다. 그러나 유가, 묵가와 인본주의 사상을 배운 오기에게 엄형주의란 것은 없습니다. 공이 없는 자를 엄벌하지 마라. 어쨌거나 전쟁에 나가 싸운 백성을 위정자가 인정하고 아끼는 모습을 보여주어야 한다. 그리고 그들의 눈앞에서 공을 세운 자가 큰 상과 극진한 대접을 받는 것을 보여주어라. 이렇게만 하면 된다. 그러면 그들은 저절로 동기를 부여받아 절치부심하여 다음 전투에서는 용기 백배해서 싸울 것이다. 이것이 오기의 생각입니다.

이처럼 오기는 파격적인 주장을 늘어놓았습니다. 그런데 놀랍게도 위무후가 수용합니다.* 위무후는 왕실 사당 앞뜰에 자리를 마련하고 잔치를 열었습니다. 초대한 사람을 세 줄로 나누어 앉혀 음식을 대접했다고 합니다. 전쟁에서 가장 큰 공을 세운 사람을 앞줄에 앉혔습니다. 화려한 기물에 최상의 음식을 담아 식탁을 차렸습니다. 그다음으로 공을 세운 사람은 가운데 줄에 앉히고 조금 못한 기물과 음식으로 대접했습니다. 공이 없는 사람은 맨 뒷줄에 앉혀 평범한 기물과 음식으로 대접했습니다. 이것이 전부가 아닙니다. 부모와 처자까지 초대했다고 합니다. 사당 밖에서 기다리게 했다가 행사가 끝날 때 가족에게도 상을 한가득 하사했습니다. 이 역시 공에 따라 차등을 두었습니다. 큰 공을 세운 사람의 가족에게는 큰 상을, 작은 공을 세운 사람의 가족에게는 작은 상을 내렸고, 공을 세우지 못한 사람의 가족은 초대만 했답니다.

신분제가 없는 오늘날 한국에서도 보통 사람이 청와대 만찬에 초청받는다면 큰 영광일 텐데, 그 가족까지 초대받아 상을 받는다면 분명 다른 사람들에게 부러움을 살 일입니다. 그런데 기원전 신분제가 엄격한 사회에서 오기가 한 주장을 위무후는 수용했습니다. 관리와 귀족은 얼마나 불쾌했을까요? 자신들의 특권과 몫을 침해하여 아래로 분배하는 상징적 행위로 여겼을지도 모릅니다. 오기는 그럼에도 불구하고 이를 시행해야 한다고 본 것이지요. 명예를 준다, 상을 준다, 신분이 오른다는 믿음을 백성에게 심어주어야 합니다. 기득권의 벽을 허물어 백성이 꿈을 꿀 수 있게 해야 합니다. 사회에 탄력성과 유동성이 없으면 군사력이 강해질 수 없으며, 패권국가가 될 수 없습니다. 성취 지위가 없고 귀속 지위만 있는 사회에서는 구성원의 잠재력을 절대 이끌어낼 수 없겠지요. 비록 군사의 일에 한정된다 할지라도, 오기는 성취 지위를 만들자고 주장한 것입니다.

---

* 사실 〈여사〉 편에 등장하는 이 부분은 '위문후'에게 말한 것으로 보입니다. 오기가 등장하는 전국시대 초기를 다룬 《춘추전국이야기》 일곱 권을 펴낸 공원국 선생의 견해도 그렇거니와 오기의 개혁을 적극 수용한 이는 위무후가 아닌 위문후라고 사서에 기록되어 있습니다. 하지만 《오자병법》 원문에는 분명히 '위무후'라고 기록되어 있기에 텍스트를 존중해 따랐습니다.

오기의 파격적인 주장은 여기서 그치지 않습니다. 국가 유공자 제도를 주장을 합니다. 전사자의 집에 해마다 왕이 직접 신하를 파견하여 유가족을 위로하고 상을 내리자고 합니다. 나라를 위해 싸우다 죽은 용사를 국가가 절대 잊지 않고 있다는 뜻을 표시하라는 것이지요. 오기는 이렇게 주장했습니다. "궁중의 신하가 여염집에 드나들어 용사의 부모와 처에게 깍듯이 대하고 고개 숙여 인사해야 합니다." 역시 쉽지 않은 일입니만, 위무후는 이 주장까지 받아들여 국가 유공자 제도를 실시했습니다. 이만하면 일반 백성 입장에서는 목숨 걸고 싸울 만할 것입니다. 신분도 오를 수 있고, 부와 명예도 누릴 수 있고, 죽더라도 가족을 국가가 돌봐줄 것이니까요.

이러한 정책을 시행한 지 3년이 지났을 무렵, 진秦나라가 군대를 일으켜 서하를 침범했습니다. 그러자 위魏나라의 백성은 이 소식을 듣자마자 전쟁터로 나갔다고 합니다. 국가에서 동원령이 떨어지기도 전에 스스로 갑옷을 입고 달려가 용감히 싸웠습니다. 그 수가 수만 명을 헤아렸다고 합니다. 오기의 주장을 받아들인 지 단 3년 만에 효과를 톡톡히 본 셈이지요.

무거운 형벌이 먼저가 아닙니다. 상이 우선입니다. 상을 내려 동기를 부여해야 합니다. 기득권에 얽매이지 말고 많은 것을 나눠야 합니다. 백성이 자신을 단순히 '동원된 병사'로 여기게 해선 안 되면, '전사'나 '용사'로 여기도록 자부심을 심어주어야 합니다.

자, 오기의 주장이 시행되자 누구든지 전쟁에 나가 잘 싸우면 상도 받고 명예도 누리게 되었습니다. 아무리 신분이 천한 자라도 부모와 처자까지 왕실에 초청되어 대접받을 수 있었습니다. 왕이 보낸 신하의 절도 받게 되었습니다. 백성들 사이에 이러한 인식이 퍼지고 믿음이 생겼습니다. 이를 바탕으로 오기는 '양진지전陽晉之戰'이라는 기적을 일궈냅니다.

계속되는 진나라의 악몽

양진 전투가 〈여사〉 편에 실려 있습니다.

위무후가 말하길,
"그대가 지난날 가르쳐준 일이 이제야 행해졌소."[48] _〈여사〉

위무후는 진秦나라군이 침입하자 수많은 백성이 자발적으로 참전해 적을 물리친 일이 상당히 흡족했나 봅니다. 이때를 놓치지 않고 오기가 무모할 정도로 대담한 베팅을 제안합니다.

"신이 듣기에 사람에겐 저마다 장점과 단점이 있고 기운은 성함과 쇠함이 있다고 합니다. 주군께선 시험 삼아 신에게 공이 없는 자 5만 명을 뽑아 부릴 수 있게 해주십시오. 신이 이들을 거느리고 진秦나라군을 상대하여 싸우겠습니다. 만일 싸워서 이기지 못한다면 제후들의 웃음거리가 되고 천하에 위신을 잃게 되겠지만 결코 그럴 일은 없을 것입니다.
지금 죽음을 각오한 적이 들판에 숨어 있다고 가정해보겠습니다. 천 명이 쫓아간다고 해도 올빼미처럼 두리번거리고 이리처럼 돌아보지 않는 자가 없는데 왜 그렇겠습니까? 적이 갑자기 나타나 자기를 해치지 않을까 두렵기 때문입니다. 이렇게 한 사람이 죽을 각오를 하면 충분히 천 명을 두렵게 만들 수 있습니다. 지금 신이 5만 명의 병력을 필사적으로 싸우는 '한 명의 적'으로 만들어 이들을 거느리고 진秦나라를 공격한다면 진실로 진秦나라는 상대가 될 수 없을 것입니다."[49] _〈여사〉

오기가 호언장담하자 위무후는 허락합니다. 별도로 전차 500대와 기병 3,000명까지 지원하지요. 오기는 5만 명의 병력에, 전차 500대와 기병 3,000명을 이끌고 진秦나라를 향해 진군합니다. 진秦나라에 늘 악몽 같은 존재 오기, 이 '저승사자'가 쳐들어온다는 소식을 듣고 진秦나라는 50만 대군을 소집해 맞섭니다. 온 나라의 병사를 끌어모았습니다. 과거 오기가 주둔한 서하성을 무수히 공격했지만, 한 번도 서하성에 흠집을 내지 못했습니다. 또 진秦나라가 수세에 몰렸을 때에는 여섯 성이 떨어졌지요. 오기에게 국토의 상당 부분을 빼앗겼고 관중평원을 유린당했습니다. 그야말로 저승사자와도 같은 오기, 그의 군대에 맞서 진秦나라는 나라의 운명을 걸고 국력을 총동원할 수밖에 없었습니다. 50만 대군과 결전을 앞둔 시점, 오기는 병사를 소집해서 명령을 내리며 정신 무장을 시킵니다.

"그대들은 이제부터 각자 적의 전차와 기병, 보병을 상대해 싸워야 한다. 만약 우리 전차가 적 전차를 사로잡지 못하고, 우리 기병이 적 기병을 사로잡지 못하고, 우리 보병이 적 보병을 사로잡지 못한다면, 설령 적군을 격파했다 하더라도 공을 인정하지 않을 것이다."[50] _〈여사〉

오기는 아군의 전차병이 적 전차병과, 기병이 적 기병과, 보병이 적 보병과 맞대결하여 이길 수 있다고 자신합니다. 군사의 질적 우위와 일대일 전투력에 자신 있는 오기의 강한 자부심을 엿볼 수 있는 대목입니다.

오기의 전술은 간단합니다. 아니 세상의 모든 전술이 간단한 것일지도 모릅니다. 개인의 능력을 극대화하고, 그 능력을 합쳤을 때 단순 총합 이상이 되도록 체제를 유기적으로 조직하는 것, 이것뿐이지요. 우선은 개인이 잘 싸위야 합니다. 자신 있게 일대일로 싸워 이길 수 있게 해야지요. 스포츠에서 모든 구기 종목의 전술은 일대일 싸움에서 시작하는데, 군사의 일도 마찬가지입니다. 개인 전술 없이는 아무것도 할 수 없습니다. 고구려군이 왜 강했겠습니까?《손자병법》을 비롯해 중국 병법서를 잘 익혔으며, 철기 문화가 발달해 무기도 튼튼했지만, 개별 병사의 일대일 능력이 탁월했습니다. 오기는 바로 이 부분이 자신 있었습니다. '아군 병사가 일대일에서 밀릴 리가 없다.' 그리고 이 말을 하고 싶었을 것입니다. "나의 전술과 병법은 사실 단순하고 간단하다."

그리고 '쓸어 담자(사로잡자)'고 말하는 점도 인상적입니다. 전투에서 이기는 정도가 아니라 추격, 섬멸전을 펼치겠다, 적의 수레와 말, 적국의 재산까지 빼앗겠다는 선언이지요. "단순한 승리가 아니라 모두 쓸어버려야 한다. 초토화시켜야 한다. 그렇지 않으면 너희의 공을 인정하지 않을 것이다." 상과 명예, 신분 상승은 없다고 말하는데 참 호기와 패기가 대단합니다. 열 배의 적을 상대로 '쓸어 담'을 것을 생각하다니 말입니다. 역시 전국시대의 주인공다운 모습입니다. 전쟁의 이러한 양상은 춘추시대에는 볼 수 없다고 했지요. 사실《손자병법》에서는 권장되기는커녕 금기시하는 행위입니다. 손자는 "귀환하는 부대는 막지 마라. 궁지에 몰린 적군을 압박하지 마라. 포위된 군대에겐 길을 터줘라"*고 했지만 오기는 귀환하는 부대는 악착같이 쫓아야 하고, 궁지에 몰린 적은 더욱 강하게 압박해야 하며, 포위된 적군은 모두 죽이든가 사로잡아야 할 뿐입니다. 손자보다 기동력과 파괴력에 있어서 훨씬 자신이 있었기에 오기는 손자와 다른 주장을 할 수 있었습니다. '깨끗이 정리하고 깔

---

* 歸師勿遏. 窮寇勿迫. 圍師必闕.

끔히 청소하자'라고 전국시대의 방향을 제시했습니다. 비인도적일지라도 당시의 시대정신이 이러했습니다. 또 모두 받아들였고요.

전국시대를 이끄는 오기 군대는 다음 날 진秦나라군과 맞붙습니다. 당시 오기 군대의 위세는 천지를 진동시킬 정도였다고 합니다. 이 전투에서 오기 군대는 적의 50만 군사를 거의 쓸어버리다시피 합니다. 전국시대 통틀어 가장 극적이고 기적과도 같은 승리를 거둡니다. 이 전투가 바로 '양진지전'입니다. 진秦나라는 병력 상당수를 잃었습니다. 이릉대전夷陵大戰에서 참패해 인재 대다수를 잃은 유비劉備의 촉한蜀漢처럼, 유능한 인재를 상당히 잃었을 겁니다. 베테랑 지휘관과 부사관이 죽거나 다쳐서 전투력을 상실했겠지요. 결정적으로 계급이 낮은 일반 병사는 수없이 많이 죽었습니다. 이들은 평상시 생산에 종사해야 할 인력입니다. 결국 진秦나라는 전력과 생산력을 동시에 상실한 것이지요. 이 전쟁으로 진秦나라 국력은 상당 부분 소진되었습니다.

그러나 양진의 악몽이 끝이 아니었습니다. 2년 후, 국력을 제대로 추스르기도 전에 오기의 군대가 진秦나라를 다시 침공합니다. 이때 오기의 군대는 무하武下라는 곳에서 진秦나라의 잔여 병력마저 궤멸시켜버립니다. 진秦나라는 이제 멸망의 위기에 놓이게 되었습니다. 공세는커녕 수세에 버틸 힘도 없어진 상태, 정말 항거할 힘까지도 사라지게 되었습니다. 동쪽으로! 동쪽으로! 그렇게 "Go East!"를 외쳤지만, 오히려 국가 존망의 위기에 놓인 진秦나라. 패권의 길 앞에 놓인 바리케이트 국가, 삼진을 넘어 중원을 도모하려는 꿈을 접어야 했지요. 그리고 언제든 다시 쳐들어올 위魏나라군의 파상공세를 어떻게든 막아내고 버텨야만 하는 다급한 상황에 이르렀습니다. 이때 진秦나라를 더 몰아붙였으면 위魏나라는 전국시대 최강대국 정도가 아니라 천하통일의 주인공이 될 수도 있었습니다. 그러나 거기까지였습니다. 오기가 위魏나라에서 버림받습니다. 진秦나라에 악몽이자 재앙인 오기가 퇴출됩니다. 만약 선왕인 위문후가 십 년만 더 살아서 오기의 뒤를 봐줬더라면 진秦나라는 멸망하고 말았을 것이고, 천하통일의 위업은 진秦이 아닌 위魏가 달성했을 것입니다. 그러나 위문후는 죽었고 오기에게는 뒤를 봐줄 사람이 더 이상 없었지요.

당시 수성 전문가, 즉 묵자 무리가 대대적으로 스카우트된 것을 보면 진秦나라가 얼마나 다급했는지 알 수 있습니다. 한동안 진秦은 공세를 취하지 못했습니다. 오기가 사라지자 시간을 벌게 된 진秦나라 헌공은 나라를 다시 정비하는 데에 전력합니다. 그는 문호를 활짝 열어 묵가 무리를 비롯해서 천하의 인재를 모았고, 뒤를 이어 왕위에 오른 진효공秦孝公은 상앙을 등용하여 법을 바꾸어 국가 체제를 일신합니다. 간신히 다시 일어선 진秦나라는 과거에 그랬던 것처럼 다시 동쪽을 도모합니다. 공세로 전환해 위魏나라를 공격하지요. 진秦나라에 밀리는 위魏나라. 위魏나라는 과거의 그 나라가 아니었습니다.

자, 그런데 오기는 어찌된 영문으로 위魏나라를 떠나게 되었을까요? 진秦나라뿐만이 아니라 초나라, 조나라 등 사방의 많은 적국과 싸워 계속 이기며 국세를 떨친 위魏나라. 항거할 힘 자체를 잃어버린 진秦나라를 조금만 더 몰아붙였더라면 서쪽의 화근을 뿌리 뽑고 천하통일까지 꿈꿀 수 있었을 텐데, 위魏나라는 왜 오기를 버렸고, 서쪽으로 더 나아가지 않았는지 궁금합니다. 왜 위魏나라는 서진 정책을 포기했을까요? 왜 오기를 버렸을까요? 그리고 오기는 왜 위魏나라를 떠났을까요?

그 전에 진秦나라 이야기를 좀 더 하겠습니다. 오기에게 얻어맞으며 망국의 위기에 처했던 진秦나라는 묵자 무리를 대대적으로 받아들여야 했습니다. 오기와 야전에서 싸워서는 답이 없다고 판단했고, 무엇보다 당장 국가가 무너질 상황이라 수성 문제가 절실했기 때문입니다. 결과적으로 오기가 묵가 '동문'의 취직을 도운 셈이지요. 동문들은 군사 분야뿐만이 아니라 정치와 행정에도 대활약하면서 진秦나라가 힘을 추스르고 다시 도약하는 데에 큰 힘을 보탭니다.*

진秦나라는 오기에게 당하면서 오기와 닮아갔습니다. 오기에게 두들겨 맞은 게 더욱 강해지는 계기가 되었지요. 싸우면서 적에게 배우고 적의 장점을 흡수하는 것, 흔히 있는 일입니다. 가장 훌륭한 스승은 적이라는 말도 있지 않습니까. 교류와 동화는 우호적 관계에서만 일어나는 일이 아니지요. 상호 반목과 갈등도 교류와 동화의 과정입니다. 그리고 전쟁만큼 질과 양에서 압도적으로 동화와 교류를 시켜주는 일이 없습니다. 피도 섞이고 문화도 섞이고 상대의 우월한 전략과 전술도 흡수하고. 우리도 임진왜란 때 여진족에게 배운 여진족식 기병부대로 맞서기도 했고 임란 후 조총부대를 운영하지 않았습니까? 여진족, 일본과 싸우면서 그들에게 배웠기에 가능한 일이지요. 진秦나라는 강하고 용감하며 빠른 정예군을 육성했고, 이들을 위한 보상 체계를 국법으로 명문화했으며, 기존 전술에 얽매이지 않고 다양하고 혁신적인 전술을 익혔습니다. 오기에게 두들겨 맞으면서 진秦은 오기 군대의 장점을 흡수했습니다. 전사의 피를 타고난 이들이 한층 더 강해지게 되었지요. 이뿐만이 아닙니다. 오기의 개혁을 상당 부분 배우면서 수용한 상앙을 진秦나라가 등용하여 그의 변법을 시행했지요. 진秦나라에 오기의 색이 더욱 진하게 입혀

---

* 오기가 동문들과 좋은 관계만이 있었던 건 아닙니다. 앞서 묵가가 명예와 신의를 목숨처럼 소중히 한다고 말하며 초나라 양성군과의 일화를 이야기했지요. 양성군의 영지가 공격당하자 묵가 무리가 집단 자살했는데, 이 문제의 발단이 오기로 인해 벌어지게 된 것입니다. 오기가 초나라 궁중에서 최후를 맞이하면서 생긴 일인데, 오기가 의도한 것은 아니었지만 결과적으로 동문들에게 화가 미치게 되었습니다. 북쪽에서는 진秦나라를 궤멸시키며 동문들이 제도권에 입성하도록 도왔는데, 남쪽에서는 의도치 않게 묵자 무리에 피해를 입혔습니다. 물론 오기의 잘못도 오기의 책임도 아닙니다. 서로 진심을 다해 모시는 주군이 달랐기에 벌어진 비극이지요.

지게 되었습니다. 어찌 보면 진秦나라는 오기가 키운 나라로 볼 수 있을 정도입니다.

진秦나라 책 가운데 《여씨춘추》라고 있습니다. 진秦나라 재상 여불위呂不韋가 막대한 재산을 투자해 만든 책인데, 그의 식객과 문인이 만든 문헌이지요. 유가, 묵가, 법가, 도가 등 여러 사상을 담은 종합 문헌이기에 잡가서로 분류하는 책입니다. 진秦나라에서 만들어진 책이기에 당연히 진秦나라를 배경으로 하는 글이 많습니다. 이 책을 보면 오기에 대한 이야기가 많이 나옵니다. 긍정적인 서술이 많지요. 원수 같은 인물이었지만 그에 대해 잘 알고 있었고, 그가 가진 장점을 흡수해서인지 찬양하는 듯한 내용이 많습니다. 신의를 중요시하는 사람이라고 하고 또 성인이라는 말도 합니다.

숨어 있는 낌새와 드러난 외양이 파악하기 쉽든 어렵든 성인은 알아차리지 못하는 일이 없지만 보통 사람은 알아차릴 길이 없다. 알아차릴 길이 없으면 보통 사람은 신기하다[神], 요행수다[幸]라고 한다. 그러나 신기한 것도 요행수도 아니고 그 이치상 그렇게 될 수밖에 없는 것이다. 이런 면에서 후성자邱成子와 오기는 성인에 가깝다. _《여씨춘추》〈관표觀表〉

이렇게 오기가 진秦나라에 남긴 인상과 충격은 실로 대단했습니다. 거꾸로 진秦나라도 대단해 보이네요. 원수 같은 인물이었지만 인정할 것은 인정하고, 장점은 흡수하고…. 진秦나라 식자나 지배층의 인식이 이러한 것을 보면, 왜 진秦이 천하를 거머쥘 수 있었는지 알 수 있습니다. 개인처럼 국가에도 그릇이란 게 있는 듯합니다. 실로 진秦나라는 큰 그릇이었습니다.

· 22장 ·
위나라를 떠나다

"군주께서 내 뜻을 알아 내 재주를 모두 펼치게 한다면
저 서하를 기반으로 천하의 주인이 될 수 있을 텐데,
참소하는 자의 말만 듣고 내 뜻을 몰라주는구나!"

공숙좌가 파놓은 덫

앞서 말했던 대로 오기와 위무후 사이는 처음부터 좋지 않았습니다. 위무후
는 직설적으로 간하는 오기의 성격이 몹시 거슬렸습니다. 오기가 상현 사상
을 말했다고 했지요. 그는 "능력 있고 현명한 이를 등용해서 쓰면 당장 효과
를 볼 것인데 왜 그렇게 하지 않냐"고 위무후를 몰아붙이듯이 간하기도 했지
요. 서하에서도 그랬지만 조정에서도 많이 부딪쳤습니다. 〈도국〉편에 자세히
묘사되어 있는데, 어느 날 위魏나라 조정에서 회의가 벌어졌습니다. 당시 위
무후가 신하들과 국정을 논의하였는데 신하들의 생각이 모두 자신보다 못해
보였나 봅니다. 회의가 끝나고 난 뒤 위무후의 얼굴에는 희색이 만연하였습

니다. 자신이 제일 낫다고 생각해 흡족했던 것이지요. 이때 오기가 직격탄을 날립니다.

"옛날 초나라 장왕이 국가의 일을 논의하는데 신하 모두가 장왕에 미치지 못하였습니다. 그러자 조회가 끝난 후 장왕의 얼굴에 근심이 가득했는데 그때 신공申公이란 사람이 물었습니다. '주군께선 어찌하여 근심하는 기색이 있으신지요?'라고 하니 초장왕이 답하길, '세상에는 성인이 있고 나라에는 현자가 있으니 능히 훌륭한 스승을 얻는 자는 왕자王者가 되고 능히 훌륭한 벗을 얻는 자는 패자霸者가 된다 하였소. 지금 과인은 재주가 없는데도 과인에게 미치는 자가 없으니 우리 초나라가 장차 위태로워질 것 아니오?'라고 하였습니다. 이처럼 초장왕이 근심한 일을 주군께서 기뻐하시니 신은 두렵습니다."[51] _〈도국〉

이 말을 들은 위무후의 안색이 변합니다. 당황하고 무안한 기색을 감출 수 없었지요. 서하의 강변에서 오기가 '덕'과 진정한 국가의 보배에 대해 논하며 자신의 심경을 건드렸는데, 궁중에서 또다시 그러네요. 오기의 말이 맞지만 위무후는 다소 공격적으로 느꼈나 봅니다. 군주가 신하와 지혜를 겨루려고 해서야 되겠습니까? 리더는 어디까지나 아랫사람의 지혜와 능력을 빌려 활용하는 사람이어야 합니다. 아랫사람과 지혜와 능력을 겨루려고 한다면 3류일 뿐입니다. 그런 리더는 결국 조직이나 국가를 망칩니다. 항우項羽가 그랬지요. 아랫사람의 지혜와 능력을 빌리는 데 있어 아주 취약했습니다. 군주가 될 그릇이 아니었지요. 그와 상대한 유방劉邦의 경우 이 능력이 탁월했습니다. 군주가 될 그릇이었지요.

그렇다면 위무후의 지혜와 식견이 신하보다 나았을까요? 군주가 신하와 지혜를 겨루려고 하는데, 감히 그 앞에서 자신의 생각과 의견을 기탄없이 말할 수 있는 자가 얼마나 있겠습니까? 신하의 지혜와 가늠해 자신의 지혜가 더 낫다고 생각하여 흡족해하는 정도의 그릇밖에 안 되는 군주 앞에서, 자기 의견을 자신 있게 피력하고 때론 반론을 펼치거나 이의를 제기할 수 있는 신하가 과연 몇이나 있을까 싶습니다. 오기 같은 사람이나 할 수 있지요. 이 대목에서 위무후의 평소 행태를 읽을 수 있습니다. 그를 왜 독선적인 군주였다고 하는지 알 수 있지요. 한비자가 가장 경계한 군주가 바로 신하와 지혜를 겨루려고 하면서도 그들의 능력을 빌려 쓰지 못하는 자였습니다. 위무후가 딱 그런 군주였나 봅니다. 위무후의 교만한 행태와 성격은 《오자병법》 말고도 여러 사서에 많이 서술되어 있지요.

그릇이 작고 독선적인 리더는 인재를 품을 수 없습니다. 뛰어난 인재를 보면 시기하고 의심하는 경우도 많습니다. 서하에서의 일화에 이어 궁중에서의 일화를 보면, 오기가 위魏나라에 버림받는 것은 처음부터 예정된 일이라 할 수 있습니다. 선왕과 다르게 사람을 믿지 못하고 인재를 포용 못하며 신하의 말을 경청할 줄 모르는 위무후. 오기가 그의 눈 밖에 나자, 오기를 시기하는 귀족과 대신까지 나서서 일을 꾸며 참소합니다. 선왕과 함께 나라를 경영한 대신과 덕이 있는 인사가 조정에 남아 있을 때에는 그나마 오기에게 설 자리가 있었습니다. 세월이 흘러 그들마저도 하나둘씩 조정에서 떠나게 되자, 오기를 도와주거나 편이 되어줄 사람이라고는 조정에서 볼 수 없게 되었지요. 이러한 상황이 되자 오기는 공격당하기 시작합니다.

사마천의 《사기》를 보면 공숙좌라는 사람이 특히 오기를 싫어했습니다. 공숙좌는 공주와 결혼한 인물로 부마이자 조정 대신이었습니다. 사마천은 앞장

서서 오기를 공격한 인물로 그를 서술하고 있습니다. 공숙좌가 위무후에게 오기를 모함하는데,

"오기 장군의 능력을 탐낸 주변 나라가 그를 데려가기 위해 여러 조건을 내밀어 유혹한다고 합니다. 이러다가 정말 오기 장군이 다른 나라로 갈까 봐 심히 우려됩니다."_〈사기〉

위무후는 깜짝 놀랐습니다. 평소 오기를 썩 마음에 들어 하진 않았지만 검증된 명장이니만큼 그 능력은 인정하고 있었습니다. 그런 그를 다른 나라에서 영입하려고 한다는 이야기를 들으니 놀랄 수밖에 없었겠지요. '정말 그가 다른 나라로 간다면?' '그의 칼끝이 위魏나라를 향한다면?' 너무 두려운 일이었습니다. 사실 공숙좌의 말은 소문에 근거한 것이었고, 선왕도 인정했듯 청렴하고 신의를 중시하는 오기의 성격을 알고 있던 터라, 위무후는 공숙좌의 참소를 쉽게 믿을 수 없었습니다.

공숙좌가 다시 위무후에게 이릅니다.

"오기 장군에게 공주와의 혼인을 제의해보시면 어떻겠습니까? 우리 위魏나라에 남을 마음이 있다면 응할 것이고, 그럴 마음이 없다면 거절하지 않겠습니까?"_〈사기〉

위무후는 이 말에 고개를 끄덕이고 오기를 불러 혼인을 제의합니다. 하지만 오기는 단호하게 고개를 가로젓습니다. 부마가 될 영광을 거절한 것이지요. 왜 그랬을까요? 혹시 제나라 출신 부인을 죽이지 않았고, 그 부인과 의리

를 지키기 위해서였을까요? 공주와 결혼하면 부귀영화를 보장받을 텐데 왜 거절했을까요?

《사기》에는 공숙좌가 참소하기 전 집에 잔치를 열어 오기를 초대했다고 합니다. 그때 오기가 공숙좌의 부인인 위魏나라 공주의 천박한 행실을 보고야 말았고, 그래서 후에 공주와 혼인할 것을 제의받았을 때 거절했다고 합니다. '공숙좌의 부인과 자매지간이라 행실이 같을 것이니 혼인을 할 수 없다' 이렇게 생각하고 거절했다지요. 이는 또한 공숙좌가 짜놓은 각본이었다고도 하고요. 미리 부인과 짜고 천박하게 행실하여 오기가 위魏나라 공주와 결혼할 마음이 아예 생기지 않게 한 후, 조정에서 위무후에게 오기를 참소하고 결혼을 핑계로 시험해보라고 말한 것이랍니다. 이 각본은 공숙좌의 시종이 생각해 낸 꾀인데, 그자 말에 따르면 오기는 사람됨이 청렴하고 명예를 중시하기에 공주의 천박한 행실을 보면 그 동생과도 혼인할 생각을 절대로 안 할 것이니, 덫을 파놓고 참소하라며 공숙좌에게 조언했다고 합니다.

이유야 어찌 되었든 오기는 군주의 제의를 거절했습니다. 위무후는 노여운 기색을 숨기지 않았습니다. '오기가 위魏나라에 계속 있을 마음이 없구나! 그 소문이 사실이었구나!'라고 확신한 것이지요. 위무후는 노여움을 참지 못해 빈정거리면서 오기를 몰아붙입니다.

"감히 공주와의 혼인을 거절하다니, 선왕께서 베푸신 은혜를 잊었단 말이냐! 내가 정말 사람을 잘못 보았군. 썩 물러가라! 꼴도 보기 싫으니."_《사기》

오기는 평소에 왕이 자신을 마음에 들어 하지 않는다는 것을 잘 알고 있었습니다. 그렇지만 갑자기 적의를 보이면서 자신을 몰아붙이자, 오기는 너무 당황스러울 수밖에 없었습니다. 살기등등한 위무후의 모습을 보니 자신이 곧 죽을 수도 있다는 생각이 들었습니다. 오기는 집에 돌아와 곧바로 짐을 꾸립니다. 노나라를 떠날 때처럼 살기 위해 말을 타고 길을 나서지요.

천하제일 명장이 말 위에서 눈물을 훔칩니다. 오기가 위魏나라에 있는 동안 강산이 두 번하고도 반이 변할 정도로 시간이 흘렀습니다. 위魏나라에서 천하제일 명장으로 이름을 날렸으며 호랑지국 진秦나라를 멸망 위기까지 몰아넣은 오기. 그는 자신을 아끼고 중용해준 선왕 위문후를 생각합니다. 자신이 충성했던 주군과의 의리를. 위魏나라의 산천과 서하의 주민들, 그리고 자신을 아버지처럼 따랐던 자식 같은 병사들이 떠오릅니다. 특히 서하성 생각에 피눈물이 흐릅니다.

"군주께서 내 뜻을 알아 내 재주를 모두 펼치게 한다면 저 서하를 기반으로 천하의 주인이 될 수 있을 텐데, 참소하는 자의 말만을 듣고 내 뜻을 몰라주는구나! 서하가 진秦나라 땅이 될 날이 멀지 않았고 우리 위魏나라는 작아지고 말 것이야!" _《여씨춘추》

"나에게 조금만 더 시간을 준다면, 한 번만 더 기회를 준다면 진秦나라를 무너뜨려 천하를 도모할 수 있을 것인데 정녕 위魏나라를 떠나야 한다는 말인가!" _《사기》

하지만 이러한 회한도 죽음의 위기 앞에선 사치스러운 감정일 수밖에 없습니다. 살기 위해선 조금이라도 빨리 위魏나라를 벗어나야 했습니다. 그래도 흐르는 눈물을 어쩌진 못했을 겁니다.

전쟁 영웅의 말로…. 동서고금을 막론하고 전쟁 영웅의 마지막을 보면 비참한 경우가 많습니다. 춘추전국시대만 하더라도 악양과 악의, 백기가 있고, 로마의 스키피오Scipio도 불행한 말년을 보냈지요. 오기 역시 예외가 아니었습니다. 더구나 오기는 '기려지신'입니다. 굴러온 돌, 기반 없는 외부 출신 인사. 인척이 없고 기반이 없는 외부 출신 인사는 공을 많이 세우고 높은 자리에 올라가도, 토착 세력에게 견제받고 배척당하는 일이 많았습니다. 전쟁 영웅이지만 기려지신. 서하 땅에서 독자 세력으로 클 수 있는, 즉 군벌로 성장할 잠재력을 가진 오기. 그는 그렇게 위魏나라를 떠납니다. 위무후가 독선적인 군주가 아니고 주변에 오기를 시기하는 세력이 없었다고 해도 과연 오기에게 설 자리가 계속 주어졌을지는 모르겠습니다.

위무후의 부왕 위문후, 진정으로 인재를 사랑한 개명 군주였다지만, 그 역시 악양이란 장군을 시켜 중산국을 무너뜨린 후 곧바로 그에게서 병권을 회수하여 평생 군사 일을 맡지 못하게 했습니다. 궁예도 전쟁에 나가기만 하면 이기는 왕건을 경계했고, 왕건 역시 질 줄 모르는 장수 유금필을 경계해서 백령도에 유배시키다시피 했습니다. 이순신 장군도 선조의 의심을 많이 샀고, 곽재우는 전쟁이 끝난 후 칩거하여 계속 숨어 살았습니다. 정치권력이란 것은 군사력과 분리시켜 생각할 수 없습니다. 과거엔 더 그랬습니다. 오늘날에야 민주주의가 정착되고 시민사회가 만들어졌다지만, 과거엔 국가가 독점한 폭력, 즉 군사력이 곧 정치권력이었습니다. 동서고금을 막론하고 권력 중심부에 있는 인물의 성격을 떠나 전쟁 영웅의 말로가 하나같이 비참한 것은 어쩌면 당연한 귀결입니다. 정치공학의 어쩔 수 없는 산물이지요. 이러한 까닭에 위문후와 위무후를 보좌한 귀족 대신이 정말 나쁜 자라거나 근시안적 사고에 매몰되어 오기를 내몰았다고만 볼 수 없지요. 이것이 역사에서 지속된 현실 정치가 아닐까요?

정치적 관점을 떠나 인간적 관점으로만 보면 위무후만큼은 이해할 수 있는 여지가 있습니다. 그는 아주 잘난 아버지를 둔 창업 2세입니다. 창업 2세는 아버지의 그늘에서 벗어나고 싶은 마음이 강합니다. 그늘을 벗어나기 위해 선대에 맹활약한 사람을 멀리하는 것, 이해 못할 바가 아닙니다. 역사적 인물도 역시 우리와 같은 사람일 뿐이지요. 그가 군주이든 종교 지도자이든 대학자이든 간에요.

여기에 오기의 사민정책에도 문제가 있었습니다.* 이 정책이 귀족의 반발을 불러왔습니다. 진秦나라에서 빼앗은 서쪽 변방의 성에 백성을 이주시켜 살게 했습니다. 위魏나라가 국토에 비해 인구가 많아 분산시킬 필요가 있어고 또 해당 성을 단단한 거점으로 만들기 위해서였는데, 이것이 귀족의 반발을 불러온 것이지요. 귀족 영지의 백성을 이주시키니, 자기 재산을 빼앗긴다고 생각할 수밖에요. 백성이야 착취당하고 노역에 시달리느니 차라리 새로운 땅에서 사는 게 좋을 수도 있겠지만, 귀족 입장에선 사민정책을 추진한 오기가 괘씸해 보였을 겁니다. 선대에는 사민정책에 이의를 제기하지 못하도록 위문후가 오기를 밀어주었지만, 위무후 때에는 사정이 달라졌지요.

위나라의 한계

마지막으로 위魏나라가 개국한 배경을 살펴보면, 오기는 더더욱 견제와 감시를 받을 수밖에 없었습니다. 위魏나라의 전신 진晉나라가 왜 망했고 왜 삼분되

---

* 공원국, 《춘추전국이야기 7》, 역사의아침(위즈덤하우스), 2014.

었습니까? 군주가 독재하기 위해 왕실 세력을 숙청하면서 비롯된 나라가 진晉나라입니다. 그런데 패권 국가를 지향하면서 나라 안에 대부들이 군벌로 성장하게 됩니다. 이들이 약한 왕실 세력을 치고 들어와 나라를 장악해갔습니다. 결국 하극상을 일으켜 왕을 내몰고 나라를 셋으로 갈라 먹었지요. 이렇게 한나라, 위魏나라, 조나라가 시작됩니다. 이런 역사를 가진 나라에서 군벌이 될 잠재적 인물을 그대로 둘 수 있었을까요? 사실 오히려 오기를 너무 오랫동안 방치했다고 생각합니다. 장수 악양이 중산국 정벌을 끝내자마자 위문후는 그의 병권을 회수했는데, 이 사실만 놓고 보면 위나라는 오기에게는 관대했던 편이지요. 사서에는 오기가 미리 눈치를 채고 죽기 전에 위魏나라를 빠져나왔다고 기록되어 있지만, 어쨌든 위魏나라는 오기를 죽이지 않았습니다. 오기를 제거할 마음이 있었다면 빠져나갈 시간을 주었을지 모르겠습니다. 오기는 위魏나라에 가족을 남겨두고 떠났고 후손이 남아 살아갔습니다. 오기를 반역자로 취급했더라면 오기 가문은 멸문되었을 텐데 이상한 일이지요.

《사기》에 오기를 몰아낸 주요 인물로 서술된 공숙좌는 《전국책》에는 반대로 오기에게 우호적인 인물로 그려졌습니다. 위魏나라 부마 공숙좌는 위혜왕 시절 조나라와의 전쟁에서 공을 세웠는데 큰 상을 내리려는 군주 앞에서, "사졸들의 대오가 붕괴되지 않게 하며 곧장 달려들되 남에게 의지하지 않고 뒤엉켜 근접전을 벌이는 것을 피하지 않도록 하는 것은 오기 장군의 가르침입니다. 신이 할 수 있는 바가 아닙니다"라고 했답니다. 오기에게 배운 대로 싸워 승리한 것뿐이라며 자신을 낮추고 오기를 추켜세운 것이지요. 이에 위魏나라 군주 위혜왕은 오기의 후손을 찾아 후한 상을 내리라고 명령했답니다. 오기의 후손은 위魏나라에 살면서 좋은 대접을 받은 걸 알 수 있습니다. 또한 위혜왕 시절을 배경으로 하는 위魏나라 병법서 《울료자》는 《오자병법》의 영향을 상당히 받았다고 했지요. 이 책은 오기의 리더십을 찬양하며 떠받들고 있습니다. 오기가 위魏나라에서 쫓겨나듯 떠났다고 하는데, 과연 위魏나라 지배층과 심하게 척을 진 것인지 의아한 대목입니다. 또한 오기는 특정인과 원한 관계에 있다거나 개인적인 이해관계가 틀어진 것 같지는 않습니다. 그렇기에 왕과 귀족 대신이 '신사답게' 오기를 놓아준 것이 아닐지…. 갈등이 극단으로 치달았다든가 상황이 극단적으로 변했다면, 오기가 목숨을 부지한 것 등 설명되지 않는 일이 너무 많습니다. 이후 오기는 초나라로 갔습니다. 오기는 칼끝을 위魏나라로 겨눈 적이 한 번도 없었지요. 이 점 역시 극단적으로 관계가 악화되어 떠나지 않았다는 점을 잘 보여줍니다.

　굳이 사마천처럼 위무후, 공숙좌를 악하게 묘사하거나 서술할 일이 아닌 것 같습니다. 《여씨춘추》에 피눈물을 흘리며 떠났다는 기록을 보면, 오기 본인은 분명 억울했을 테지요. 그렇다고 위무후와 지배층을 심하게 매질하는 것은 편파적 역사 인식일 수 있습니다. 역사를 논할 때, 무리하게 선악 구도를 만들어 구성하고, 극화시켜 서술하여 이해하는 것은 부질없고 어리석은 짓입니다. 인간과 사회를 이해하는 데 있어 아무런 도움이 안 되지요. 오기를 몰아낸 사람들, 전 그들에게도 어쩔 수 없는 사정이 있었을 것이고, 그들 나름대로 오기를 신사적으로 놓아줬다고 생각합니다. 물론 그 바탕에는 오기의 청렴하고 명예를 중시하는 성격과 철저한 자기 관리가 있었고요.

　오기는 위魏나라를 떠났습니다. 위무후는 이것으로 그쳤어야 했습니다. 비록 오기는 없지만 선왕 위문후의 국가 경영 원칙과 전략을 계속 이어갔어야 했습니다. 위문후는 '진秦이 주적'이라는 명확한 원칙과 그에 따른 전략이 있었습니다. 그는 진秦을 제외한 주변 여러 나라와는 좋은 관계를 유지하고, 오로지 진秦을 무너뜨리고 천하를 거머쥐려는 데에 힘을 쏟았지요. 그러나 위무후는 선왕의 전략과 원칙을 버렸습니다. 진秦에 집중하지 않고 여러 나라와 전쟁을 벌여 국력을 낭비했지요. 도리어 여러 나라에 빚을 지게 되었는데 후에 이 때문에 위魏나라는 짓눌리고 맙니다. 쓸데없이 힘을 과시하려고 하고, 눈앞의 이익에 집착해 무리하게 전쟁을 일으키고…. 국가를 경영하는 데에 원칙과 전략이 없는 나라 앞에 놓인 길은 뻔합니다. 결국 위魏나라는 국력이 쇠퇴하여 사방에서 몰아치는 침략에 시달리는 나라로 전락합니다.

이제 오기는 초나라로 향합니다. '남방의 불곰'에게 가고 있습니다.

· 23장 ·

초나라 재상이 되다

"대신에게 지나치게 큰 권력이 있으며, 영지를 가진 신하가
너무 많습니다. 이대로 가면 이들이 위로는 국왕의 권력을 침범하고, 아래로는
백성을 못살게 할 것입니다. 나라는 가난해지고 군사는 약해질 뿐입니다."

남방의 불곰 초나라

한수漢水 남쪽의 불곰 초나라. 춘추시대 초기부터 강대국이었습니다. 아니 사
실은 서주 시대 초기부터이지요. 《좌전左傳》과 《국어國語》 등 북방 나라에서 서
술된 역사서엔 춘추시대 중기가 되어서야 강국이 되었다고 나오지만, 사실
오랜 옛날부터 힘을 과시해온 나라입니다.

주나라가 목야牧野 전투에서 은나라를 무너뜨리고 중원을 장악해 주나라
천하를 연 지 얼마 되지 않은 때였습니다. 주나라 소왕昭王이 초나라를 정벌
하기 위해 원정 길에 올랐습니다. 남방 오랑캐의 버릇을 고쳐주겠다고 떠났
지요. 하지만 참패하고 한수에 빠져 죽고 맙니다. 이처럼 초나라는 서주 시대

부터 막강한 힘을 과시했습니다. 다만 남쪽 오랑캐라는 중원 열국의 인식 탓에 서주 시대부터 동주 시대, 즉 춘추시대 초기까지 초나라는 과소평가되었습니다. 이러한 평가가 역사서에 기록되었고요.

서주 시대부터 강대국이었던 나라. 제환공, 진문공에 이어 3대 패자로 등극한 초장왕 때에 이르자 드디어 국세를 크게 떨쳤습니다. 위로는 맞수 진晉과의 대결에서 이기고, 동으로는 양쯔 강을 따라 세력을 넓히며 알짜 땅을 자국 영토로 편입시키며 최강국의 위용을 자랑했습니다. 그러나 초장왕 사후 초나라는 좀처럼 침체를 면치 못했지요. 문제는 귀족 세력의 힘이 너무도 강했다는 것. 권력이 분산되자 국가는 힘을 집중시켜 분출하지 못했습니다. 또한 〈요적〉 편에서 열거한 대로 너무 많은 나라와 국경을 마주했습니다. 안으로 왕권 중심의 중앙집권화를 이루지 못한 상황에서 전선이 여러 나라에 걸쳐 형성되다 보니, 힘을 집중해서 발산하기 어려웠지요. 한때 북방 진晉나라와 더불어 춘추시대를 지배한 남방의 불곰은 이 탓에 '병든 곰'이 되고 말았습니다.

오기가 입국할 때 초나라 군주는 초도왕이었습니다. 초도왕도 다른 나라처럼 위魏나라의 강성한 공세에 시달리고 있었습니다. 위魏나라가 정나라와 송나라를 침입했는데, 이때 초나라는 위魏나라와 부딪칠 수밖에 없었습니다. 진晉이 삼분되기 시작할 때부터 정나라는 초나라와 진晉나라 두 맞수가 싸우던 각축장이었고, 송나라 역시 초나라가 북방 국가와 힘을 겨루던 싸움터였지요. 위魏나라와 초나라 사이에 이해관계가 얽히게 되어 벌어진 충돌에서 위魏나라가 계속 압승을 거두며 초나라를 강하게 압박했습니다. 대량大梁, 유관楡關 전투에서 크게 패배하고 양릉군陽陵君까지 빼앗기는 등 초나라는 연이어 수모를 당했습니다. 초나라 조정은 공포에 떨었고 초도왕은 위魏나라에 사신을 보내 낮은 자세로 비굴하게 강화를 요청했습니다. 위魏나라에 줄곧 수모를 당한 초나라. 그런데 마침 적국 최고 인재가 초나라의 문을 두드립니다.

초나라 국경에 다다른 오기는 관문 앞에 서서 수문장에게 자신을 소개합니다. 이어 초도왕을 만나고 싶다며 말을 전해달라고 이릅니다. 오기의 명성을 익히 들은 수문장은 즉시 조정에 이를 알리고 오기를 극진하게 대접하며 편히 머물게 합니다. 오기가 왔다는 소식을 들은 초도왕은 크게 기뻐하며 오기를 데려올 영접 사절을 곧바로 국경으로 보냅니다. 드디어 오기는 초나라 조정에 입성합니다. 초도왕은 계단까지 내려가 오기를 맞이하는데, 친히 몸을 낮추어 오기를 환대하지요. 초도왕은 오기에게 영윤令尹이라는 자리를 맡겼습니다. 초나라 재상 자리이지요. 늘 장수보다 재상이 되고자 한 오기가 드디어 재상에 오릅니다. 유학과 묵학을 배웠고 정치사상가의 풍모를 풍겼던 준비된 재상 오기. 그는 차근차근 초나라의 정치 상황과 국정 현안을 진단합니다. 그리고 메스를 댈 준비를 합니다.

병든 곰의 부활

전통의 강대국 초나라. 부진을 면치 못한 지 오래되었으나 국토가 넓고 인구는 많으며 땅은 기름진 나라였습니다. 생산력으로 보나 규모로 보나 초나라는 천하를 도모할 수 있는 잠재력이 있는데 왜 수렁에 빠져 허우적거리는지 오기는 이해할 수 없었습니다. 나라의 문제점을 찾아 하나씩 차근차근 살피기 시작했지요. 그는 곧 그 원인과 해법을 모두 찾아냅니다.

이윽고 그가 초도왕에게 건의하기를,

"대신에게 지나치게 큰 권력이 있으며, 영지를 가진 신하가 너무 많습니다. 이대로 가면 이들이 위로는 국왕의 권력을 침범하고, 아래로는 백성을 못살게 할 것입니다. 나라는 가난해지고 군사는 약해질 뿐입니다. 영지를 가진 신하에게는 손자 삼대가 지나면 그 작록을 반환시켜야 합니다. 모든 관리의 봉급을 깎고, 불필요한 벼슬을 폐지시키고, 이들의 녹을 선발되어 훈련받은 정예병에게 돌려야 합니다." _《한비자》〈화씨〉

문제는 강한 귀족 세력으로 인해 왕이 힘을 못 쓰는 것이었습니다. 왕이 일사불란하게 나라를 이끌어 국가의 힘을 유기적으로 조직할 수 없었지요. 또한 귀족의 사치로 인해 국고의 낭비가 심했습니다. 절장, 절용, 비악 등 귀족의 사치를 강하게 비판하는 묵학을 배운 오기는 이 점이 매우 못마땅했습니다. 귀족이 백성을 착취하고 사치와 낭비를 일삼아 국고를 바닥내면, 싸우고 일할 백성, 즉 한비자와 상앙이 말한 '농전지사農戰之士'에게 돌아갈 것이 없습니다. 열심히 일하고 용감하게 싸우더라도 그들의 몫은 없었지요. 게다가 법이 정비되지 않았습니다. 국가 구성원 모두에게 일원적으로 적용할 국법이 있어야 귀족 세력의 전횡을 막을 수 있는 왕권 중심의 중앙집권화가 가능합니다. 귀족 세력의 방해가 거세더라도 시급히 법을 마련하여 엄하게 적용해야 할 상황이었지요.

오기는 기존의 법을 대대적으로 정비하고 새로운 법을 강력하게 밀어붙입니다. 변법과 개혁을 통한 오기의 공격 대상은 기득권을 가진 귀족. 결코 백성을 통제하기 위해서가 아니었지요. 생산과 병역을 담당할 백성을 보호하고, 귀족의 횡포와 사치를 방지하며, 국정의 비능률을 제거하기 위한 것이었습니다. 이 때문에 한비자는 오기를 법가라 여겼고, 자신의 '선배'로 인식하여 그를 '법술지사法術之士'라 칭했습니다. 법을 정비하여 부국강병을 추구하는 선비라는 뜻이지요. 그러나 초나라에서의 행적을 근거로 오기를 꼭 법가적 인물이라고 단정할 수는 없습니다. 개혁과 변법을 단행한 것은 사실이지만 오기는 애초에 묵학을 배운 사람입니다. 국가의 행정력과 상벌을 통해 겸애를 실현하자는 묵가도 법가 못지않게 법 친화적인 면이 있지요. 오기는 묵학에서 배운 대로 행했다고 볼 수 있습니다. 어떻게든 착취를 근절하려 한점, 이로 인해 귀족 세력에게 반발을 불러온 점은 같지만, 묵가의 법치는 법가와 달리 관대한 측면이 많고 벌보다 상의 비중이 높습니다. 이런 점에서도 오기의 변법이 법가의 영향을 받은 법가적 개혁이었다고 단정할 수는 없습니다. 귀족 세력의 강한 반발을 불러왔으며, 상앙이 적지 않게 수용한 것을 들어, 한비자는 오기를 자신의 선배로 인식한 듯합니다. 그렇기에 '법가적 개혁을 했다, 법가적 개혁의 선구자였다'고 해도 틀린 말이라고 할 수도 없습니다.

자, 오기가 변법을 밀어붙입니다. 오기의 후배를 자처한 한비자는 〈유도有度〉편에서 법에 대해 이렇게 말했습니다.

> 법은 귀족을 봐주지 않는다. 먹줄을 쳐서 낸 줄이 굽지 않는 것과 같다. 법령을 널리 알린 후, 그 효과가 나타내는 힘을 발생시킴에 있어서, 지혜가 많은 사람도 구실이나 변명을 붙일 수 없고, 용감한 사람도 말이나 행동을 제 분수에 넘게 다투지 못한다. 잘못을 벌함에 있어서 대신도 피할 수 없으며, 착하고 어진 행실에 상을 줌에 있어서 신분이 낮은 자도 빠트리지 않는다. _《한비자》〈유도〉

법치 체제에선 군주 아래 모든 사람이 평등하게 됩니다. 신분 차이가 없어지고 같은 의무와 권리를 가진 인간이 되지요. 귀족도 잘못을 저지르면 벌을 받고, 의무를 이행하지 않으면 더 이상 특권을 누릴 수 없습니다. 이를 두고 한비자가 '법불아귀法不阿貴'라고 했지요. 법은 귀족이라고 아부하지 않고, 귀족이라고 봐주지 않는다! 이러한 법을 오기가 만들어 밀어붙이는데 귀족이 가만있을 리 만무합니다. '법술지사 재상'의 강한 개혁 드라이브에 귀족과 왕족은 강하게 반발했습니다. 왕족의 인사 한 사람이 귀족과 왕실 세력의 뜻의 대변해 군주에게 오기를 참소합니다. "기려지신, 외부인인 주제에 왕실을 무시하고 정치를 농단하고 있습니다!" "밖에서 온 인사에게 국정을 맡기고 함부로 정치를 행하게 해서야 되겠습니까?" 초도왕은 그 자리에서 단호하게 일러둡니다. "재상의 개혁이 이미 성과를 내고 있고 나라가 눈에 띄게 강해지고 있지 않느냐! 다시는 재상의 개혁에 불만을 드러내지 말라!"

초도왕의 말에서 알 수 있듯이, 오기의 개혁은 일찍부터 성과를 보였습니다. 국가 기강이 잡혔고 생산력이 올랐으며 낭비가 줄어들자 국가재정이 확보되었습니다. 국가재정이 안정되자 오기는 이를 기반으로 군비를 확충하고 군사를 훈련시킵니다.

개혁을 시행한 지 3년이 지나자 오기는 몸이 근질근질했습니다. 왕년에 놀던 가락을 다시 보여줍니다. 장수로서의 실력을 다시 발휘하네요. 초나라 국력이 궤도에 오를 동안 군사 훈련을 충분히 하여 기존 병력을 상비군이자 정예군으로 탈바꿈시켰습니다. 오기는 이 병력을 이끌고 원정 길에 나섰습니다. 남으로는 백월百越을 평정했고, 북으로는 진陳나라와 채蔡나라를 합병했으며, 삼진 가운데 위魏나라를 제외한 한나라와 조나라를 모두 물리쳤습니다. 3년 만에 오기는 남방의 '병든 곰'을 부활시켜 다시 강대국의 위상을 되찾게 했습니다. 패자 초장왕 시절의 위상이 부럽지 않게 되었지요. 군주의 전폭적인 신뢰가 있었다지만, 짧은 시간에 부국강병을 이뤄낸 오기의 능력이 정말로 탁월했습니다. 그런데 문제는 초도왕이 오래 살지 못했다는 것입니다.

오기의 개혁으로 권력을 잃은 자들은 칼을 갈았습니다. 오기에 대한 초도왕의 신임이 두터운지라 참을 수밖에 없었지만, 귀족과 왕실 세력은 기회를 엿보고 있었습니다. 오기처럼 진秦나라에서 군주의 전폭적 신뢰와 지원을 받으며 변법을 단행했던 상앙. 그 역시 귀족 세력의 기득권을 빼앗고 백성을 보호했지요. 또한 백성의 힘을 끌어내 부국강병을 이뤘는데, 뒤를 봐주던 군주 진효공이 죽자 상앙은 비참한 최후를 맞았습니다. 오기의 앞날에도 상앙과 같은 최후가 기다리고 있었습니다. 정확히 말하면, 오기가 앞 시대의 인물이니 상앙이 오기와 같은 전철을 밟은 것이지요. 한비자는 두 사람의 죽음을 똑같이 안타까운 사례로 보았지요. 한없이 슬퍼하며 말했답니다. "국가와 백성을 위해 개혁을 하는 이가 법술지사이건만, 죽음을 피해 갈 수 없구나!"

24장

좌절된 개혁가의 꿈

> "사가 공을 해치지 못하도록 하고 참소하는 말이 충성스러운 말을
> 가리지 못하도록 하고 말을 구차하게 영합하지 않고 의로운 일이라면
> 어려워도 피하지 않았습니다. 이리하여 자기 군주를 패자로 만들고
> 자기에게 닥칠 재앙도 피하지 않았습니다."

오기의 죽음과 피바람

초도왕이 죽었습니다. 왕위 자리를 계승할 태자 웅장熊臧(훗날의 숙왕肅王)은
변방에 나가 있는 상태. 자신의 뒤를 봐주던 국왕이 죽은 이상 오기는 몸을
피하든가 초나라를 떠나야 했습니다. 자신을 증오하며 그저 군주가 서거할
날만을 기다린 귀족과 왕실 세력이 곧 오기에게 칼을 빼어들 상황에서 선택
의 여지가 없었지요.

하지만 오기는 떠날 수 없었습니다. 태자는 변방에 있는데, 왕의 시신을 누
가 지킨단 말입니까? 군권까지 거느린 재상이 제 몸 피하느라 태자가 돌아올
시간을 벌지 못하면 앞으로 정국이 어떻게 될지 모릅니다. 엉뚱한 인물이 군

주 자리를 노리고 정변을 일으킬 수도 있겠지요. 만약 자신이 거느렸던 군대를 도성으로 불러온다면 오기에게 살 길이 열릴 것이었습니다. 오기는 궁중에 남기로 결정했습니다. 군대를 장악하여 도성에서 정변의 조짐을 없애고 태자가 돌아올 때까지 버티기로 했습니다. 오기는 사람을 시켜 태자에게 부고를 전하고 초나라군을 성 안으로 이동시키라는 명령을 내렸습니다.

그러나 기득권을 빼앗겨 독이 오른 이들이 먼저 준비하고 있었습니다. 한발 빨랐지요. 그들은 오기를 없애기 위해 칼과 창을 든 사병을 앞세워 벌 떼처럼 궁 안으로 덮쳤습니다. 혈혈단신 오기는 초도왕의 시신을 안치한 빈전으로 피했습니다. 칼을 들고 군주의 시신 앞에 선 오기. 이윽고 오기를 찾아낸 귀족 세력. 《사기》에는 오기가 격렬하게 저항한 것으로 기록되었습니다. 몇몇이 칼을 들고 달려들자 오기는 칼을 휘둘러 앞장선 자들을 베었습니다. 귀족 세력은 잠시 주춤했습니다. "오기를 죽여라!" 외치는 소리만 높았을 뿐, 아무도 선뜻 나서지 못했지요. 좁은 공간에서 칼로 덤벼서는 자칫 일을 그르칠 수 있음을 알았기 때문입니다. 이때 누군가 "활을 쏘아라!" 하고 외쳤습니다. 그러자 오기는 살려는 마음을 버리고 주군의 시신을 자신의 몸으로 덮었습니다.

"내 한 몸 죽는 건 괜찮다. 하지만 주군의 시신을 상하게 하고 너희는 무사할 성싶은가!"

곧 셀 수 없이 많은 화살이 오기에게 날아들었습니다. 최후의 일갈과 함께 마지막 비명을 지르는 오기. 수많은 화살이 박힌 오기의 몸은 마치 고슴도치 같았습니다. 그런데 화살 세례를 받은 건 오기만이 아니었습니다. 초도왕의 시신에도 수십 발의 화살이 꽂혔습니다. 목적대로 오기를 죽였지만 주군의 시신을 훼손하고 만 귀족 세력은 아차 싶었습니다. 후회해봐야 일은 이미 돌이킬 수 없었지요.

변방에서 태자가 돌아왔습니다. 입궐하여 상한 부왕의 시신을 본 태자는 크게 분노했습니다. 당시 화살에는 가문의 표식이 있어, 어느 성씨 어느 씨족의 것인지 알 수 있었다고 합니다. 태자는 화살 주인을 모조리 색출하라고 명을 내립니다. 명백한 증거 앞에 귀족 세력은 빠져나갈 구멍이 없었습니다. 이당시 초도왕의 아들 초숙왕은 귀족 수백 명을 잡아 도륙합니다. 해당 가문의 가족까지 모조리 죽이지요. 결국 오기는 혼자 저승에 가지 않았습니다. 수많은 귀족을 같이 데려갔습니다. 초도왕의 시신 위에 자신의 몸을 던졌을 때 이러한 결말을 계산했을까요? 열혈남아 오기는 죽을 때도 오기다웠습니다.

일설에는 화살을 맞고 죽은 게 아니라 허리를 잘려 죽었다는 말도 있습니다. 《한비자》에 그렇게 기록되어 있지요. 상앙은 사지가 찢기는 거열형, 오기는 허리가 잘린 요참형을 당했다 합니다.*

오기가 화살에 맞아 죽은 바람에 궁중 내에서 참사가 벌어진 것이 맞다면, 초나라의 부족한 점을 알 수 있습니다. 군사력을 극대화해 최강 제국 정예군을 탄생시키겠다고 계획했다면 앞서 반드시 해야 할 과제가 있지요. 바로 표준화와 규격화. 초나라는 이것이 아직 안 되었던 것 같습니다. 화살마다 사거리가 다르고, 부대마다 이동 속도가 다르고, 장비가 서로 호환이 안 되고, 신호 통신 체계가 다르면 군사력을 극대화할 수 없겠지요. 방어는 가능합니다.

---

* 잔인한 이야기이지만 《한비자》 번역본마다 어떻게 죽었는지 조금씩 다릅니다. 어떤 번역본에는 산 채로 잘게 토막을 내서 죽였다고 보기도 합니다. 즉, 포를 떴다고 할 수 있는데, 어쨌든 오기의 최후는 정말 끔찍했습니다.

지역마다 환경에 최적화된 군대가 있다면 방어는 잘할 수 있습니다. 그러나 전쟁에는 방어만 있는 것이 아닙니다. 원정에서도 위력을 발휘할 수 있어야 합니다. 그러기 위해서는 다양한 능력을 갖춘 종합군이 있어야 합니다. 이에 필요한 것이 표준화와 규격화이지요. 이것이 가장 잘되었던 군대는 뒤에 천하를 통일한 진秦나라의 정예군이었습니다. 진秦이 천하를 통일한 후 문자와 도량형을 정비할 수 있었던 것 뒤에는 군사 대국화의 과정에서 겪은 경험이 있었기 때문이지요. 재상 이사의 건의 하나 때문에 진시황이 느닷없이 시행한 일이 아닙니다. 온 중국의 기준과 규격을 통합하는 일이 어찌 만만한 일일 수 있겠습니까?

상앙을 도와 법을 정비하고 일선 관료와 행정인으로 활약한 진秦나라의 묵가 진묵秦墨은 두루두루 통용되는 명확한 기준을 중시했습니다. 이들은 공인이 일할 때 동일한 측량 도구로 치수를 정확히 재고 물건을 만들듯이, 국가도 통일되고 정확한 기준으로 정치를 해야 한다고 주장했지요. 바로 통일된 기준과 원칙을 강조한 것입니다. 이들에 의해 제시된 기준이 진秦나라의 군사 대국화 그리고 통일 후 도량형 통일에 크게 영향을 주었습니다.

초나라에서는 화살을 보면 어느 가문의 것인지 알 수 있었다고 했습니다. 바로 규격화와 표준화가 안 되었다는 증거라고 했습니다. 오기가 초나라에 있는 동안 개혁이 철저하지 못했거나 불충분했던 것일까요? 묵학을 배운 최고의 군사 전문가 오기가 규격화와 표준화에 관심을 두지 않았을 가능성은 적습니다. 초나라 귀족 세력이 오기의 개혁에 조금도 협조하지 않은 탓은 아닌지…. 만약 그들 모두가 표준화된 화살을 썼더라면? 아니 꼭 같은 화살이 아니더라도 가문 표식이 없는, 그저 성능과 크기로만 파악되는 화살이었더라면 그리 쉽게 화를 당하지 않았을 텐데…. 어쩌면 그들은 스스로 죽음을 자초한 것일 수도 있습니다. 오기가 정말 화살을 맞고 죽었다면, 이로 인해 수많은 귀족이 도륙된 게 사실이라면, 이렇게 생각해볼 여지가 충분합니다. 더구나 당시 지배층 대부분이 군사의 일에 관여했던 점을 생각하면 더욱 그렇지요.

초도왕과 오기의 죽음으로 궁중에 피바람이 불자 많은 귀족이 죽어나갔습니다. 이때 양성군도 연루되었습니다. 앞서 말한 대로 맹승이 이끄는 묵자 무리에게 성의 수비를 맡겼던 양성군이 이 사건에 휘말려 왕실과 등을 돌리게 되자, 이것이 원인이 되어 맹승의 묵자 무리 183명이 모두 자진하고 말았습니다. 오기가 의도한 일은 아니었지만 결과적으로 동학들에게 피해를 끼친 꼴이 되었지요. 오기가 위魏나라에 있을 때에는 진秦나라를 몰아붙여 묵가가 진秦나라에 대대적으로 등용되도록 했는데, 초나라에서는 비극의 원인 아닌 원인이 되고 말았네요. 오기와 묵가. 꼭 좋은 인연만은 아니었나 봅니다.

앞서 《한비자》에 따르면 오기가 요참형을 당했다고 했습니다. 오기와 같은 법술지사 상앙은 거열형을 당했다고 했고요. 거열형은 목과 두 팔, 두 다리에 말이 끄는 수레의 줄을 매달아 채찍으로 말을 쳐서 달리게 해 온몸을 찢어 죽이는 정말 끔찍한 형벌이지요. 그러나 오기가 요참형을 당했거나 산 채로 포를 뜨는 능지처참을 당했다면, 상앙보다 더 잔인하게 죽은 셈입니다. 허리를 단칼에 자를 수 없기에 잘릴 때까지 계속 칼로 치는 과정도 그렇지만, 더 잔인한 것이 허리를 자른다고 사람 숨이 곧바로 끊어지지는 않는다고 합니다. 신경이 살아 있고 숨과 정신이 붙어 있는 상태에서 장시간 고통을 겪다가 숨을 거두지요. 운이 좋을 경우 쇼크사로 죽는다지만 만일 오기가 요참형으로 죽었다면 그의 최후는 너무도 슬프고 처참한 결말이 아닐는지…. 이에 포를 뜨는 과정은 아주 말할 것도 없겠지요.

아무튼 사마천은 화살에 맞아 죽었다고 했고, 한비자는 요참형이나 능지처참을 당했다고 했습니다. 법술지사 오기의 비극적인 최후에 대해 극적으로 강조하려다 보니 한비자가 이야기를 꾸민 것일까요?《한비자》는 법가 텍스트로 정치철학서이기 전에 객관적 사실이 충실히 수록된 훌륭한 역사서입니다. 이를 감안하더라도 오기의 최후는 너무 비극적으로 묘사되었다는 생각입니다.

역사적 평가의 한계

초나라에서 오기가 펼친 활약과 그의 죽음을 보노라면, 조국 위衛나라에서 그가 왜 사람을 서른 명이나 죽였고 어머니 장례를 치르지 않아 스승에게 쫓겨났으며 부인까지 죽이고 장수 자리를 구걸했는지 알 수 있습니다. 정확히 말하자면, 왜 이렇게까지 냉혹하고 잔인한 인물로 사서에 묘사되었는지 알 수 있지요.

한비자는 오기의 죽음을 너무도 슬퍼했습니다. 부국강병을 이룬 개혁가이자 법술지사 오기를 자신의 선배로 여겨 그의 비참한 최후를 가슴 아파했지요. 그런데 이 대목에 답이 있습니다. 바로 오기는 개혁가이자 법술지사라는 점이지요. 이것이 오기의 가장 큰 죄였습니다. 개혁가로서 법술지사로서 삶을 살았기에 어머니 장례를 치루지 않았다, 스승의 버림을 받았다, 부인의 목을 베었다는 이야기가 만들어져 사서에서 기록된 것입니다.

붓 대롱을 독차지해 역사를 쓴 유자는 법가와 법가 사상을 굉장히 싫어했습니다. 귀족의 기득권을 제한하고 모든 사람을 군주 앞에 동일한 의무와 권리를 지는 존재로 환원시켜 부국강병을 꾀한 법가 사상을 유자가 좋아할 리 없겠지요. 춘추전국시대에 유가 사상을 '구매'한 사람 대부분은 귀족입니다.*
전통적인 예, 문화, 관습을 존중하고 이로써 나라를 다스리자, 신분은 명확히
하자, 다만 귀족들이 도덕적으로 거듭나 하층민에게 관대하게 대하자, 유학
자, 정확히 말해 공자의 사상을 구매해 자신을 무장한 귀족은 항상 이렇게 주
장했지요. 이 때문에 변법을 통한 개혁을 반대하고 거부했습니다. 이들은 방
어의 무기로 공자를 들먹였습니다. 공자의 말대로 종래의 예와 규범, 관습대
로만 하면 충분한데 왜 법으로 다스리려고 하냐고 항변하며 법치와 개혁을
한사코 거부했습니다. 법치국가에서는 귀족도 법을 어기면 벌을 받아야겠지
요. 하층민처럼 생산을 하고 전쟁에 나가야 합니다. 노비와 대토지를 소유하
고 국가 요직을 독점하여 호의호식하는 이러한 세습적 특권을 법가의 법치
는 부정하기 때문에, 유학을 내세운 귀족이 법가 사상과 법가 사상가를 배격
할 수밖에요. 춘추전국시대부터 만들어진 이러한 유학자의 법치와 법가 사상
에 대한 인식은 유학이 유일한 국가 통치 사상으로 자리 잡은 한漢나라 때부
터 완전히 굳어지게 되었고 동아시아 역사에서 지속되어왔습니다. 지주이자
귀족이고 지식인이자 관료인 사람은 항상 유학자였는데, 이런 자들이 역사를
써왔으니 상앙, 한비자 등 법가 사상가가 줄곧 과소평가되고 이들에게 나쁜
이미지가 채색될 수밖에 없었지요.

  그럼, 오기가 정말 법가일까요? 법가적 특징이 보이고 법가적 개혁의 선구
자라고 할 수 있지만, 그는 본래 유학과 묵학을 배워 그 이념을 자주 주장했

---

* 춘추전국시대만이 아니라 전통적으로 공자의 학문과 유가 사상은 자기 개발과 자기 포장을 위한 것으로 소비되어온
것이 사실입니다. 공자가 말한 대로 백성을 진심으로 아끼고 보듬으려는 지식인과 위정자, 관료가 동아시아 사회에서 얼
마나 있었나요? 과거에 합격하기 위해 궁중에서 말발을 세우기 위해 유가 사상을 '구매'해서 '소비'한 것이지요. 유학자들
이 그렇게 싫어했던 오기가 외려 유가적입니다. 현실에서 철저히 애민 정신을 실현하려고 했으니까요.

고 몸소 실천한 사람입니다. 병법서의 주인공이라는 이유로 병가로 분류되기도 하는데, 이렇게나 입체적인 인물인 그를 법가라고 단정하는 것은 사실 무리입니다. 오기가 초나라에서 보인 행보나 행적을 보면 그냥 묵가라고 할 수도 있습니다. 묵가 역시 법치를 주장했으니까요. 또한 그는 초나라에서 묵가의 가르침대로 착취와 낭비를 근절하기 위해 주력했고 백성에게 줄 것을 확보하기 위해 애썼으니까요. 그런데 상앙이 오기에게서 많은 것을 배워 활용했고 한비자가 자신의 선배로 인식하면서 오기는 법가적 인물이라는 인식이 굳어지게 된 것 같습니다. 이러한 이유로 주유 지식인이나 봉건 귀족은 그를 나쁜 놈으로 만들어야 했습니다.

오기가 정말 위衛나라에서 서른 명을 도륙했고 스승에게 냉정하게 버림받았으며 노나라에서 부인의 목을 잘라 조정으로 들고 들어갔을까요? 부인을 죽였다면 위衛나라에 남은 오기의 후손은 누구의 자손이며, 또 왜 그는 공주와 혼인을 거부했는지 모르겠습니다. 제나라 부인을 죽인 이후에 다른 여자를 만나 자식을 얻었다 하더라도 스승에게 가혹하게 버림받은 자가 유자의 옷을 입고 유세하러 간 부분은 이해되질 않습니다. 그저 법술지사이니 나쁜 자이고, 개혁을 밀어붙였으니 성정이 원래 모질고 각박해 벼락을 맞아도 시원찮은 자인 거지요. 변법과 개혁을 일삼은 자이기에 비록 능력은 뛰어났을지라도 잔인한 사람으로 만들어야 했기에 이런 이야기가 생겨나 사서와 역사소설에 실렸을 뿐입니다.

곽말약이란 사상가도 《술오기述吳起》에서 주장했지요.* 오기와 관련된 나쁜 일화는 봉건 귀족이 만들어낸 이야기라고요. 정작 전국시대를 대표하는 《전

---

* 공원국, 《춘추전국이야기 7》, 역사의아침(위즈덤하우스), 2014.

국책》 같은 사서에는 오기가 나쁜 사람이라는 기록은 전혀 보이지 않습니다. 진정한 군주의 덕과 나라의 보배를 논하며 충직하게 간언한 인물로 나오지요. 그리고 《사기》보다 훨씬 빨리 만들어진 《한비자》와 《여씨춘추》 같은 문헌에도 굉장히 긍정적 인물로 묘사되어 있고요. 오기에게 짓밟힌 진秦나라의 문헌에도 긍정적인 인물로 묘사된 것을 보면, 오기가 그렇게 잔인한 사람이었을 리가 없습니다. 오기를 나쁜 사람으로 매도한 사서를 봐도 그렇습니다. 전체적으로 훑어보면 오기의 긍정적인 면을 모두 감추지 못한 것이 눈에 띄고, 막상 오기를 참소하는 이들은 대부분 이름 없이 말만 기록되어 있는 점도 눈에 띕니다. 이런 점을 보면 꾸며낸 이야기가 덧붙여져 사서에 편입된 것임을 알 수 있습니다.

사마천의 《사기》에서 말한 대로 정말 모진 사람이었으면 자신을 쫓아낸 위衛, 노, 위魏 나라를 그대로 두지 않았을 겁니다. 노나라의 장수였을 때 위衛나라를 칠 수 있었고, 초나라의 재상이었을 때 위魏나라를 침략할 수 있었지만, 그는 자신을 쫓아낸 나라를 상대로 전쟁을 일으킨 적이 없습니다. 또한 사마천 말대로 그가 공명심에 눈이 먼 사람이었다면 노나라를 떠났을 때 제나라로 갔을 것이고, 위魏나라를 떠났을 때 진秦나라로 갔어야 합니다. 자신의 가치를 가장 크게 인정해줄 나라로 갔겠지요. 하지만 그는 그렇게 하지 않았습니다. 자신을 쫓아낸 나라에 한 번도 칼을 겨누지도 않았습니다. 도저히 잔인하고 출세에 눈이 먼 사람이라고 볼 수 없는 행보를 걸었지요. 그는 오히려 진정한 신사였지요. 명예를 중시하는 군자였습니다.

그런데 그가 서른 명이나 도륙하고 부인을 죽였다는 등 악의적으로 꾸며낸 이야기들이, 사마천의 《사기》와 같은 사서에 실려 역사적 사실로 굳어지게 되면서 오기는 모순으로 가득 찬 도통 알 수 없는 인물이 되었습니다. 늘 병사를 사랑했고 자식처럼 돌보았던 사람이 자신의 부인을 죽였다니! 공명심에 눈이 멀었다면서 독선적인 군주에게 기탄없이 직언했다니! 능력은 뛰어난데 재물과 여색을 밝혔다니! 그런데 오기의 정적들은 그를 깨끗하고 흠잡을 구석이 없다고 평하지요. 탐욕스러운 자가 병사와 같이 거친 밥을 먹고 거친 잠자리에 들었으며 자기 식량을 등에 지고 행군했을까요? 오기를 나쁜 놈으로 만들고 싶어 꾸며낸 이야기를 사서에 삽입시켰는데, 오기는 원래 그런 사람이 아니었으니, 같은 사서에서 같은 인물을 이야기하면서도 팩트들이 서로 모순되고 충돌되는 것이지요. 이러한 이유로 오기는 이중인격을 넘어 삼중, 사중 인격을 가진, 다중인격을 가진 자로 읽힙니다. 특히 《사기》를 보면 서로 모순되는 부분이 지나치게 많은데 그가 개혁가인 탓입니다. 다 오기가 초나라에서 지은 '죄' 탓입니다. 변법과 개혁을 단행하고 밀어붙인 바로 그 죽을 죄!

오기를 각박한 인간, 잔인한 사람으로 묘사하고 이러한 이미지가 굳어지게 된 데에는 《사기》의 〈오기열전〉이 결정적이었습니다. 우주의 눈으로 역사를 살핀 역사학자다, 동양역사학의 아버지다 그렇게 평가받는 사마천도 한 인간에 불과합니다. 분명 어떤 역사가도 당대의 지배 관념과 자신의 정치경제적 위치와 입장에서 자유로울 수 없습니다. 사마천도 마찬가지였겠지요. 한무제漢武帝에게 궁형宮刑*을 받았다지만 어디까지나 한나라 조정 지식인이었던 사마천. 당시 한나라는 유학이 국교로 자리를 잡았습니다. 전형적인 한나라 유가 지식인의 눈으로 오기를 그려낸 것입니다. 결국 사마천은 오기와 관련해 악의적으로 꾸며낸 이야기를 삽입하면서 〈오기열전〉을 서술했지요. 유학을

---

* 고대 중국의 5대 형벌 가운데 하나로 생식기를 떼어버리는 형벌을 뜻합니다.

신봉하는 지식인이 법가라고 인식되는 인물에 대해 온전하게 평가할 수는 없었습니다. 전국시대에 유가와 더불어 양대 현학이라고 할 정도로 세상을 지배했던 주류 학문인 묵학의 종사 묵자에 대해, 사마천은 《사기》에서 겨우 스물다섯 자로 소개했을 정도입니다. "송나라의 대부이고 절용을 주장했으며 방어에 능하였다." 그것도 〈맹자순경열전〉에 묻어가듯이 소개했지요. 이처럼 사상적으로 편파적일 수밖에 없는 전형적인 유교 지식인 사마천이 오기에 대해 제대로 서술할 수는 없었을 겁니다. 제대로 서술하면 그게 이상한 일이지요. 일례로 법가 사상가 상앙을 평가한 사마천의 글을 보면 오기를 보는 그의 시각을 알 수 있습니다. 상앙을 사마천은 이렇게 평가했습니다.

> 상앙은 천성이 잔인하고 각박한 사람이었다. … 왕자 건에게 육형을 가하고 위魏의 장군 앙을 기만한 것이라든지 조량趙良의 충고를 듣지 않은 것도 모두 그의 무자비한 인간성을 드러낸 것이다. 나는 법에 의한 통치, 농업과 전쟁의 독려를 주장하는 그의 글을 읽은 적이 있는데, 상앙의 사람됨과 그의 행적이 닮았다는 인상을 받았다. 결국 진秦에서 명예롭지 못한 최후를 맞은 것도 다 까닭이 있었다. _《사기》〈상군열전商君傳〉

초나라에서 상앙과 유사한 행적을 보인 오기. 사마천의 눈에는 상앙이나 오기나 거의 흡사한 인물로 보였겠지요. 이쯤 되면 사마천이 왜 오기를 나쁜 사람 정도가 아니라 반인륜적 행동까지도 서슴지 않은 인물로 이야기했는지 더 이상 설명이 필요 없을 듯합니다.

오기는 무후에게 지형이 덕만 못함을 가지고 설득하였으나 초나라에서 정

사를 행할 적에 각박하고 포악하여 은혜가 적어 그 몸을 망쳤으니 슬프구나. _〈사기〉〈오기열전〉

　사마천은 〈오기열전〉 마지막 부분에 오기 인물평을 이렇게 써놓았습니다. 법가적 개혁을 단행하고 밀어붙이면 그냥 각박하고 포악한 사람인 겁니다. 그러니 오기와 관련된 이야기 가운데 나쁜 것을 상당수 열전에 편입시켜 역사로 기록한 것이고요. 역사는 특정한 사람이 특정한 목적을 가지고 수많은 이야기와 사실을 재구성한 산물일 뿐입니다. 어떤 역사가든 자신의 정치경제적 위치와 자신이 산 시대의 환경, 사회, 문화, 종교적 배경에서 자유로울 수 없습니다. 더 극단적으로 말하자면 정치적, 경제적, 사회문화적, 종교적 편견을 가진 저자가 특정한 목적과 의도 아래 사실이라고 스스로 고집하는 이야기를 재구성해서 세상에 내보이는 것, 그것이 역사입니다. 사마천과 《사기》도 마찬가지입니다. 《사기》가 아무리 동아시아에서 역사의 성전으로 숭배되는 사서라고 할지라도, 우리가 꼭 사마천의 시각으로 오기를 바라보아야만 하는 것은 아니겠지요. 사마천은 법치를 시행했던 진秦나라를 무너뜨리고 천하를 집어삼킨 한나라의 제도권 지식인이었고 유학을 숭상한 사람이었습니다. 《여씨춘추》, 《전국책》, 《울료자》, 《한비자》에서는 오기가 굉장히 긍정적인 인물로 묘사된 것을 보면, 《사기》에 실린 오기에 대한 평가와 시각은 어디까지나 사마천 개인의 생각일 뿐이지요. 우리는 사마천의 관점에서 벗어나야 합니다.

　그런데 《사기》에도 오기의 장점과 은혜로운 면이 부분적으로나마 그려져 있습니다. '오기연저'나 동고동락하는 모습 등의 일화를 제외하고도 말입니다. 사마천이 직접 한 말이 아니라 역사적 인물의 입을 빌려 한 말이지만, 칭찬을 넘어 찬양하고 있는데, 한번 보겠습니다.

"오기는 초도왕을 섬기며 법을 바로 세우고 대신의 위세와 비중을 낮추고 줄였으며 무능한 자를 파면하고 쓸모없는 관직은 없애고 꼭 필요하지 않은 관직은 줄이고 여러 가문의 사사로운 청탁을 막아 초나라의 풍속을 하나로 만들었습니다. 떠돌아다니며 손님 노릇하는 백성을 없애고 농사를 지으며 싸우는 전사를 단련시켜서 남으로는 양월陽越을 거둬들이고 북으로는 진陳과 채를 병합하여…붕당을 금하고 백성을 격려하며 초나라 정치의 초석을 놓았습니다."

"오기가 도왕을 섬길 때 사私가 공公을 해치지 못하도록 하고 참소하는 말이 충성스러운 말을 가리지 못하도록 하고 말을 구차하게 영합하지 않고 의로운 일이라면 어려워도 피하지 않았습니다. 이리하여 자기 군주를 패자로 만들고 자기에게 닥칠 재앙도 피하지 않았습니다."

_《사기》〈범저채택열전范雎蔡澤列傳〉

채택이 재상 범저에게 유세할 때 보면 오기에 대한 평이 두 번 나옵니다. 백성이 마음 놓고 생업에 종사하게 하고 정치를 공정하게 하며 기강을 바로 잡고 낭비를 없애고 군대를 강하게 한 개혁가랍니다. 더욱 인상적인 것은 그 개혁가는 자신에게 닥칠 재앙을 피하지 않은 채 자신의 뜻을 밀고 나갔다고 한 부분입니다. 교훈적인 이야기를 모아 편집한 유향劉向의 《설원說苑》이란 책에도 오기의 이런 면을 확인할 수 있는 이야기가 있습니다. 이 책에는 자신에게 닥칠 재앙을 단순히 피하지 않은 것이 아니라 올 것을 알고 있었음에도 불구하고 뜻을 굽히지 않았다고 합니다. 스스로 운명을 예감하고 있었지만, 오기에게 큰 화가 닥칠 것을 알고 말해주는 이도 있었는데, 그때 오기는 그 사람에게 "나 오기란 사람은 남을 위하여 도모하는 자"*라면서 "재앙을 피할 생각이 없다 그리고 내 뜻을 밀고 나갈 것"이라고 다짐합니다.

이 기록을 보면, 오기는 사람을 위해 일하는 자라는 개혁가의 꿈을 꾸고 있었음을 알 수 있습니다. 그리고 그 개혁가의 꿈은 위민이자, 애민이었고, 민본주의가 구현되는 세상이었습니다. 백성이 착취당하지 않고, 백성에게 자기 몫이 보장되는 세상. 공원국 선생도 오기를 어떻게든 백성의 착취를 막아보려 한 정치가라고 평가하셨는데 착취를 근절하려고 한 개혁가의 꿈은 결국 초나라에서 좌절되고 말았습니다.

개혁을 꿈꾼 오기의 후배가 있었지요. 바로 한비자. 그도 오기와 유사한 모습을 보였습니다. 개혁을 하자는 한비자의 '몸부림'이 너무 위험해 보여 화를 자초할 것이니 그만두는 게 어떻겠냐고, 당계공堂谿公이란 사람이 한비자를 점잖게 타일렀습니다.**

"듣건대 예를 행하고 사양해야 안전할 수 있고, 행실을 닦아 지혜를 감추는 것이 성공의 길인데, 선생께서는 법술을 정비하고 제도를 만들고 계시니 제 생각에는 선생의 신상에 해가 될 것 같습니다. 그러니 위태로운 일은

---

* 起之爲人謀.
** 이 부분을 기존에는 "타일러 말했다. 한비자의 안부가 걱정되어 충고한 것이다"와 같이 해석해왔지만 사실상 협박한 것입니다. "몸조심해라. 그러다가 너 죽는다"라고 위협한 것이지요. 죽일 놈, 살릴 놈 핏대 올려가면서 하는 협박보다 훨씬 무서운 게 점잖은 말로 하는 협박인데, 오기도 실은 예언해주는 사람이 아닌 협박하는 사람을 만난 것이지요. 몸조심하라고 위협하는 인사를 만난 것입니다. 한비자와 오기가 만난 사람 모두 기득권층의 이해를 대변하는 자였고 그들에게 강한 경고의 메시지를 면전에서 받은 것입니다.

접으시고 안전을 도모하시는 게 어떻습니까?"_⟨한비자⟩ ⟨문전門田⟩

그러자 한비자가 대답합니다.

"선생님 말씀은 잘 알겠나이다. 천하를 다스릴 도구와 인민을 평등하게 다스릴 법도를 갖추어 실행하는 것은 진실로 어려운 일입니다. 그러나 선생님의 충고는 거절하고 감히 제가 취하는 바를 고집하는 이유는, 법술을 만들고 제도를 정비하는 것이 진정 백성의 이익을 위하고 백성의 안녕을 도모하는 길이기 때문입니다. 따라서 군주를 혼란스럽게 한다는 누명을 쓰는 화를 피하지 않고 백성이 평등하게 이익을 누리도록 항상 생각하는 것은 어질고 지혜로운 행동이랄 수 있습니다. 군주를 혼란스럽게 한다는 누명의 화를 무서워해 죽음의 위협을 피해가는 것은 자신만을 돌볼 줄 아는 이기적이고 야비한 행동입니다. 저는 차마 이기적이고 야비한 행동을 따를 수 없습니다. 그리고 어질고 지혜로운 행위를 상하게 할 수도 없습니다. 선생님께서 제 안전을 생각하시는 것을 알겠으나 사실 그것은 진실로 저를 해롭게 하는 것입니다."_⟨한비자⟩ ⟨문전⟩

백성의 이익을 위하고 백성의 안녕을 도모하고자 했던 개혁가 한비자. 그도 자신의 운명을 알고 있었고 진秦나라에서 비참한 최후를 맞이했지요. 개혁가의 운명은 어쩔 수 없나 봅니다. 슬픕니다, 한결같았던 그들의 운명이. 더 슬픕니다, 그들에 대한 오해와 저평가가. 그리고 사마천의 역사 인식과 역사 서술이.

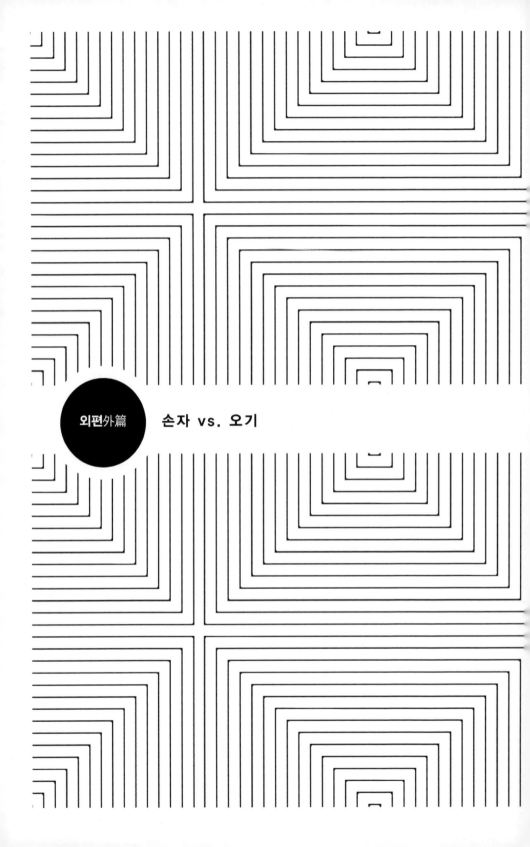

외편外篇 손자 vs. 오기

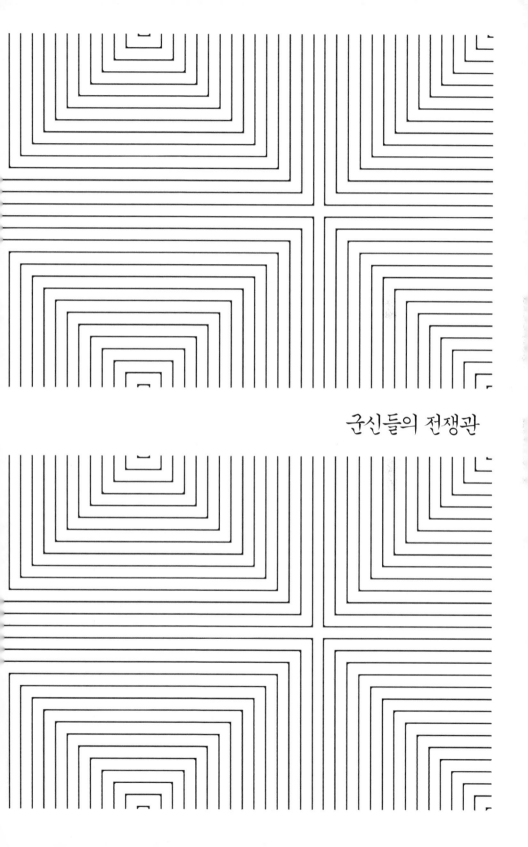

군신들의 전쟁관

전쟁은 경제력이다 vs. 전쟁은 정신력이다

"의로운 군대가 가는 곳에는 농부가 밭을 떠나지 않으며
상인은 점포를 떠나지 않고 선비는 관청을 떠나지 않을 것이니
오직 죄인 한 사람에게만 무력을 보일 뿐, 군인은 칼날에 피를
묻히지 않기에 천하 사람이 친근하게 여기는 것이다."

전쟁은 경제력이다

《손자병법》을 비롯한 고대 중국의 병법서를 읽다 보면 '신전론愼戰論'을 주장
하는 것을 많이 볼 수 있습니다. 어떻게 전쟁에서 이길지 논하는 것이 병법서
일진데, 병법서들은 하나같이 전쟁을 최대한 자제하고 신중하게 생각하라는
신전론을 강조하지요. 앞서 말했지만 《오자병법》도 마찬가지이고요. 병법서
가운데 신전론을 가장 강력히 주장하는 책이 바로 《손자병법》입니다. 손자는
지나쳐 보일 정도로 전쟁을 경계하라고 주지시키며, 군사행동을 하는 것에
신중을 기하라고 거듭 주문합니다. 왜 그렇게 손자는 전쟁을 신중히 생각하
라고 강조했을까요?

　　손자 신전론의 중심엔 경제문제가 있습니다.《손자병법》은 사실 본전 생각으로 가득 찬 병법서이지요. 손자는 국력이 소모되고 깎이는 것을 아주 싫어했고 특히 경제력의 손실을 경계했습니다. '잔고가 비면 전쟁에서 진다' 내지 '패배보다 무서운 게 파산'이 손자의 전쟁관입니다. 이렇듯 손자에게 있어서 전쟁은 딱 잘라 말해 경제력을 겨루는 문제였습니다. 그는 항상 경제문제를 염두에 두고 전쟁을 논하고 있습니다. 전쟁의 물적 토대, 즉 국가의 부와 살림살이를 무엇보다 우선했지요. 경제력이 군사력을 좌우한다고 생각해 경제력을 고려해 전쟁을 피할 수 있으면 최대한 피하라고 합니다. 손자의 시각에서는 경제력이 있어야 잘 싸울 수 있는 것이고, 또 잘 싸운다는 것은 경제력을 최소로 소모하여 이기는 것이지요.

　　《손자병법》에는 전쟁이 그리고 군사를 동원하는 것이 얼마나 국가경제를 소모시키는 것인지를 강조하는 부분을 자주 볼 수 있습니다. 〈작전作戰〉편을 보면 전쟁과 군대 출정은 국가 경제력을 잡아먹는 괴물이라는 것을 알 수 있는데,

　　무릇 군대를 운용하는 일은 공격용 전차 천 대와 보급품을 수송하는 중전차 천 대를 동원하여, 병력 10만 명과 그들을 먹일 군량미를 천 리 먼 거리로 수송하는 것이다. 따라서 전후방에 소요되는 경비와 국빈 사절을 대접할 접대비, 아교칠과 같은 군수물자 수리비, 차량 병기 공급비 등을 포함하면 하루에 천 금 이상의 막대한 경비가 필요하니, 이를 갖춘 뒤에야 군사를 동원해 전쟁을 일으킬 수 있다. _《손자병법》〈작전〉

　　이처럼 막대한 국가 경제력이 소모되는 것이 바로 전쟁입니다. 군량미를

비롯해서 여러 물자를 마련하는 데에 국부가 소모되지요. 손자가 산 시대는 춘추시대 말기. 철기가 완전히 도입되어 생산력이 비약적으로 늘어나기 이전이라, 전쟁이 주는 경제적 부담이 클 수밖에 없었을 것입니다. 그런데 재밌는 것은 그냥 막연히 국부 소모를 걱정한 것이 아니라 귀족의 주머니가 헐거워지는 점을 우려했습니다.

나라가 군대 출병 때문에 재정이 가난해지는 것은 먼 곳까지 군수물자를 실어 날라야 하기 때문이다. 먼 곳으로 수송하다 보면 전쟁 비용을 댄 귀족의 재정이 고갈된다. _《손자병법》〈작전〉

손자가 산 시대에는 백성이라고 하면 어디까지나 하층민과 구분되는 성姓을 가진 사람들, 즉 귀족을 가리키는데, 이들의 재산이 소모되는 것을 특히 우려했습니다.

군대가 주둔한 곳 근처에는 물가가 폭등한다. 물가가 폭등하면 전쟁에 돈을 대는 귀족의 재정이 고갈된다. 귀족의 재정이 고갈되면 세금과 부역이 가중된다. 군대의 힘이 떨어지고 재정이 고갈되며 귀족의 가세가 기울어져서 그들 재정의 7할이 소모된다. _《손자병법》〈작전〉

귀족의 살림살이가 헐거워지는 것을 우려한 손자. 실제 귀족의 재정이 바닥나면 여러 문제가 생깁니다. 지배층이 두텁지 못했고 영토 국가화를 완전히 이룩하지 못한 춘추시대 말기에 귀족이 가난해진다는 것은 곧 국가가 가난해지는 것을 뜻합니다. 국왕이 직접 지휘하는 상비군이 항상 대기하고 있는 것이 아니라, 전쟁이 나면 귀족은 자기 영지의 병사를 데리고 참전하여 싸우는데, 귀족이 가난해지고 동원할 군사의 수가 적어지면 당장 국가 안보가 위협받습니다. 무엇보다 전쟁에서 귀족의 희생이 심해지면 귀족이 이반하게 되어 왕권이 위협받고 쿠데타와 내분이 일어날 수도 있습니다. 이 때문에 전쟁은 위험 부담이 너무도 큰일입니다. 함부로 전쟁을 획책하고 시도하는 것은 무모한 짓이지요.

손자의 생각을 정리하자면, "무턱대고 군사를 모집해서 상대를 도발하거나 적국을 공격해선 안 된다. 우선은 적의 의도와 계략을 근본적으로 좌절시키고 외교를 통해 적국을 고립시켜라. 여러 방법과 수단을 강구해봐야 하는데 그래도 안 될 때 싸워야 한다. 단 싸우기 전에는 여러 기준으로 적과 나의 전력을 비교 분석한 다음에 싸워야 하고, 본격적으로 전투를 시작할 때에도 될수 있는 한 적의 영토에서 싸워야 한다. 그래야 국력 소모를 최소화할 수 있으니. 그리고 적의 영토에서 싸워도 야전을 해야지 적의 성을 공격하지는 마라"는 것이지요. 특히 최대한 공성전을 피하라고 했습니다. 막대한 물자와 병력이 소모되는 공성전을 손자는 매우 싫어했습니다. 공성전을 가장 좋지 않은 방책이라고 했고, 이를 시도해 실패하는 것은 거의 재앙에 가까운 일이라 했습니다.

전쟁 전에 지모를 겨루고 다음으로 외교전을 벌이고 그래도 되지 않을 때 상대와 붙어야 하는데 ,붙기 전에도 여러 거시적, 미시적 항목을 가지고 적과 나의 전력을 차근차근 분석하고, 특히 수치적으로 분석하여 비교하고 계산하라고 합니다. 그럼 손자의 말대로 철저히 비교하고 계산해본 결과 아군이 우월한 전력과 위치, 명분을 가진 것으로 나왔을 때 바로 전쟁을 일으켜야 할까요? 손자는 그렇다고 해도 전쟁에서 이겼을 때 얻을 이익이 없거나 적다면 전쟁을 해서는 안 된다고 합니다. 전쟁을 치르게 되면 왕실뿐만 아니라 귀족도 곳간을 열 수밖에 없는데, 손자가 보기에 귀족에게 전쟁은 투자 행위의 하나였습니다. '컨소시엄'을 구성해서 자본을 모아 '사업'을 할 때 얻을 이익보다 지출할 금액이 더 많다면 그 사업을 해서는 안 되겠지요. 지분을 가진 이들에게 돌아갈 것이 없거나 손해를 끼쳐서야 되겠습니까. 이긴다고 해도 들인 노력에 비해 결과가 보잘 것 없고 정치적 불안 요소를 키운다면 안 하느니만 못합니다. 우리가 적보다 우세한 전력을 가졌다고 하더라도 전쟁으로 얻을 이익이 적거나 없다면 하지 말아야지요. 이처럼 손자는 경제문제를 강조합니다.

또한 손자는 경제문제를 고려해 전쟁에서 최대한 빨리 이기라고 합니다. 손자의 말에 따르면 "졸속拙速"하게 승리하랍니다. 우리는 졸속이라는 말을 좋지 않은 의미로 사용합니다. '졸속 공사', '졸속 행정'이라고 말할 때 우리는 '날림 공사', '부실 공사', '전시 행정' 등을 떠올립니다. 그러나 손자가 말하는 졸속이란 이상적인 승리의 조건입니다. '빠르고 단순하다'라는 뜻으로, 졸속하게 이기라는 것은 빠르고 단순하게 이기라는 뜻이지요. '시간을 지체하지 말고 이겨라. 그렇지 않으면 병사들은 지치고 국가는 가난해지고 다른 적국의 침입을 초래할 수 있다'는 의미입니다.

나아가 손자는 약탈을 강조합니다. 지금까지 번역자들은 주로 '현지 조달'이란 말로 순화해서 소개했지만, 사실 약탈하라는 뜻입니다. 손자가 약탈을 강조한 까닭은 이렇습니다.

나라가 군대 출병 때문에 가난해지는 것은 먼 곳까지 군수물자를 실어 날라야 하기 때문이다.

지혜로운 장군은 적에게서 식량을 구하니 적의 식량 한 종은 아군의 식량 스무 종에 해당하며, 적의 사료 한 섬은 아군의 사료 스무 섬에 해당한다.

_《손자병법》〈작전〉

　전쟁에서 보급은 참 힘든 일입니다. 특히 병사들을 먹일 식량 보급은 시간과 비용을 굉장히 많이 잡아먹습니다. 보급로가 길어질수록 부담은 기하급수적으로 증가합니다. 군사경제학상 약탈은 어쩔 수 없는 일인 경우가 있습니다. 손자는 무엇보다 경제문제를 중시했기 때문에 이를 장려한 것이지요. 그렇더라도 약탈에는 문제가 많습니다. 그 과정에서 강간, 살인, 방화 등 민간인 희생이 생길 수밖에 없습니다. 게다가 군기가 문란해질 수 있으며 적국의 결사 항전 의지를 높일 수도 있습니다. 그럼에도 손자는 거듭 약탈을 장려하지요. 이러한 면은《손자병법》의 어두운 부분이랄 수 있습니다.

　경제문제를 중시한 손자. 그런데 그가 단순히 경제적 손실을 두려워하기만 했을까요? '신중하라, 조심하라, 빨리 끝내라, 약탈하라'는 말만을 했을까요? 자, 앞서 말한 대로 손자는 경제력이 군사력을 결정한다고 보았습니다. 중요한 것은 전쟁을 치르기 전에 국부를 키우는 일입니다. 생산된 식량이 증가해 많은 병력을 부릴 수 있다면? 전쟁에서 동원할 수 있는 물자의 양이 많아진다면? 전쟁에서 물자의 소모가 있어도 금방 회복하여 국가경제를 추스를 수 있는 힘이 있다면? 이런 나라는 상대국보다 우월한 전력과 여건에서 싸울 수 있습니다. 부국강병이라고 하는데, '강병' 이전에 '부국'이 먼저이지요. 이를 간파한 손자는 토지를 논하면서 부국을 이야기했습니다.

　병법에서 첫째는 토지의 면적, 둘째는 양식, 셋째는 병력의 수, 넷째는 전력의 우열, 다섯째는 승리라 할 수 있다. 국토에서 토지의 면적이 결정되고, 토지의 면적이 식량의 양을 결정하고, 식량의 양은 병력의 수와 무기의 수량을 결정하며, 병력과 무기의 수량은 전력의 우위를 결정하고, 전력의 우위는 승리를 결정한다. _《손자병법》〈군형軍形〉

'전쟁은 경제력이다'라는 논리를 단적으로 증명하고 있습니다. 개간된 토지가 있어야 국가 생산력과 생산량이 늘어나고, 생산력과 생산량이 늘어나야 병력과 무기도 충분히 확보되고, 그렇게 확보된 병력과 무기는 전력의 우위에 서게 해 승리를 가져다줍니다. 전쟁은 경제력! 당시 경제력은 곡물 생산력과 생산량에 따라 결정되었습니다. 이는 당연히 국토의 크기, 특히 개간된 토지의 규모에 따라 결정되겠지요. 결국 문제는 토지. 바로 토지가 당시 경제력의 원천이었습니다.

손자는 군사력을 좌우하는 경제력에 대해 그리고 경제력을 좌우하는 토지의 규모에 대해 말했습니다. 그런데 그는 어떻게 경제력을 높일 것인지, 즉 어떻게 토지를 확보하고 개간할지에 대해선 따로 밝히지 않았습니다. 이는 《손자병법》을 읽은 이들이 토지 문제를 비롯해 전반적인 국가 생산력에 대해 고민할 수밖에 없게 되는 이유입니다.

경제문제로 인해 전쟁에 대해 신중히 생각해야 하고, 전쟁을 '졸속'으로 치러야 하고, 약탈도 서슴지 말아야 하며, 평소에 국가의 부를 신장시키는 데 전력을 다해야 하고…. 이렇게 눈에 보이는 경제적 조건, 수치화할 수 있는 물적 요소에서 부국강병이 시작된다고 말하는 손자, 바로 그와 대조되는 것이 유가의 관점입니다. 유가는 정신적, 무형적 요소를 강조하고 이것이 부국강병의 근본이라고 말합니다. '천시는 지리보다 못하고 지리는 인화보다 못하다'고《맹자》에 나옵니다. 이와 더불어 사서四書로 대접받는《대학大學》에는 정신적 요소, 무형적 요소를 더욱 강조합니다.

> 군자는 먼저 덕을 닦아야 한다. 덕이 있으면 이에 백성이 있고, 백성이 있
> 으면 절로 토지가 생기고, 토지가 있으면 이에 재정이 확보되고, 재정이 있
> 으면 절로 국력을 확장하는 데 쓸 수 있다. 부국강병에는 군자의 덕이 근본
> 이고 재정이 말단이다. 그런데 근본을 도외시하고 말단을 근본으로 삼으
> 니 온 나라 사람들이 서로 다투고 빼앗으려고 혈안이 된다. 그러므로 재물
> 이 모이면 백성이 흩어지고 재물이 흩어지면 백성이 모이는 것이다. _《대학》

정신적이고 무형적인 요소인 지도자의 덕성과 인격이 부국강병의 토대라고 말하는 유가. 유학을 배운 오기에게도 눈에 보이지 않고 수치화해 파악할 수 없는 정신적 요소가 매우 중요했습니다. 그에게 전쟁은 한마디로 정신력이라고 할 수 있습니다.

전쟁은 정신력이다

그렇기에 지도자가 문덕을 닦아 선정의 공동체를 만들어야 하고 공동체 구성원은 자신이 사는 나라에 애정이 있어야 합니다. 군대에서 장수는 부하를 자식처럼 아껴야 하고 병사는 상관을 신뢰하고 동료를 자신과 한 몸처럼 생각해야 합니다. 원하면 기회를 주고, 신분 상승과 보상을 보장하며, 싸우다 죽더라도 가족을 돌봐줄 것을 약속하고, 용사와 전사로서 명예와 자부심을 가지게 하는 등 동기를 부여하고 용기와 투지를 극대화합니다. 이 모두 정신력

을 위한 것입니다. 만약 병사들이 나라에 애정이 있고, 주인의식이 있으며, 군대에서 동료와 상관을 믿고 사랑하며, 용기와 투지, 명예와 자부심을 갖춘다면, 이러한 군대는 엄청난 위용과 위력을 떨칠 것입니다. 오기는 이를 주장하기만 한 것이 아니라 실전에서 보여줬습니다. 실전에서 정신력이 얼마나 무서운지 검증해주었지요.

병사들이 정신력을 갖추고 발휘하게끔 하기 위해서는 그렇게 할 수 있는 환경을 만들어주어야 합니다. 여러 조건이 맞아야 하지요. 단순히 정신력이 중요하다고 주문처럼 읊어서는 안 되겠지요. 보통 유학자들은 "위정자가 덕을 닦고 모든 백성의 어버이가 되어 백성을 아껴야 한다. 최대한 백성을 관대하게 대하고 세금을 가볍게 거둘 것이며 형벌을 가혹하게 해선 안 된다"라고 주장합니다. 그러나 오기는 이렇게 주장하는 선에서 그치지 않았습니다. 그는 이를 위한 여러 방안과 대안을 제시했고 실행에 옮겼습니다. 그렇다고 경제문제를 도외시한 것은 아니었지요. 앞서 보았듯이 하나의 유기체인 군대가 올바로 기능하기 위해서는 물적 요소도 매우 중요하기 때문입니다. 다만 물적 요소보다 정신적 요소가 중요하다고 보고 이를 역설한 것입니다.

또한 오기는 손자와는 달리 약탈을 엄금했습니다. 약탈을 하면 경제적 이로움이 매우 크다고 해도 민간인이 큰 피해를 입을 수밖에 없겠지요. 전쟁을 하더라도 반인륜적 행위는 삼가야 합니다.

"적국을 공략한 후에도 원칙이 있습니다. 성을 함락하고 나면 각 관청으로 들어가 관속을 통제하고 모든 기물을 접수합니다. 군대가 주둔할 때는 함부로 양민들의 나무를 베거나 집을 훼손하지 않도록 하며 곡식을 약탈하고 가축을 도살하며 재산을 불태우지 않도록 해서 적국 백성에게 적의가 없다는 것을 보여주어야 합니다. 그리고 투항을 원하는 자가 있으면 받아주고 아량을 베풀어야 합니다."[52] _〈응변〉

약탈은 그 자체가 지극히 반인륜적 행위이기도 하지만 다른 문제가 더 있습니다. 먼저 병사들의 군기가 문란해집니다. 그리고 적의 결사 항전 의지를 높여줍니다. 무엇보다 빼앗은 성을 자국의 영토로 편입하는 데 있어 큰 방해가 됩니다. 때는 전국시대입니다. 적의 거점을 무너뜨리고 적을 패배시키는 것에 만족해서는 안 되지요.

전국시대라고 해서 덮어놓고 무조건 잔인하게 전쟁할 까닭은 없습니다. 천하의 주인 자리에 앉기 위해 경쟁한 시대이니만큼 적의 영토를 자국의 영토로 흡수하고 적의 백성을 끌어안아야 합니다. 또 원정을 떠날 때 새로이 편입시킨 영토가 안정된 중간 기지와 거점 역할을 할 수 있도록 해야 하지요. 만약 약탈을 자행하고 성의 기물을 부수고 민가에 불을 지른다면 어떻게 점령지를 자국의 영토로 만들 수 있겠습니까? 전쟁에서 승리한 자는 점령지 백성을 위로하고 달래야 합니다. 또한 약탈을 삼가야 합니다. 점령지의 민심을 수습하고 인프라가 온전하게 남아 있어야 자국의 영역으로 만들 수 있겠지요.

공격과 정복만이 아니라 영역화까지 해야 했고, 이것이 무엇보다 중요했던 때가 바로 전국시대입니다. 약탈은 앞을 내다보지 못하는 지극히 미련한 행위일 수밖에 없습니다. 인륜과 반인륜, 인도人道와 비인도를 논하기 전에 애써 거둔 승리의 과실을 없애버리는 행위와 같습니다. 장기적이고 완전한 승리를 원하는 자가 절대 해서는 안 될 행위이지요. 오기가 약탈을 금지한 이유는 바로 여기에 있었습니다. 실제 오기의 영향을 받은 《울료자》에서도 약탈을 엄금하는데,

무릇 군대란 죄가 없는 성을 공격해서는 안 되며 죄 없는 사람을 죽여서도 안 된다. 백성의 부형을 죽이고 백성의 재물을 강탈하고 백성의 자녀를 첩으로 삼는 것은 모두 도둑질이다. 군대란 폭란한 자를 치고 불의를 금하기 위해 쓰는 것이다. 그러니 의로운 군대가 가는 곳에는 농부가 밭을 떠나지 않으며 상인은 점포를 떠나지 않고 선비는 관청을 떠나지 않을 것이니 오직 죄인 한 사람에게만 무력을 보일 뿐, 군인은 칼날에 피를 묻히지 않기에 천하 사람이 친근하게 여기는 것이다. _《울료자》

역시 《울료자》에도 적국의 백성이 우리를 친근하게 여기게 하라고 하네요. 이 또한 정신적 요소, 즉 정신력으로 귀결되는 듯한데요, 이를 보면 《손자병법》에서 약탈을 권장한 부분이 더 아쉽게 느껴집니다. 손자를 극찬하고 떠받드는 사람들이 숨기고 싶은 부분이겠지요. 약탈에 있어서는 오기와 손자의 관점이 확실하게 대조됩니다.

정말 전쟁은 경제력일까요? 아니면 정신력일까요?

고구려 안시성安市城 전투를 보면, 방어 또는 수성전에서만큼은 정신력의 비중이 훨씬 더 크다고 보입니다. 당시 당태종唐太宗의 군대에 패배해 투항했던 고연수高延壽라는 고구려 장수는 안시성 공략을 극구 말렸습니다. 고연수는 태종에게 안시성을 놔두고 곧바로 평양을 공격하라고 조언하면서 다음과 같이 말했습니다.

"안시성 사람들은 집을 돌보고 아끼어 스스로 싸우니 빠른 시간 안에 함락시킬 수가 없습니다. 그러니 평양을 직접 공격해야 합니다." _《신당서新唐書》

　안시성에 집과 가족을 거느린 토착병으로 수비군이 구성되어 있고 성 안에 내부 갈등이 없으며 단결력이 강하다고 하는데요, 이런 군대는 수성전과 방어전에서 괴력에 가까운 투지와 전투력을 발휘합니다. 내 가족과 집이 바로 뒤에 있다는 절박함, 성 안의 모든 백성이 하나로 뭉쳐 뿜어내는 단결력, 이런 정신력이 괴력으로 드러나는 것이지요. 더구나 수성전에서는 전문적으로 훈련받은 병사만이 아니라 민간인도 전투를 도울 수 있기에 정신력이 더욱 중요합니다. 이런 성이 만들어지려면 성주는 지도력이 탁월해야 하고 평소 선정을 베풀어야 하지요. 과연 안시성은 당고종唐高宗 때 고구려가 패망할 때에도 함락되지 않았다고 합니다. 전쟁은 정신력이다. 수성전과 방어전에서만큼은 정말 진리라고 생각합니다.

전쟁은 속임수다 vs. 전쟁은 격동이다

"승리하는 군대는 마치 물과 같다. 물이란 본디 약하기 짝이 없지만
계속 부딪쳐 언덕도 무너뜨리고 만다. 그 까닭은 물의 성질이 오로지
한 방향으로만 흐르고 한곳에 끊임없이 부딪치기 때문이다."

전쟁은 속임수다

전쟁이라고 하는 것은 적을 속이는 일이다.*

손자가 산 시대는 춘추시대 말기입니다. 전국시대를 눈앞에 둔 시기. 앞서
말한 대로 귀족적 품위와 암묵적인 룰이 존중된 춘추시대적인 전쟁은 사라지
고 수단과 방법을 가리지 말고 싸워야 할 때가 온 것이지요. 매복과 기복, 기
만전술과 포위 공격을 서슴지 않고 할 수 있고 또 해야 하는 시기였습니다.

---

* 兵者 詭道也.

손자는 드러내놓고 기만전술을 주문했습니다. 언제든 상대를 속일 수 있어야 한다고요. 이제 정말 춘추시대는 잊어야 했습니다. 그러나 아직 춘추시대적 한계가 남아 있었지요. 당시엔 무기의 화력이 약했고 군대의 보급 능력도 떨어졌습니다. 군대의 규모화와 상비군화도 덜 진행되었습니다. 이로 인해 속이는 전략, 즉 기만전술의 비중이 특히 클 수밖에 없었습니다.

속이려면 어떻게 해야 할까요? 우선 자신을 숨기고 은폐해야 합니다. 속이려면 절대 자신을 드러내선 안 되지요. 반대로 상대는 최대한 드러나게 해야합니다. 상대를 드러나게 한다는 것은 상대의 의도를 꿰고 있거나 상대의 허실을 파악하고 있다는 것입니다. 손자에게 있어 전쟁과 승패는 '무無와 유有'라는 열쇳말로 상당 부분 설명할 수 있습니다. 얼마나 나를 '무'로 그리고 상대를 '유'로 만들어놓느냐의 싸움이 바로 전쟁이고 승부의 분수령입니다. 아군의 허실을 최대한 무, 즉 감추어야 하고 적군의 허실을 유, 즉 최대한 드러나게 해야지요. 그리고 자신의 허실을 감추는 정도가 아니라 실을 허한 것으로 위장하고 허를 실한 것으로 위장하면 더욱 좋습니다. 이렇게 한다면 적군이 헛발질하게 되고 적의 급소를 아군이 칠 수 있습니다. 확실하게 전쟁에서이기는 방법이지요. 손자에게 전쟁은 진정 속임수입니다. 최대한 상대를 속여야 합니다. 그럼 그 방법을 살펴보겠습니다.

먼저 상대를 속이기 위해선 우선 '지기知己', 즉 나를 알아야 합니다. 나의강점과 약점을 완전히 파악해야 합니다. 그리고 이것을 꼭꼭 숨겨야 합니다.더 나아가 강점을 약하게 포장하고 약점을 강하게 보이도록 위장까지 할 수있으면 더욱 좋지요. 위장을 통해 상대를 기만해야 하는데, 설령 위장과 기만에 성공하지는 못해도 최소한 적군이 많은 경우의 수를 놓고 고민하게 해야합니다. 그렇게 만들어야겠지요.

다음으로 '지피知彼'를 해야 합니다. 상대를 알아야 합니다. 상대의 의도를 알고 적의 허실을 파악할 수 있어야 합니다. 적의 강점을 피하고 약점을 노리고, 적이 생각지 않은 곳을 공격해야 합니다. 이를 '피실격허避實擊虛'라고 합니다. 특히 아군의 강점으로 적군의 약점을 쳐야 공격에서 효과가 극대화됩니다. 이것을 '이실격허以實擊虛'라고 합니다.

그러므로 능하면 능하지 못한 것처럼 보이게 하고, 유능한 사람을 등용하면 등용하지 않는 것처럼 보이게 하고, 가까이 가서 공격하려면 멀리 달아날 것처럼 보이게 하며, 멀리 달아나려면 가까이 가서 공격할 것처럼 보이게 한다. _〈손자병법〉〈허실虛實〉

상대방의 준비가 안 된 곳을 공격하고, 상대방이 생각하지 못할 때 출격하라. 이것이 병가의 승전 방법이니 전쟁하기 전에 먼저 노출시켜서는 안 된다. _〈손자병법〉〈계計〉

이렇게 자신을 위장해서 상대를 속이고, 또 어떻게든 상대의 허점을 공격해야 승리를 가져올 수 있습니다. 이렇게 하기 위해선 전제 조건 두 가지가 있습니다. 첫째, 정보를 충분히 확보해야 합니다. 둘째, 확보된 정보를 기초로 하여 전략 회의를 통해 계획을 최대한 치밀하고 빈틈없이 짜야 합니다.

먼저 정보의 질과 양에서 상대를 압도하기 위해 손자는 간첩을 활용해야 한다고 주장했습니다.

현명한 군주와 장수가 일단 전쟁을 시작해 완승을 거두고 남보다 뛰어난 공을 세우는 까닭은 바로 사전에 적의 정황을 정확히 파악하고 있기 때문이다. 적의 정황은 귀신의 도움을 받거나 점을 쳐서 얻는 것이 아니며 과거 사례를 종합해서 경험으로 추측할 수 있는 것도 아니다. 오로지 적의 상황을 아는 사람, 즉 간첩을 통해서만 수집할 수 있다. _《손자병법》〈용간用間〉

《손자병법》의 마지막 편은 간첩을 활용하라는 뜻의 〈용간〉 편입니다. 승리하기 위해선 정보전에서 이겨야 하는데, 정보전에서는 간첩이 주역입니다. 그러니 간첩을 국가에서 대대적으로 키우고 조직해야 하겠지요. 이것이 손자의 생각입니다.

무릇 십만의 군대를 일으켜 천 리의 출정 길에 오르면 귀족의 비용과 왕실의 재산에서 날마다 천 금이 소모되고 나라의 안팎에 소동이 일어나고 군수물자 부담으로 생계를 지키지 못하는 가구가 칠십만이 된다. 서로 수년간 버티는 것은 하루의 승리를 얻으려는 것인데도 벼슬과 돈을 아까워하여 적의 정보를 얻지 못하는 것은 어질지 못함의 극치로 백성의 장수도 아니고 군주를 지키는 자도 아니며 전쟁에 이기는 군주도 아니다.

_《손자병법》〈용간〉

정보전을 담당할 간첩을 육성하고 부리는 데 있어서 인색한 것은 정말 어리석은 통치 행위라고 말하는 손자는 다섯 종류의 간첩을 양성해 운영하라고 합니다.

향간饗間, 적국에 사는 민간인을 포섭해서 간첩으로 만들어야 한다.

내간內間, 적국의 관리를 포섭해서 간첩으로 만들어야 한다.

반간反間, 적국의 간첩을 역이용해야 한다.

사간死間, 우리 측 간첩을 통해 거짓 정보를 적에게 흘려야 한다(거짓 정보를 전하는 일은 적의 심장부로 가야 하기 때문에 목숨을 걸어야 하는 매우 위험한 일입니다. 그래서 죽을 '사' 자를 써서 사간이라고 합니다).

생간生間, 적국에 파견된 간첩이 정찰 활동을 마친 후 반드시 살아 돌아와 정보를 전달하게 해야 한다(적국에 파견되어 고급 정보를 손에 쥐고 살아 돌아오는 간첩이 생간입니다. 반드시 살아 돌아와서 정보를 주어야 하기 때문에 생간이라 합니다).

_《손자병법》〈용간〉

이처럼 간첩과 스파이를 대대적으로 활용하라고 주문합니다. 그런데 이렇게 하려면 상당한 비용이 소모되겠지요? 사람을 부려 위험한 일을 맡기고 적국 사람을 포섭하고 매수하는 것이 공짜로 될 수는 없는 노릇인데, 간첩 육성과 활용에 적극적으로 투자하라고 말하는 손자. 그에게 전쟁은 역시 경제력인가 봅니다.

간첩 활동을 국가 기능의 일부로 인정할 정도로 정보전을 중시한 손자는 그다음으로 전략 회의에서 이기라고 주문합니다. 간첩을 통해 정보를 충분히 손에 쥐었다면, 이것을 기초로 최대한 치밀하게 전략을 짜 필승의 교두보를 마련해야 할 것입니다. 절대 싸움을 걸어놓고 이기는 것을 추구해서는 안 되며, 전략 회의에서 이기고 나서, 즉 승리할 상황을 만들고 나서 실전에 돌입하라고 했습니다.

무릇 싸우기 전에 묘산廟算에서 이기는 것은 계산하는 것이 많기 때문이다.

싸우기 전에 묘산에서 이기지 못하는 것은 계산하는 것이 적기 때문이다. 계산하는 것이 많은 쪽이 계산하는 것이 적은 쪽을 이기는데 어떻게 계산하지 않을 수가 있겠는가? 나는 이런 점을 보기 때문에 승부를 명확히 알 수 있다. _〈손자병법〉〈모공謀攻〉

'묘당廟堂'이란 공간에서 작전 회의를 하는데 거기에서 이겨야지요. 손자에게 있어 실전은 사실상 승리를 확인하는 과정에 불과합니다. 승패는 이미 실전에 돌입하기 전에 결정 나 있습니다. 정보를 충분히 확보한 군 수뇌부는 적의 허실을 꿰뚫어 작전 회의에서 빈틈없이 전략과 전술을 짜야 합니다. 이윽고 전장에서 상대를 속이고 기만하고 허점을 공격해 손쉽게 승리를 얻습니다. 정보와 치밀한 계산 없이 무턱대고 덤비는 일은 패배를 자초하는 길일 뿐. 아무 정보도 아무 작전도 없이 어떻게 상대를 속이고 상대의 허점을 공략하겠습니까? 손자의 생각은 이렇습니다. 정보를 충분히 확보하고 작전 회의를 빈틈없이 해서 싸우기 전에 이겨라! 싸우기 전에 이겨야 한다!

전쟁은 격동이다

오기 역시 치밀한 준비와 작전의 수립, 그리고 충분한 정보의 확보에 대해 소홀하지 않았습니다. 앞서 〈요적〉 편을 통해 그가 적을 파악하는 것을 얼마나 중시하는지 알 수 있었지요. 확인한 바대로 적과 상황에 따른 그의 맞춤별 전략전술이 현란하게 서술되어 있었고요. 손자만큼 기만전술을 강조하지는 않았지만, 오기도 사전 준비를 충실히 하라고 했고 적의 허실에 맞게 전략과 전술을 세워 싸우라고 했습니다. 그럼 손자와 비교해 오기는 무엇이 다를까요?

오기는 손자와 달리 강한 정예군과 상비군을 거느리고 싸웠습니다. 훈련과 실전 경험, 전투력과 용기 등에서 질적으로 매우 우수한 정예군이 있었기에 기만전술과 속임수가 차지하는 비중이 적을 수밖에 없었습니다. 아군이 일대 일 전투에서 압도적이라 정면 승부에서 자신이 있을 수밖에요.

무엇보다 실전은 실전입니다. 실전에서는 예상치 못한 변수가 시시각각 발생합니다. 적의 허실에 대해 아무리 사전에 치밀하게 꿰고 있어도, 실전에서는 예상치 못한 곳에서 적이 허점을 보일 수 있습니다. 바로 그때 적의 허점을 얼마나 빠르게 또 최대한 집요하게 공격할 수 있느냐가 승패의 분수령이 되기도 합니다. "전쟁은 격동이다"라고 말한 알렉산드로스 대왕 역시 이것을 중시했습니다. 아군이 적군에 비해 규모가 작고 전력이 뒤져도 괜찮습니다. 상대가 거대한 댐일지라도 작은 균열 하나만 생기게 하면 됩니다. 아무리 댐이 크더라도 작은 균열 하나로 무너뜨릴 수 있습니다. 오기의 작전을 보면, 적 본진을 향해 과감히 돌파하기도 했고, 적의 가장 강한 부분을 치기도 했으며, 적의 측면과 후방을 기습하기도 했지요. 돌격대, 특공대, 별동대 등을 통해 적진에 균열을 내고, 임무가 자유로운 예비부대를 투입시켜 그 부분을 집중 타격했습니다. 송곳과 드릴로 틈을 내고 다음으로 망치와 모루, 도끼가 들어가는 전술이지요.

적군과 비교해 아군의 전력이 처집니다. 여러 방면에서 아군보다 적군이 우월한 위치에 있습니다. 이런 상황이라면 손자는 절대 전쟁하지 말라고 할 것입니다. 정보를 많이 모았지만 속일 방법이 잘 떠오르질 않습니다. 적의 허점이나 약점이 뚜렷하지 않고, 또 그것을 타격할 확실한 방법마저 없습니다. 역시 손자는 이런 상황에서도 전쟁하지 말라고 할 것입니다. 그러나 오기는 다릅니다.

오기는 기존의 전술에 얽매지 않고, 기능적으로 군대를 재구성하여, 용감하고 빠르게 움직이며 목숨을 내던지는 정예군을 육성했습니다. 오기에게 전쟁은 속임수이기보단 정예화와 격동입니다. 정예화 군대는 수학적 계산, 수치를 통한 비교로는 가늠할 수 없는 위력과 화력이 있습니다. 설사 아군이 전력 면에서 객관적으로 뒤진다고 해도, 특공대, 돌격대, 결사대를 자유롭게 운용할 수 있는 오기는 어떤 상황에서도 이길 자신 있기 때문입니다. 전쟁은 속임수가 아닙니다. 오기에게 전쟁은 정예화와 격동입니다. 질에서 압도적으로 우수한 군사를 확보해서 강한 화력과 투지로 적과 맞서, 속도로 적을 몰아붙이면 누구든지 이길 수 있습니다.

> 승리하는 군대는 마치 물과 같다. 물이란 본디 약하기 짝이 없지만 계속 부딪쳐 언덕도 무너뜨리고 만다. 그 까닭은 물의 성질이 오로지 한 방향으로만 흐르고 한곳에 끊임없이 부딪치기 때문이다. 만일 막야莫耶* 같은 예리한 검과 물소 가죽과 같은 튼튼한 갑옷으로 무장한 병사를 이끌고 적절하게 전술을 구사한다면 천하에 이를 당할 자가 없을 것이다. _〈울료자〉 〈무의〉

《울료자》〈무의〉편에 나오는 말입니다. 물에 비유하여 오기식 정예군의 위력과 격동의 전술을 말하고 있습니다. 좋은 장비로 무장한 정예화 군사를 이끌고 상대방의 균열을 강하고 집요하게 타격하면 이길 수 있다고 단언하고 있습니다. 언덕도 무너뜨리는 물처럼이요. 손자도 승리하려는 군대는 물과 같아야 한다고 말했습니다. 하지만 격동과 집중 타격이 아니라 변화를 강조

---

* 오나라 합려왕闔閭王 때 만들어진 천하제일 청동검.

하기 위해서였지요.

물이 지형에 따라 흐름을 만들듯, 전쟁은 적에 따라 승리를 만든다. 그러므
로 군대는 고정된 형세가 없어야 하니 마치 물이 고정된 형태가 없는 것과
같다. 적에 따라 변화하여 승리를 얻을 수 있는 자를 신이라고 부른다.

_《손자병법》〈허실〉

인용문을 보면 손자는 고정된 모습이 없는 물처럼 유연하게 변화하면서 싸
우라고 합니다. 물을 통해 비유한 것은 같지만 말하는 바는 다르지요. 이 부
분에서 오기와 손자가 뚜렷이 대조됩니다. 속임수와 기만, 그리고 정예화와
격동. 과연 전쟁의 승패는 어느 것이 결정할까요?

승리는 세에서 구한다 vs. 승리는 인간에게서 구한다

"한 사람이 전투의 기술을 익히면 열 명을 가르칠 수 있고 열 명은
백 명을 가르칠 수 있으며 백 명은 천 명을 가르칠 수 있고 천 명은 만 명을
가르칠 수 있고 만 명은 3군을 모두 가르칠 수 있다."

승리는 세에서 구한다

전쟁을 잘하는 장수는 승리를 세에서 구하지 사람에게서 구하지 아니한
다. 사람을 버리고 세에 의지해야 한다. 세에 의지하는 자는 병사를 싸우게
하는 것을 통나무나 돌을 굴리는 것처럼 한다. 통나무와 돌의 성질은 안정
된 곳에 두면 가만히 있지만 기울어진 곳에 두면 움직이며 모난 것은 멈추
어 있지만 둥근 것은 움직인다. 그러므로 병사를 세로 움직여 잘 싸우게 하
는 것은 마치 둥근 돌을 천길 높은 산에서 굴리는 것과 같으니 이것을 세라
고 한다. _《손자병법》〈세勢〉

손자는 승리를 사람에게서 구하지 말라고 합니다, 즉 승패는 사람에게 달린 게 아닙니다. 세에 달린 것이니 승리를 철저히 세에서 찾아야 합니다. 사람을 믿지 말고 세를 믿으라고 말하는 손자. 그가 말하는 세는 무엇일까요? 주도권 내지 전략적 이로움, 즉 상대와 비교해서 내가 가지는 우월한 위치와 우월한 힘을 뜻합니다. 항상 주도권을 쥐고 싸워야 하고, 그때그때 전략적 이로움을 만들어가야 하며, 상대보다 우월한 위치에서 우월한 전력으로 싸울 수 있어야 합니다. 그래야 이길 수 있지요.

승리를 가져다준다는 손자의 세를 좀 더 자세히 살펴보면 맥락이 둘이라는 것을 알 수 있습니다. 장수가 병사에 대해서 가지는 세와 아군이 적군에 대해 가지는 세.

첫 번째 맥락의 세, 즉 장수가 자신의 병사에게 가져야 하는 세를 살펴보지요. 장수는 병사와 비교해 항상 높은 자리에 서 있어야 합니다. 지휘와 명령을 언제든 관철시킬 수 있어야 하고 병사를 강하게 통제할 수 있는 자신만의 독점적인 힘이 있어야 합니다. 이것이 첫 번째 맥락의 세입니다.

이를 위해서는 먼저 군주에게 부대 지휘에 대한 전권을 위임받아야 합니다. 군주의 신뢰와 지원이 중요하지요. 그다음으로, 상과 벌을 엄격히 적용해야 하는데요, 특히 벌이 중요합니다. 군주가 믿는 장수가 상과 벌을 강력하게 적용하면 병사들이 장수를 두려워해 명령을 따르지 않을 수 없게 됩니다. 거꾸로 이야기하면, 장수는 병사들이 항상 자신을 두려워하게 해야 합니다. 나아가 적보다도 더 두려워하게 해야지요. 이 정도는 되어야 장수가 병사들을 마음껏 부릴 수 있고, 병사들에 대해 완벽한 세를 가졌다 할 수 있습니다. 그런데 군주의 신뢰와 엄격한 상벌 말고, 다른 것이 필요할 때가 있습니다. 특수한 상황에서는 장수가 병사들을 사지에 몰아넣어 싸우게 해야 합니다. 그래야 자신의 뜻대로 그들을 움직일 수 있습니다. 이처럼 첫 번째 맥락의 세란 비인간적인 조치까지도 포괄해서 보아야 완전히 이해할 수 있습니다.

두 번째 맥락의 세는 아군이 적군에게 가져야 하는 세라고 했습니다. 아군은 적군과 비교해서 항상 우월한 위치 유리한 형국에서 싸울 수 있어야 하겠지요. 전쟁이 시작되고 끝날 때까지 아군이 늘 주도권을 쥐고 싸워야 합니다. 유리한 형국에서 적을 수세로 몰아넣고 싸우는 것, 이것이 바로 두 번째 의미의 세입니다.

이 세를 갖기 위해선 앞서 많이 언급한 대로 정보전에서의 우위가 중요합니다. 정보를 바탕으로 상대의 허를 찌르고 약점을 쳐야지요. 더불어 지형과 날씨 등 변화하는 환경에 따라 변화무쌍한 용병술을 부려야 합니다. 또한 적보다 우월한 보급망과 많은 물자를 갖추어야 합니다. 이러한 방법으로 주도권을 쥐고 싸워야 합니다. 손자는 절대 끌려 다니지 말라고 강조했습니다.

옛날에 잘 싸우는 장군은 당연히 이길 수 있는 적을 상대하여 승리한다. 그러니 그런 장군의 승리에는 지략도 명성도 용맹도 공적도 없다. 그런 장군의 승리는 한 치의 오차도 없는데, 이는 반드시 승리할 상황에서 패할 수밖에 없는 적을 맞아 싸워 이겼기 때문이다. 그러므로 전쟁을 잘하는 장수는 패하지 않는 위치에 서서 상대방의 패할 여지(기회)를 놓치지 않는다.

_《손자병법》〈군형〉

주도권을 쥐기 위해서는 앞에서 언급한 조건을 항상 장수가 챙겨야 합니다. 잘 모르는 사람이 보면 손쉽게 이기는 것처럼 보이겠지요. 그렇기에 항상 유리한 조건에서 우월한 위치를 아군이 선점한 다음 싸워야 합니다.

무릇 먼저 전쟁터에 가서 적을 기다리는 군대는 편안하고 뒤늦게 전쟁터에 가서 전쟁을 하는 군대는 피로하다. 이런 까닭으로 전쟁을 잘하는 자는 적을 오게 하고 적에게 가지 않는다. 적이 스스로 오게 할 수 있는 것은 이익을 미끼로 유인했기 때문이다. 적이 오지 않는 것은 그들이 해롭다고 생각하도록 했기 때문이다. _〈손자병법〉〈허실〉

손자는 이로움과 해로움을 가지고 상대를 유인하고 조종해, 아군에게 유리한 장소에서 싸워야 한다고 했지요. 다 아군이 세를 가지고 전쟁하기 위함입니다.

천 리 길을 행군하면서도 피로하지 않은 것은 적군이 없는 곳으로 행군하기 때문이다. 공격하여 빼앗을 수 있는 것은 적이 수비하지 않는 곳을 공격하기 때문이다. 수비하여 반드시 굳게 지킬 수 있는 것은 적이 반드시 공격할 곳을 방비하기 때문이다. 이런 까닭으로 공격을 잘하는 자는 적이 수비해야 할 장소를 알지 못하게 하며 수비를 잘하는 자는 적이 공격해야 할 장소를 알지 못하게 한다. 은밀하고 형체가 없고 신기하고 소리가 없다. 이 정도는 되어야 적의 생명을 주관할 수 있다. _〈손자병법〉〈허실〉

당연히 안전한 기동로를 확보해야 유리하게 싸울 수 있겠지요. 아군의 힘을 비축한 상태에서 적을 맞아야 합니다. 이 때문에 적에 대한 정보를 미리 또 최대한 파악해야 하는 것이 중요합니다. 그래야 적이 예상치 못한 곳을 습격하고 적이 공격할 장소를 지킬 수 있으니까요. 이만하면 두 번째 의미의 세는 충분히 이해되었을 것으로 생각합니다.

그럼 다시 돌아가 첫 번째 의미의 세에 대해 좀 더 깊이 알아보겠습니다. 첫 번째 의미의 세는 사마천이 서술한《사기》의 〈손자열전〉 서두 부분을 읽으면 명확히 이해할 수 있습니다. 〈손자열전〉은 손자가 오나라 왕 합려에게 유세하는 장면으로 시작하는데 끔찍한 장면이 서술되어 있습니다. 이를 통해 첫 번째 의미의 세를 명쾌하게 알 수 있습니다.

초나라 출신의 망명객 재상 오자서가 손자를 오나라 왕 합려에게 천거하여 손자는 유세할 기회를 얻게 되었습니다. 유세하기 위해 궁 안에 들어온 손자를 보고 합려가 말합니다.

"그대의 병서 13편은 이미 내가 다 읽어본 바이오. 한번 내 앞에서 시험 삼아 보여줄 수 있겠소?"

이에 손자는 보여드리겠다 답합니다. 합려는 손자를 시험도 해보고 기롱도 해볼 요량으로 궁녀들을 데리고 용병술을 보여줄 수 있겠느냐며 손자를 떠봅니다. 손자는 이에 호기롭게 답합니다. 역시 가능하다고.

손자는 궁녀 180명을 두 무리로 나눠 부대 둘을 만듭니다. 각 부대에 왕이 총애하는 후궁 둘을 지휘관으로 임명합니다. 간단한 군령을 가르친 다음 기초 제식훈련을 시작하지요. 그러나 이를 장난으로 여긴 궁녀들이 까르르 웃기만 할 뿐 손자의 명을 따르지 않네요. 손자는 "약속이 분명하지 않고 명령을 거듭함이 익숙하지 못한 것은 장수인 나의 책임이다"라고 말하며 다시 세 번이나 명령을 거듭 내립니다. 그런데도 궁녀들은 웃기만 하고 명을 따르지 않습니다. 그러자 손자가 도끼를 꺼내들고 말합니다.

"약속이 분명하지 못하고 명령을 거듭함이 익숙하지 못한 것은 장수의 잘못이지만, 분명히 말을 거듭했는데도 따르지 않는 것은 지휘관과 병사의 죄이다."

말이 끝남과 동시에 손자는 지휘관을 맡은 후궁 둘을 죽이려 했습니다. 오나라 왕이 크게 놀라 손자를 만류합니다.

"과인은 이미 장군께서 용병을 잘한다고 것을 알고 있소. 이 두 여인이 없으면 맛난 음식을 먹어도 맛있는 줄을 모르니 목을 베지 마시오."

그러나 손자가 단호하게 대꾸합니다.

"신은 이미 명령을 받아 장수가 되었습니다. 장수가 군대 안에 있을 때에는 군주의 명령도 받지 않는 경우가 있습니다."

손자는 곧바로 후궁 둘의 목을 베어버렸습니다. 잔뜩 겁에 질린 궁녀들 앞에 선 손자는 합려가 그다음으로 총애하는 후궁을 지휘관으로 삼아 훈련을 다시 시작했지요. 조금 전엔 까르르 웃기만 했던 궁녀들이 군기가 바짝 든 병사처럼 정확하고 절도 있게 움직입니다. 이윽고 손자는 합려에게 말합니다.

"군대가 이미 정비되었습니다. 한번 살펴보시지요. 왕께서 쓰고 싶은 대로 부릴 수 있을 겁니다. 물과 불에 뛰어들라고 해도 그렇게 할 것입니다."

순식간에 총애하는 후궁 둘을 잃은 나머지 얼굴이 하얗게 질린 합려는 노여움이 섞인 말 한마디를 내뱉습니다.

"됐소! 장군의 용병술은 이제 확인하였으니 숙소로 돌아가서 쉬시오. 과인은 살펴볼 생각이 없소."

손자가 마지막으로 한마디합니다.

"주군께서는 말씀으로만 저의 병법을 좋아한다 하시지, 실제로는 제 병법을 쓰고 싶은 생각이 없으시군요."

오나라 왕 합려는 손자를 기롱하고 떠보려고 한 자신의 좁은 소견을 뉘우치고 손자를 장군으로 삼았습니다. 오나라 왕 합려가 바로 춘추시대 네 번째 패자 자리에 오르게 됩니다. 과연 패자가 될 만한 그릇이지요.

손자는 장수가 전장에 나왔을 때에는 군주의 명령을 받지 않는다고 말했습니다. 즉 장수에게 전권을 위임해야 한다고 주장한 것입니다. 게다가 궁녀의 목을 쳐서 공포 분위기를 조성했습니다. 장수는 전장에서 군주에게도 절대 간섭받아서는 안 되고 엄한 형벌을 내릴 수 있어야 합니다. 그런 장수를 병사들은 적보다 더 무서워하겠지요. 이런 것이 손자의 생각입니다. 그런 장수는 병사들에게 세를 가져서 자기 마음대로 부릴 수 있습니다. 물과 불에도 뛰어들게 할 수 있다고 자신합니다.

무릇 장군은 나라를 유지하는 대들보이다. 군주와 장군의 관계가 친밀하면 그 나라는 반드시 강해지지만 군주와 장군의 관계가 소원하면 그 나라는 반드시 약해진다. _《손자병법》〈모공〉

우선 중요한 게 군주의 신임과 전권 위임입니다. 〈시계始計〉편에서 말했습니다. 전쟁을 해야 할지 말아야 할지 이익을 중심으로 따져보라. 그리고 난 다음 군주에게 전쟁을 해야 한다는 확신이 서면 군주가 장수에게 세를 만들어주어 전쟁에서 잘 싸울 수 있게 도와줘야 한다고, 즉 장수에게 힘을 실어줘야 한다는 것인데 그래야 장수가 세를 가져 휘하 지휘관과 병사가 절대 복종할 것입니다.

또 군주에게 당부합니다. 전권을 주어 전쟁터로 보내고 난 이후에 마음이 변한 나머지 절대 전장의 일에 간섭해서는 안 된다고. 전장의 군대가 조정의 군주에게 코가 꿰이면 패할 수밖에 없다고. 이를 두고 손자가 중어지환中御之患이라고 했습니다. 조정의 통제가 초래하는 재앙이 바로 중어지환입니다. 손자는 〈모공〉편에서 중어지환 셋을 말했습니다.

첫째는 전장 상황을 모르면서 터무니없이 지휘하는 경우다. 분명히 진격하지 말아야 할 상황에서 진격을 명령하고 분명히 퇴각하면 안 되는 상황인데도 퇴각을 명령한다. 이는 군대의 손발을 묶어놓는 것이다.

둘째로 군대 안에서의 사무를 잘 알지 못하면서도 군대 관리에 참여하려는 경우다. 이때 병사들은 매우 곤혹스러워진다.

셋째로 각급 군관의 권한을 잘 이해하지 못하면서도 그들의 임명에 관여하려는 경우다. 이러면 병사들이 의심을 품게 된다. _〈손자병법〉 〈모공〉

군주가 장수를 현장에 내보낼 때 전권을 위임시켜 보내야 하고 그다음에는 절대로 현장의 일에 간섭하지 말아야 합니다. 만약 전권을 주지 않거나 주었는데도 마음이 변해서 이리저리 의심한 채 전투 현장의 일에 간섭하려고 한다면 장수는 휘하 지휘관과 병사들을 장악할 수 없고 자신의 뜻대로 그들을 부릴 수 없을 것입니다. 군주의 참견과 간섭은 장수의 세에 가장 큰 독입니다.

다음으로 장수의 세를 위해선 엄격한 형벌 시행이 있어야 합니다. 상도 줘야 한다고 주장했지만 벌이 우선이고 비중도 더 높습니다. 장수는 부대원의 생사를 주재할 수 있는 형벌권을 장악해 엄하게 전 부대원을 다스려야 합니다.

군주의 신뢰와 지원, 엄격한 형벌 시행. 이러한 요건을 갖춰야 장수가 막강한 세를 병사들에게 가진다고 합니다. 그렇게 하면 사지死地에도 군사를 내몰아 싸우게 할 수 있답니다. 재밌는 건 세가 있어야 군사를 사지에서 싸우게 할 수 있지만 어떤 경우에는 사지에 넣어야 장수의 세가 강화될 수 있다고 손자가 말했다는 겁니다. 장수가 병사들에게 세를 가지기 위한 세 번째 요건이 바로 병사들을 사지에 몰아넣는 것이지요.

도망가지 못할 곳에 던져 넣어야 죽어도 달아나지 않는다. 죽을 각오로 싸운다면 병사들이 힘을 다하지 않을 수 있겠는가? 병사들이 위급한 지역에 깊이 빠져 있으면 두려워하지 않고 도망갈 곳이 없으면 굳건해진다. 적진 깊숙이 들어가면 구속되어 어쩔 수 없이 싸운다. 이런 까닭으로 병사들이 훈련되지 않았어도 경계가 철저하고 요구하지 않아도 자신의 임무를 하며 약속하지 않아도 서로 친밀해지고 명령하지 않아도 믿는다.

_《손자병법》〈구지九地〉

위험한 곳으로 내몰고 도망갈 곳이 없는 곳으로 던져놓아라. 그러면 저절로 병사들이 죽을 용기로 싸우고 장수의 명령대로 움직인다. 세가 있어야 사지에 몰아넣어 싸우게 할 수 있지만, 역으로 사지에 몰아넣어야 더욱 장수의 명령대로 따르며 싸우게 할 수 있다고 합니다. 사실 굉장히 무서운 이야기지요.

앞서 손자는 주도권을 절대 빼앗기지 말아야 하기에 유리한 지형과 환경을 선점해놓고 싸우라고 했습니다. 그런데 극단적으로 위험한 환경에 병사들을 던져 넣으라는 말도 합니다. 모순처럼 보입니다. 사지는 극단적으로 불리한 환경이고 정말 말 그대로 '죽을 곳'입니다. 사지에선 당연히 패배하기 쉽고 많은 병사가 희생될 수 있습니다. 물을 뒤에 두고 진을 치는 배수지진背水之陳, 강을 막 건넌 시점에서 돌아갈 때 쓸 배를 버리고 밥 해 먹을 솥을 때려 부수고 싸우는 파부침주破釜沈舟. 이렇듯 손자를 비롯해 몇몇 병법가는 때론 일부러 아주 불리한 환경을 만들어놓은 상태에서 병사들의 용기를 끌어올려 싸워 이기라고 말하기도 했지만, 전쟁사를 보면 불리한 환경과 지형을 극복하지 못하고 패배한 사례가 훨씬 많습니다.

이러한 대목을 보면 손자가 병사들을 희생양이나 소모품으로 보는 게 아닌지 의심스럽습니다. 그리고 무엇보다 병사들을 믿지 않는다는 생각이 듭니다. 사실 병사에 대한 손자의 불신은 다른 부분에서도 많이 볼 수 있습니다. 앞서 전쟁을 빨리 종결지어야 한다고 했는데 경제력 소모만을 걱정했던 게 이유의 전부가 아닙니다. 전쟁이 조금이라도 길어지면 병사들이 전의를 쉽게 상실할 것이라고 우려했습니다. 또 손자는 최대한 적지에서 싸우라고 했습니다. 그러면 자국이 입는 손해를 최소화할 수 있고 적국에서 약탈도 할 수 있기에 경제력의 소모도 줄일 수 있지만, 무엇보다 적국에서는 쉽사리 병사들이 이탈할 수 없다는 이유도 있습니다. 자국에서 싸우면 병사들이 집으로 돌아갈 생각을 한다는 것이지요.

손자가 산 시대는 군주 중심의 중앙집권 체제가 확실히 정비되지 않았고 전 인민을 확실하게 관리할 법제가 마련되지 않았던 춘추시대 말입니다. 국민개병제는 꿈도 못 꾸고 병역 자원을 효과적으로 관리 육성하기가 참 어려운 시대였습니다. 그렇기에 병사들이 동요하여 도망치거나 이탈하는 것을 걱정할 수밖에 없었을 겁니다. 그러니 승리를 인간에게서 구하지 말라고 한 것입니다. 병사들을 믿지 못하는데 어떻게 인간에게서 승리를 구하겠습니까? 그러니 어쩔 수 없이 싸울 수밖에 없는 환경을 장수가 조성하라고 부르짖은 것입니다.

손자가 산 시대에는 수레 중심의 전쟁에서 완전히 탈피하지 못했고 아직까진 성 안의 국인 출신이 전쟁의 주역인 세상이었습니다. 하지만 야인이라고 불리는 성 밖의 하층민을 옛날보다 많이 징발하고 동원해서 병력의 규모와 군대의 덩치를 불려가는 시기였습니다. 분명 춘추시대 전기와 중기에 비해 하층민이 병력과 전력에서 차지하는 비중이 높아진 때였지요. 그렇다고 해도 그들이 훈련을 충분히 소화하여 전투력을 갖추어 전쟁에 참여한 것은 아닙니다. 더구나 손자는 애초에 제나라 군벌 집안 출신으로 전형적인 춘추시대 귀족입니다. 그렇기에 병사에 대한 불신, 더 정확히 말하자면 상당 부분 하층민으로 구성된 병사에 대한 불신이 있었고 때론 이들을 미끼와 소모품으로 써도 된다고 생각했습니다.

> 명령이 내려지는 날 사병들 가운데 앉은 이는 눈물로 옷깃을 적시고 누운이는 눈물로 얼굴을 적신다. 병사들을 갈 곳이 없는 곳으로 내던지는 것은 조귀曹劌귀 같은 용감함이 필요해서이다. … 오나라 사람과 월越나라 사람은 서로를 미워한다. 하지만 함께 배를 타고 가다 바람을 만나면 서로 돕는것이 마치 한 사람의 양손과 같다. … 그러므로 전쟁을 잘하는 사람은 병사들이 손을 잡고 협력하기를 마치 한 사람처럼 하도록 하는데 그것은 그럴수밖에 없는 상황을 만들어놓기 때문이다. _《손자병법》 〈구지〉

전쟁이 벌어지면 나라의 귀족인 대부는 자신의 영지에서 무사와 하층민출신 병사를 이끌고 나와 국가의 깃발 아래 모여 전쟁터로 나아가는데, 손자가 보기에 병사들의 정신 무장 정도가 겨우 저 정도였나 봅니다. 겁에 질려나약하게 우는데 어떻게 믿을 수 있겠습니까. 언제든 무서워서 도망갈 수 있는 존재. 그렇기에 도망갈 수 없는 사지에 몰아넣어 그들의 힘을 짜내려고했던 것이지요. 억지로라도 용감하게 싸우게 말입니다. 그렇게 하지 않으면용감하게 싸우는 것을 기대할 수 없으니까요. 평소 체계적인 훈련을 받지 않은 징집병을 데리고 싸워야 하기에 어쩔 수 없는 측면이 있었겠지만 병사에대한 불신, 그리고 전형적인 귀족의 시각, 분명 부인할 수 없어 보입니다.

사병의 눈과 귀를 어리석게 만들어 상황을 알지 못하게 하고 일을 수시로 바꾸고 계책을 바꾸어 병사가 알지 못하게 하며 거처를 자주 바꾸고 길을 돌아가 병사가 추측하지 못하게 할 수 있어야 한다. 장수가 작전을 지시할 때는 마치 높은 곳에 오른 상태에서 사다리를 치우듯이 할 수 있어야 한다. 장수는 병사를 이끌고 제후의 영토에 깊이 들어간 뒤에야 그 기밀을 드러낸다. 마치 양 무리를 몰고 가는 것처럼 앞으로 갔다 뒤로 갔다 하여 어디로 가는지 모르게 하며 전군의 무리를 모아 위험한 곳에 던져 넣을 수 있어야 한다. 바로 이것이 군대를 거느리는 일이다. _〈손자병법〉〈구지〉

내가 어디로 가는지도 모르고, 내가 왜 위험한 지형에 들어갔는지도 모른 채 끌려갑니다. 그런데 와 보니 내가 서 있는 곳은 사지이고 도망갈 데라곤 없습니다. 살고 싶고, 살아야 하니 사지에서 온 힘을 다해 싸웁니다. 이렇게 상황을 몰아가 병사들이 싸우게 해야 한답니다. 어떤 임무가 내게 부여되어 있고 지금 왜 특정한 장소로 가고 있는지 병사들이 알게 할 필요가 전혀 없습니다. 병사들은 그저 그 자리에서 장군이 시키는 대로 즉각적으로 반응하며 로봇처럼 움직이면 됩니다. 대체 병사들을 인간 취급은 하는 것인지 그리고 그들이 죽거나 희생당해도 괜찮다고 생각하는 게 아닌지 의심스럽지만 손자의 시각은 분명 이렇습니다. 죽거나 희생당해도 어쩔 수 없다. 왜 사지에 들어왔는지 모르게 해야 하고 왜 죽는지 그들이 이유를 몰라도 어쩔 수 없다. 그저 장수는 도저히 싸움을 피할 수 없는 상황에 그들을 던져 넣어야 한다. 장수가 원하는 것은 조금이라도 더 명령대로 잘 움직이게 해서 전투력을 있는 대로 끌어내 싸우게 하는 것인데 그렇게 할 수 있다면 서슴지 말고 함정에 빠뜨려야 한다. 이게 손자가 생각하는 장수의 임무입니다. 세를 강화하기 위해선 못할 짓이 없습니다.

경제력을 중심으로 전쟁을 말할 때에도 귀족 중심의 전쟁관이 보였는데 세를 말하는 부분에서도 같은 입장을 보이고 있습니다. 전쟁 전에 지모와 외교력을 겨루라고도 했지요. 이것도 귀족이 하는 일이니 역시 귀족의 입장을 보이는 듯합니다. 이렇듯 여러 부분에서 손자의 정치적, 신분적 위치와 입장을 엿볼 수 있습니다. 하지만 하층민 출신의 전국시대 장수는 다른 이야기를 합니다. 승리는 인간에게서 구하는 것이라고.

승리는 인간에게서 구한다

오기에게 승리는 인간에게서 구해야 하는 것입니다. 앞서 정신력을 말했고 정예화를 말했습니다. 이것들로 전쟁에서 이길 수 있다고 말했는데 정신력과 정예화 모두 인간이 하기 나름입니다. 동기 부여되고 훈련 잘 받고 경험 쌓고 동고동락을 통해 부대원끼리 신뢰를 쌓아 단결하고. 모두 사람 하기 나름이고 사람이 할 수 있는 일입니다. 승리는 정신 무장 잘되어 있고 정예군으로 거듭난 사람이 가져다주는 것.

병사들을 못 믿을 이유가 하나도 없습니다. 강도 높은 훈련을 소화했고 전투력과 전투 경험이 있는 정예병. 강한 정신력과 용기를 지녔고 좋은 장비로 무장했으며 자부심과 명예를 지닌 병사. 단순히 병사가 아니라 용사이고 전사이며 공들여 키운 우생 집단인 이들을 불신할 이유가 어디 있겠습니까? 이 집단에 천한 신분 출신의 병사가 다수 있다고 해도 갖출 것을 갖춘 새로운 엘리트 병사 집단이니 믿어야지요. 이들이 승리를 가져다줄 것입니다. 오기는 이들에게서 승리를 구했습니다. 이런 이유로 그렇게 애를 썼던 것이고요. 어려움을 함께하며 이들의 마음을 얻었고 어떻게든 이들에게 보상해주려고 했고 실패한 사람에게도 만회할 기회를 주려고 했습니다. 이들이 승리를 가져다줄 것이라 믿었던 것이지요. 그렇기에 병사들을 함부로 사지에 몰아넣거나 소모품으로 쓰는 일이 있을 수 없습니다. 자신이 믿는 사람을 왜 죽입니까? 어떻게 키운 병사들이고 얼마나 우수한 병사들인데 함부로 사지에 몰아넣고 소모품으로 쓰겠습니까? 더구나 공 들여 키운 정예병은 또 다른 정예병을 키울 교관이 될 수 있는 존재입니다. 오기는 애초에 정예병을 키울 때 이것까지 염두에 두었지요.

> 한 사람이 전투의 기술을 익히면 열 명을 가르칠 수 있고 열 명은 백 명을 가르칠 수 있으며 백 명은 천 명을 가르칠 수 있고 천 명은 만 명을 가르칠 수 있고 만 명은 3군을 모두 가르칠 수 있다.[53] _(치병)

어느 나라 군이든 우수한 베테랑급 부사관이 소중한 자원으로 취급되는 것은 단순히 전투 능력과 작전 소화 능력 때문만이 아니지요. 이들이 후임병을 가르칠 훌륭한 교관과 스승이 되기 때문입니다. 이런데 이 정예병을 왜 미끼로 쓰고 함부로 희생시키겠습니까? 오기는 절대 이들을 함부로 내몰지 않았습니다.

오기가 즐겨 쓴 전술은 분명 쉽지 않았습니다. 과감한 돌격과 기습 그리고 은밀한 우회 전술을 통한 적의 측면과 후방 공격, 기병을 통한 정찰과 수색 그리고 유인 전술 등은 분명 위험합니다. 언제든 이러한 임무를 맡은 병사의 목숨이 날아갈 수 있습니다. 하지만 오기는 이러한 임무를 부여하기 전에 강한 훈련을 통해 능력을 특화하도록 조련했습니다. 자신이 맡은 임무와 역할이 뭔지 알게 하고 부렸으며 보상을 받도록 했습니다. 힘든 훈련 과정을 자신도 함께했고 위험한 공격과 돌파에 먼저 나서며 몸을 사리지 않았고요. 이런데도 병사들이 위험천만한 임무를 맡았다고 해서 자신을 희생양으로 삼는다, 소모품으로 쓴다고 생각했을까요? 장수도 몸 사리지 않는 데다 일개 병사인 자신을 믿고 내보냈고 철저히 준비시켜 활용했으며 보상을 챙겨줬는데도요? 모르긴 몰라도 이들에겐 전사로서 명예와 자부심이 있었을 것입니다. 결국 이런 병사들이 있어야 이길 수 있고 이들이 바로 승리의 주인공입니다. 승리는 철저히 사람에게서 구하는 것!

그리고 오기에게 중요한 것이 속도입니다. 속도가 있어야 오기식의 전술 운용이 가능해집니다. 오기에게 승리는 속도에서 구하는 것이기도 합니다. 속도가 있어야 돌격할 때 날을 날카롭게 세울 수 있고 기습의 위력을 배가 시킬 수 있습니다. 빨라야 적의 측면과 후방을 쉽게 공격하고 차단하며, 예비부대의 활용을 극대화할 수 있습니다. 앞 장에서 속도를 극대화하기 위해 오기가 주장한 여러 요건을 살펴봤는데요. 그 요건은 누가 하는 것이며 누가 충족시키는 것입니까? 모두 사람이 하기 나름이지요. 수레를 잘 정비하고 말을 잘 관리하고 행군 훈련을 충실히 하고 신호 명령 전달 체계를 명확히 숙지하는 것, 모두 사람이 하는 것이고 사람이 할 수 있는 것입니다. 속도란 것도 결국 인간에게 달린 것이지요.

결국 전쟁에서 승리는 인간이 만드는 것이고 인간에게서 구해야 하는 것입니다. 그러니 인간을 믿어야지요. 장수가 병사들을 강한 형벌로 윽박지르고, 겁주고, 일부러 사지에 몰아넣지 않아도 이길 수 있습니다. 인간이 정예병으로 거듭나고 인간이 속도를 만들어내면 됩니다.

이러한 오기의 전쟁관을 보면 손자와 다르게 천민 출신 장수의 관점이 보이는 듯합니다. 전쟁에 참여해서 공을 세우면 신분 불문하고 무조건 후한 상을 주어야 한다, 그리고 용맹함과 투지, 속도가 우월한 병사에겐 역시 신분 불문하고 기회를 주어야 하며, 신분을 상승을 원하는 하층민 병사의 성취욕과 의지를 최대한 활용해야 한다고 말하고 있습니다. 그렇습니다.《손자병법》은 귀족 출신 장수의 전쟁 이야기이고《오자병법》은 천민 출신 장수의 전쟁 이야기입니다. 병사에 대한 신뢰와 불신의 문제, 엄형주의 문제, 사회적 파이의 분배와 후한 상의 수여 문제 등에 있어 손자와 오기는 서로 대조되는 주장을 하는데, 이러한 배경에는 그들의 신분적 출신의 문제가 있다고 생각합니다.

그리고 각자 텍스트가 풍기는 전반적인 분위기나 인물의 개성을 이야기해 보자면,《손자병법》같은 경우는 냉철하고 때론 깍쟁이 같은 분위기를 강하게 풍기는데《오자병법》은 굉장히 남성적이고 직선적이지요.《손자병법》은 세밀함과 완벽함을 추구하고 철저히 안정성을 추구하는데《오자병법》은 과감함과 적극적인 돌파와 공격을 추구합니다. '인파이터'의 병법이지요. 때려놓고 보자. 충돌을 일으켜 균열이 생기면 집중 타격하자.

더 좀 나아가 약간 무리해서 이야기하자면, 수치화하고 숫자로 파악하는 것을 즐기는 것으로 보아, 손자의 병법은 전형적인 남방계형, 즉 좌뇌지향형 사람의 것이라면, 반면 끓는 피와 과감함, 공격성이 두드러지고 정이 많은 오기의 병법은 전형적인 북방계형, 즉 우뇌지향적 사람의 것이랄 수 있습니다. 마침 손자는 남방 초나라에서 활약했고 오기는 북방 서몽골인에 기원을 둔 은나라의 유민이고 북방 위魏나라에서 활약했지요.

이처럼 손자와 오기는 대조적 인물입니다. 마지막으로 둘 사이에 대조되는 점을 하나만 더 살펴보자면 귀족 출신 장수 손자는 국가를 '추상적 단일체 내지 추상적인 전체로서의 단일체'로 보는 시각이 강합니다. 기득권을 쥔 귀족이나 특권을 누린 위정자는 그렇게 생각하기 쉽지요. 기업 회장은 직원이 억울하게 해고되어도 회사 재무구조가 탄탄해지고 회사의 가치만 올라가면 된다고 생각하는데, 높으신 분들은 이처럼 자신이 거느리는 조직과 단체를 추상적인 단일체로 보기 쉽습니다. 현재 기득권을 쥐었거나 아니면 태어날 때부터 특권을 누려 밑바닥 생활을 알지 못할수록 이런 인식을 가질 공산이 큽니다.

손자는 국가 경제력 소모를 제일 걱정했고, 또 억울하게 희생되는 사람이 나와도 어쩔 수 없다고 생각했으며 하층민을 전쟁에서 소모품으로 희생시킬 수도 있다고 했지요. 이런 그의 생각과 국가관은 절대 무관하지 않습니다. 그리고 손자처럼 국가를 추상적 단일체로 보는 시각은 이후 노자와 법가 사상가에게 계승되었습니다.

반면 오기는 국가를 추상적인 전체로서의 단일체가 아니라 '구체적 개인들이 모인 모두'라고 보았습니다. 그렇기 때문에 선정을 말했고 보상을 강조했고 사람의 마음을 얻는 것을 중시했으며 전 백성과 지배층 사이의 화합과 단결을 역설한 것입니다. 그의 시선은 하나하나의 개인과 사람을 향하고 이들의 마음과 심리에 주목합니다. 이러한 오기의 시각은 다분히 유가와 묵가, 특히 묵가의 영향을 받은 것입니다.

이처럼 여러 면에서 두 병법 사상가가 대조되는 것을 알 수 있습니다. 하지만 둘의 사상이 꼭 모순된다거나 둘 사이에 접점을 찾을 수 없는 것은 아닙니다. 사실 두 사상이 상호 보완될 여지도 꽤 있습니다. 우선 손자가 말하는 경제력과 정보력이 오기에게 수용되지 못할 이유가 없습니다. 국가 생산력과 부가 받쳐줘야 잘 싸운다는 것은 사실 전쟁을 논함에 있어 기초 상식이랄 수 있는데 오기가 딱히 반대할 이유가 없습니다. 실제 그는 정예부대 육성을 위한 재화 마련을 목적으로 초나라에서 변법까지 단행했는데 국가가 부유하면 정예부대, 엘리트 군사 집단의 규모와 내실을 더 크고 단단하게 할 수 있습니다. 그리고 손자는 정보력을 중시했고 특히 대대적인 간첩 육성을 말했는데 오기도 간첩의 활용을 주장했습니다. 오기가 중시한 속도를 살린 공격과 대담한 공격 전술은 정보력이 확실히 받쳐준다면 위력이 더욱 배가될 것입니다.

속도 문제를 고민했던 손자는 시대적 한계 때문에 해답을 못 찾았지만, 후발 주자인 오기가 답을 찾았습니다. 이렇게 선배 손자가 풀지 못한 고민과 숙제를 후배 오기가 풀었다고 할 수 있는 부분도 분명히 확인됩니다. 그렇기에 둘의 병법 사상을 꼭 반대되거나 모순된 것으로 볼 필요가 없습니다. 서로 수용될 수 있는 것이 분명하게 있고 비슷한 이야기를 하는 부분도 분명히 확인되지요. 손자의 세 가운데 장수가 병사에게 가져야 하는 세는 오기가 거부하겠지만 아군이 적군에 대해 가져야 하는 세는 오기에게 조금도 거부 반응 없이 수용될 수 있을 것입니다. 세상에 어느 장수가 주도권을 빼앗긴 채 싸우고 싶겠습니까? 어떻게든 적보다 유리한 위치에 서서 싸우라는 손자의 주장은 오기도 충분히 수용할 수 있겠지요. 그리고 둘 다 명장답게 커다란 사회이자 유기체인 군대가 어떻게 잘 먹고 잘 쉴 수 있을까 고민했습니다. 또한 둘 모두 지형에 따라 장수에 따라 맞춤형 전략, 전술을 구사해야 한다고 주장했지요. 이렇게 둘의 텍스트를 같이 읽어보면 비슷한 이야기와 주제를 적지 않게 발견할 수 있습니다.

둘의 병법 가운데 누구의 것이 더 낫다고 따지기보다는, 또 어떤 면에서 서로 대조되는지 살피기보다는, 어떤 점이 비슷하고 어떻게 상호 보완될 수 있을지, 또 후발 주자가 선발 주자의 고민을 어떻게 해결하려고 했는지 생각해보는 것이 괜찮지 않을까 싶습니다. 특히 일반인이 아니라 승부의 세계에서 살아가는 사람이나 조직을 이끄는 리더라면 말입니다.

잡편雜篇

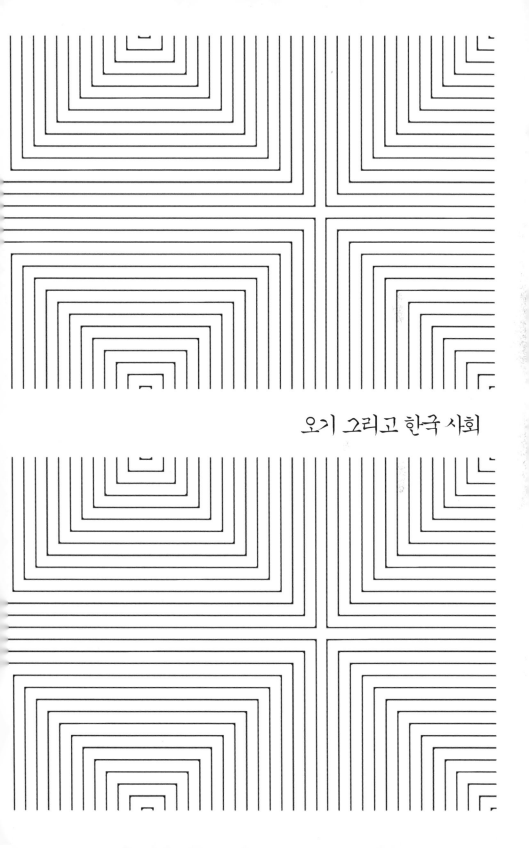

오기 그리고 한국 사회

오기의 착각

윗사람에게 꼬장꼬장하고 아랫사람에게 후덕하고…. 그렇게 사는 것은 절대 쉽지 않은 일이고 그런 인물을 현실에서 찾는 것도 상당히 어려운 일입니다. 능력이 출중하지 않고 자기 관리가 철저하지 않으면 언제든 조직에서 퇴출되고 오갈 데 없는 상황을 맞을 수 있는데, 오기는 늘 그러했던 사람이지요. 아랫사람에겐 후덕했지만 윗사람에게 지나칠 정도로 꼿꼿했습니다. 위무후에게 수차례 간언하고 무안까지 줄 정도로 '돌직구'를 던지고 쓴소리를 날렸습니다. 서하 호수에서의 사건 그리고 초장왕의 고사를 들어 한 쓴소리. 독선적이고 호전적 군주 앞에서 그런 자세로 간언을 올린 것을 보면 오기는 무척이나 꼿꼿한 사람이었나 봅니다.

왕 앞에서 죽음을 불사할 정도로 격렬하게 간하고 쓴소리한 것을 보면 정말 공명심에 눈이 먼 출세 지상주의적인 인물과는 거리가 멀다는 것을 알 수 있습니다. 문제는 여기서 그치지 않았다는 것입니다. 쓴소리와 바른말만 한 것이 아니라 초나라에서 강하게 '개혁 드라이브'를 걸었고 그전에 이미 위魏나라에서도 기득권을 쥔 귀족의 권리와 이익을 침해할 수 있는 제도와 정책을 강하게 건의했습니다. 단순히 고개 숙일 줄 모르고 바른말과 쓴소리만 한 것이 아니라 너무 많은 사람을 적으로 돌려세운 게 문제였습니다.

오기가 건의한 제도와 정책, 초나라에서 행한 변법과 개혁 뒤에 담긴 그의 생각이 틀리지는 않았을 겁니다. 아니 옳았습니다. 백성에게 선정을 베풀고 전쟁터에 나가 몸을 돌보지 않고 싸운 사람에게 충분히 보상해주고, 행정과 국정에서 사치와 낭비를 근절시키고⋯. 다 옳은 일이었고 국가의 힘이 커지고 나라가 건강해지려면 꼭 시행해야 할 당위적인 사안이었습니다. 그렇기에 많은 사람을 적으로 돌려세우면서까지 강하게 개혁을 밀어붙였던 것인데, 꼬장꼬장하고 윗사람에게 아부할 줄 모르는 곧은 품성보단 이런 것이 더 문제였습니다. '단순히 아부하지 않고 바른말과 옳은 소리를 하는 정도가 아니라 옳다고 생각하는 것을 너무 강하게 밀어붙이는 성격과 추진력이 문제였다. 더 정확히 말해 그의 입지를 없애고 명을 재촉하는 원인이 되었다'는 것입니다. '더 힘을 키우고, 더 잘 싸울 수 있게 사회를 고치자. 부국강병을 위해 방해가 되는 요소를 제거하는 개혁을 하자.' 다 좋습니다. 하지만 기득권을 건드리고 체제를 재구성하면서까지 국가의 체질을 개선하고 군대의 힘과 군사력을 키우는 것은 너무도 어려운 일이었습니다. 정치공학상 한계가 뚜렷했고 당시 시대적 환경을 생각하면 구현하기 어려운 일이었지요.

오기가 산 전국시대. 정말 잘 싸워야 했습니다. 군사력이 절대적으로 중요한 시대였습니다. 강한 군사력을 갖추기 위해 이것저것 바꾸고 새로운 것 도입하자 다 좋습니다. 하지만 … 현실에선 이야기가 다릅니다. 더 강해지기 위해 변하고 바꾸고 거듭나자? 그렇게 가야 한다? 이것은 현실적으로 심각한 착각입니다. 그것도 단순한 착각이 아니라 본인 신상에 지극히 이롭지 못한 것이지요.

전국시대였기에, 군사력 강화를 위한 개혁이 너무도 당연한 시대였기에 오기의 죽음이 이해 안 될 수 있지만, 군사력은 비단 전국시대만이 아니라 역사상 모든 국가에 있어 늘 중요한 일이었습니다. 전쟁의 승패, 국방력의 강함과 약함은 국가 공동체의 생과 사, 정복과 멸망을 결정지었습니다. 하지만 착각하지 말아야 합니다. 한 나라의 군대가 강성해지도록 당연히 위정자가 지원할 것이고, 군대가 최강의 전투력을 발휘할 수 있는 시스템과 전술을 사용할 것이라고 생각하면 곤란합니다.

역사가 시작되고 인간 사회가 형성된 이래로 권력은 군사력과 떨어져서 존재한 적이 없었습니다. 그렇기 때문에 한 사회의 군사 체제는 사회 지배층의 지위 및 존재 형태에 맞추어 결정됩니다. 이것이 동서고금을 막론하고 관통되어온 상식이지요.* 지배층의 존재에 해를 끼치지 않고 기득권에 흠집을 내지 않는 범위 안에서, 다시 말해 기득권층이 허용하는 범위 안에서 군사력을 정비하고 높이는 것입니다. 그런데 기득권을 조정해서 군을 위한 예산을 마련하자? 받아들일 수 없는, 아니 용납할 수 없는 주장입니다. 또 새로운 시스템과 전술이 굉장히 효율적이고 위력이 있으니 도입하자? 정말 그렇다고 해도 기득권층의 특권과 권위에 흠집을 낼 수 있는 사안이라면 절대 허용되지 않습니다. 도입하자고 주장하는 사람은 기득권층에게 체제의 불안을 야기하

---

* 임용한, 《한국고대전쟁사 2》, 혜안, 2012.

는 불순분자이자 제거해야 할 대상일 뿐입니다.

기득권층이 허용하는 범위 안에서, 그들의 특권과 권위에 방해되지 않는 한에서 군사력과 국방력을 증가시키고 발전시킬 수 있는 것입니다. 이 점은 전쟁이나 국방 관련해서만이 아니라 승패를 다투는 다른 팀과 조직을 살펴볼 때도 잊지 말아야 합니다. 대표적으로 프로스포츠 구단이 있습니다.

프로스포츠팀은 승리가 존재의 이유인 조직이며 우승을 지상 과제로 합니다. 그렇기에 항상 이기기 위해, 더 강한 전력을 갖추기 위해 시스템을 만들고 갱신하고 자원을 충원해야 합니다. 하지만 이 역시 구단을 좌지우지하는 힘을 가진 '프론트'의 기득권에 해가 되지 않는 범위 안에서의 이야기일 뿐입니다. 더 강한 전력을 만들고 더 잘 싸우는 팀으로 만들기 위한 변화와 개혁, 이것이 프런트 기득권에 해가 된다면 절대 수용하지 않습니다. 사실 일반 기업도 이러한 문제에서 자유로울 수 없습니다. 새로운 시스템과 인적 쇄신이 기업을 더 건강하게 바꾸고 경쟁 업체와의 싸움에서 이기게 해준다고 해도 기업 수뇌부의 기득권과 배치된다면 쉽사리 수용할 수 있겠습니까?

오기는 국력 강화가 지상 과제였기에 이것을 막는 귀족 세력을 이해하지 못했을 겁니다. 타협할 마음이 없었지요. 사실 노나라에서 오기가 쫓겨났을 때도 귀족 세력이 단순한 시기심 때문에 그를 헐뜯었다기보다는 개혁이 자신들에게 거슬렸을 것이고, 위魏나라에서도 이런 점이 똑같이 문제되었을 테지요. 초나라에서는 아주 재상이 되어서 개혁을 강하게 밀어붙였으니 죽음까지 당했고요.

정치공학상 개혁을 말하는 사람, 특히 군사력 증강과 극대화를 위해 개혁하자고 부르짖는 사람은 공공의 적이 되기 쉽습니다. 더구나 지배 집단이 협소했던 시기에는 기득권의 재조정과 재배치가 어쩌면 천지개벽과 같은 것으로 다가올 수 있습니다. 이것이 엄연한 현실입니다. 하지만 변해야 사는 것 또한 현실이지요. 기득권에 안주해 눈에 뻔히 보이는 악성종양을 잘라내지 못하고 실용성과 위력을 확인한 신무기와 신전술을 도입하지 않고, 신분이 낮지만 두각을 드러내는 인재를 포섭해서 활용하지 못하는 조직과 나라는 경쟁과 전쟁에서 패배해 역사의 뒤안길로 사라지곤 했습니다. 그렇기에 진정한 리더가 필요한 것이지요. 변화를 위해 기득권층의 반발을 달래며 그들의 양보를 이끌어내고 새로운 인사와 시스템을 정착시킬 수 있어야 진정한 리더십을 가진 리더가 아닐까요? 이런 리더십을 가진 이들이 역사에서 영웅으로 기록되었습니다. 하지만 이들은 극소수였습니다. 개혁을 외친 이들은 대부분 그런 영웅을 만나지 못했고 보호받지 못한 채 밀려나고 죽었습니다. 다행히 오기는 위문후와 초도왕을 만났지만 대부분의 개혁가는 그러지 못했지요.

변하는 것은 정말 어려운 일입니다. 현실에서 변화라는 것은 참 지난한 일이지요. 익숙한 것과 결별해야 하고 기득권을 포기해야 하니까요. 하지만 또 변해야 살고 변해야 강해지는 게 현실입니다, 전국시대에 가장 잘 변화해서 강해진 나라는 진秦나라였습니다. 개혁을 가장 충실하게 하여 지속적으로 강해진 나라입니다. 진秦나라가 비록 상앙을 죽이기는 했지만 그가 죽었어도 국정 기조는 변함없이 밀고 나갔습니다. 오기에게 얻어맞으며 국가가 풍전등화의 상황에 처하자 수성 전문가인 묵자 무리를 대대적으로 받아들였습니다. 이들은 군사의 장에서만 활약한 게 아니라 정치와 행정의 장에서도 맹활약했습니다. 상앙을 도와 법을 만들어 세세한 부분까지 정비했으며 일선에서 교육하고 집행했습니다. 상앙이 들어오기 전인 진헌공 시절부터 진秦나라에서 활약했던 진秦나라의 묵자, 진묵은 상앙이 죽은 이후에도 계속 활약하면서 법치의 정비와 완성을 주도해갔습니다. 그러면서 진秦은 다른 나라가 감당하기 힘든 강대국이 되었지요. 초나라는 오기를 죽였고 진秦나라도 상앙을 죽였지만 이후 양국이 상반된 행보를 걸어간 데에는 이런 차이가 있었습니다. 초나라에는 변화를 지속적으로 추동하고 완성시켜갈 묵자 무리가 없었거든요.

이렇게 끊임없이 변해가며 강해진 진秦나라에 나머지 나라는 당하기만 하다가 힘 한번 못 써보고 모두 무너졌습니다. 다른 나라는 부국강병을 위한 개혁과 제도의 개편이 받아들여지지 않았고, 부와 특권이 세습되기만 했으며, 생산과 병역에 종사할 백성을 보호하지 않은 것은 물론 인재를 널리 활용하지 못했고, 사회에 탄력성을 만들어내 국가의 힘으로 활용하지 못했지요. 그랬기에 진秦나라의 상대가 될 수 없었습니다.

비록 진秦나라가 단명했다지만 천하통일을 이룩해낸 그들은, 변해야 살고 강해진다는 교훈을 주는 훌륭한 역사 사례입니다. 그리고 애석합니다. 살아남기 위해, 더 강해지기 위해 변해야 한다, 거듭나야 한다고 부르짖은 사람 오기를 생각하면 그저 애석할 뿐입니다. 정말 슬프게도 현실적으로 심각한 착각과 오판을 했는데, 이 또한 그가 어떤 사람인지 잘 말해주고 있네요. 그래도 오기는 그것이 옳다고 생각해 목숨을 내던지며 자신의 길을 갔습니다. 그래서 더욱 애석합니다.

오기의 눈으로 한국 사회를 바라보다

미신에서 벗어나라

미신이 있습니다. 이것은 우리 사회를 지배하는 유사종교입니다. 억압적 체제, 독재정권이 국방과 군사력 증강과 유지에 유리하다는 관념. 많은 사회 구성원이 동의하고 있고 상식으로 알고 있지요. 국가 안보를 내세운 군사정권이 오랫동안 독재하며 한국인을 지배하다 보니 생긴 현상입니다. 그들은 휴전 상황에서의 대치 국면을 이용해 긴 세월 동안 국민을 찍어 눌렀는데 그러다 보니 그들의 논리를 국민이 내면화하게 되었습니다.

오기는 튼튼한 국방력을 만드는 데 선정이 필수조건이라고 했습니다. 백성을 포용해야 한다고 했습니다. 백성이 안심하고 생업에 종사하게 함은 기본이고 이들과 친화를 이루어 위정자를 신뢰하게 하라, 그래야 국방이 안정된 토대 위에서 굴러갈 수 있다고 했습니다. 자신이 사는 공동체에 애정을 느끼게 함이 우선이라고 했지요. 애정과 애착이 있어야 어떻게든 지키려 하고 잘 싸울 것이니까요. 선정이 국방의 전제라는 오기의 생각. 그러나 오늘날 한국인은 동의하기 힘들 것입니다. 억압적 체제를 싫어하는 사람도 튼튼한 국방과 강한 군사력을 만드는 것에는 억압적 정부, 군사정권이 유리하지 않을까 생각하는 경우가 많기 때문입니다. 하지만 이런 인식은 한낱 미신일 뿐입니다. 허황된 생각이고 위험한 유사종교일 뿐이지요.

　정말 억압적인 체제가 군사력과 국방력을 높일까요? 전혀 그렇지 않습니다. 억압적 체제나 독재정권은 쿠데타로 들어서는 경우가 많습니다. 이것이 가장 큰 문제입니다. 쿠데타는 적에게 아주 좋은 기회를 주는 행위, 국방과 안보에 가장 큰 위기를 불러오는 반란 행위지요. 한국 현대사만 봐도 알 수 있습니다. 박정희의 쿠데타 그리고 전두환의 쿠데타가 바로 국가 반란 행위였습니다. 조선전쟁 이후 항상 미군이 예민하고 세심하게 북조선의 상황과 군대의 동향을 모니터링하고 감시했기에 북조선은 쉽사리 움직일 수 없었습니다. 우리보다 군사력이 나은 시기에도 말입니다. 하지만 권력욕에 눈이 먼 자들이 국가 반란 행위를 일으키자 북조선은 좋은 기회를 잡게 됩니다. 박정희와 전두환이 쿠데타를 일으켰을 때 그들이 군대를 이끌고 내려왔으면 대한민국은 어찌 되었을까요? 국가권력을 장악한 이후 국가 안보를 내세웠던 세력이 실은 국가 안보에 가장 큰 위기를 초래한 겁니다. 쿠데타를 일으켜 정부를 무너뜨리고 정국을 장악해 상황을 수습하는 등의 기간만이 문제가 아닙니다. 겉으로는 국가권력을 손아귀에 완전히 넣은 것으로 보이는 상황에서도 또 그 상황이 지속되어도 또 다른 심각한 문제가 생기기 쉽습니다.

역전의 용장, 유능한 지휘관이 군대에서 떠나는 등 군 인사와 부대 편성의 왜곡이 필연적으로 따릅니다.* 쿠데타를 일으킨 세력에 줄을 선 인사가 요직을 차지하고 나머지 세력은 밀려나거나 숙청당하지요. 우수한 지휘관이 변방이나 한직으로 물러나거나 옷을 벗고, 무능한 인사가 요직을 차지하고 엉뚱한 부대가 정예부대 자리를 대신하게 됩니다.

전쟁에서 실전 경험의 중요성? 따로 강조할 필요가 없습니다. 실전 경험이 있는 자가 옷을 벗고 한직으로 물러난다면 전력 자체가 깎여나가는 겁니다. 정예부대가 해체되거나 구성원이 분산되는 것도 전력의 심각한 누수를 불러오지요. 더 큰 문제는 단순히 전력만 약해지는 것이 아니라는 데 있습니다. 쿠데타 성공 이후에는 군 내부에 불만을 가진 이반 세력이 항상 있기 마련입니다. 쿠데타 과정에서 적으로 돌려세운 인사, 억울하게 한직으로 밀려난 인사, 그리고 논공행상에서 소외된 인물입니다. 또 이들과 달리 쿠데타 세력에 반감이 없는 인물 가운데에서도 엉뚱한 생각을 하는 사람이 나올 수 있지요. 야심을 품은 실력자가 등장하기도 합니다. 그자도 반란을 일으켜 권력을 장악했는데 나라고 못할쏘냐? 이렇게 생각하는 실력자가 나와 그를 중심으로 세력이 만들어지기 쉽습니다. 결국 군대가 안으로 썩어 들어가고 사분오열됩니다. 그러다 보니 쿠데타로 나라를 접수한 위정자는 불안한 나머지 비공식 채널과 루트를 만들어 군대 안의 여러 인물을 감시하고 견제할 사람을 비공식적으로 군 조직 안에 심게 되면서 군 내부의 분열 현상이 심화됩니다. 이는 사실 먼 나라의 이야기가 아닙니다. 우리 현대사에서도 볼 수 있는 모습과 상황입니다.

---

* 임용한, 《한국고대전쟁사 2》, 혜안, 2012.

유능한 인사들이 배제되고 분열된 상태에서 서로 불신하고 딴생각하는 거물급 장수들이 있고 그를 따르는 세력이 있다면? 그 나라의 군사력, 국방력이 튼튼할 수 있을까요? 군대의 규모가 크고 무기와 장비가 우수해도 속 빈 강정일 뿐입니다.

분열 현상이 심화되면 전력 자체가 약해지는 것도 큰 문제지만 국군 통수권자인 국가원수와 국군 수뇌부의 통제가 안 먹히는 상황이 벌어질 수 있다는 게 더 큰 문제입니다. 비유하자면 잔뜩 띄워놓은 비행기가 상공을 날고 있는데 중앙 관제탑이 무력화되고 컨트롤 타워의 기능의 정지된 상황이랄 수 있습니다. 이 상황은 국민과 나라에 재앙일 뿐이지요. 독재정권이나 억압적 체제는 국민과의 신뢰 문제 이전에 군 내부에서도 단결 문제 등을 일으켜 지휘명령 통제 시스템을 언제든 무력화시킬 수 있습니다. 오기가 강조하는 화는 상상도 못하고 적과 맞서 싸우기 전에 안에서부터 무너지기 쉽습니다.

억압적 체제나 독재정권에서는 군부가 폭주할 우려가 많다는 것도 큰 문제입니다. 군부의 폭주는 막기가 힘듭니다. 확실한 명분과 준비, 승리의 가능성을 갖추고 전쟁에 나서는 게 아니라 강경책을 남발하고 군사적 모험주의로 흐르기 쉽습니다. 손자와 오기가 그토록 강조한 신전론, 부득이용병 사상은 군부가 사회 구성원에 의해 제대로 통제되지 않거나 견제받지 않는 사회에선 이루기 힘듭니다. 조금도 통제나 견제받지 않는 군부의 권력은 나라를 불구덩이에 처넣고는 하지요. 제2차 세계대전에서 패망한 일본이 좋은 사례입니다. 나라를 지켜야 할 군대가 적국의 군대를 자국으로 불러들여 국토를 초토화시키고 국민을 참화에 휩싸이게 했습니다.

《오자병법》을 보다 보면 하루 빨리 미신과 유사종교에서 벗어나고 깨어나야 한다는 생각이 강하게 듭니다. 억압적 체제나 독재정권은 절대 전쟁과 군사력 강화에 유리하지 않습니다. 대다수 한국인이 머릿속에 있는 한낱 미신이자 저급한 신화에서 벗어나고 깨어나야지요. 오기가 말한 대로 건강한 정치 환경과 체제가 국방에 유리합니다. 자신이 사는 정치 공동체에 대한 애정과 위정자에 대한 신뢰가 국민에게 있으며, 군부가 적절히 통제받고 견제받고, 군 내부에 분열이 없으며 군 상층부의 관제탑 기능이 항상 살아 있는 사회가 진정으로 국방을 튼튼히 하고 군사력을 높일 수 있습니다. 오기의 눈으로 한국 사회를 살펴볼 때 우선 이 점을 분명히 지적하지 않을 수 없었습니다. 그가 온다면 우리에게 이럴 것입니다. 조작된 관념과 허황된 미신에서 벗어나라고.

제대로 대우하라

모든 한국 남자에게 강제되는 병역의 의무를 흔히들 신성한 것이라고 말합니다. 정말 병역의 의무가 신성한 것이고 신성하게 의무를 수행하기 위해 사람들이 입대하는지 모르겠습니다만, 최소한 군대는 죄를 짓거나 반사회적 행동을 저지른 사람들이 처벌받기 위해 가는 곳이 아닙니다. 선량한 청년들이 나라에서 부과하는 의무를 수행하기 위해 입대해서 복무하지요. 그런데 한국 군대에선 이들에게 자부심과 자긍심보단 모멸감을 줄 때가 많다고들 합니다. 적지 않은 전역자가 입을 모아서 하는 말이지요.

사병들이 범죄를 지어서 왔나요? 아니잖아요. 하지만 오늘날 한국 군대는 인권의 사각지대로 전락했습니다. 가혹 행위가 빈번합니다. 다치더라도 제대로 치료받지 못하는 경우가 많고 사망할 경우 부모가 명쾌한 해명을 듣지 못하는 경우가 부지기수입니다. 보상은 둘째 문제고 목숨보다 중한 아들이 주

검이 되어 돌아왔는데 사인을 제대로 알기는커녕 책임을 회피하는 말만 듣게 되는 경우가 많지요. 또 아무리 의무를 수행한다지만 그토록 힘들게 몸과 마음을 바쳐 복무하고 있으니 어쨌거나 현실적인 월급으로 사병들에게 보상해야 합니다. 하지만 지금 사병들은 정말 푼돈이라고 하기에도 민망한 월급을 받고 있습니다.

또 강훈련을 해서 정예병으로 만들어야 국방을 잘할 수 있지 않겠습니까? 하지만 작업에 많은 시간을 허비합니다, 대민 지원은 왜 해야 하는지 모르겠습니다. 사병들은 노비, 종, 머슴이 아닙니다. 노비와 머슴이 아닌데도 그렇게들 부려먹는데 그들이 무슨 자부심과 자긍심을 가지고 복무할 수 있겠습니까?

사병들이 '우리의 적은 간부다'라고들 하는 경우도 많다고 합니다. 간부들부터가 사병들을 소모품, 물건으로 보고 다루면 사병들의 신뢰와 충성심, 복종을 어떻게 얻어낼까 싶습니다. 이제는 바꾸어야지요. 몸은 힘들지언정 정말 옳은 일, 보람 찬 일을 하고 있다는 자부심, 자긍심을 그들이 가질 수 있게 환경을 만들어주어야 합니다.

휴전 중이고 남북이 대치 중인 상황에서 우리 상대인 북조선 군대의 특수성이 있기에 징병제는 어쩔 수가 없다고 하더라도, 억압적이고 모멸감을 주며 아무런 보상도 없는 징병제를 고집할 이유는 없습니다. 일본군의 악습을 고스란히 이어받아 사병을 다루는 문화는 정말 사라져야 하며 가혹 행위를 근절할 수 있어야 합니다. 법적 제도적 장치를 마련해 사병들에게 충분히 보상해야 하고요. 예산이 부족하다는 핑계로 모순과 부조리를 묵인하지 말고, 예산이 필요하면 반드시 확보해서 사병들의 복지 환경을 개선해야지요. 정부는 스스로 우리나라를 세계 몇 대, 몇 위권의 경제 대국이라고 자랑하는데 군대 이야기만 나오면 국가의 부는 왜 항상 갑자기 사라지는지 모르겠습니다. 사병들의 복지 개선과 임금 현실화 이야기만 나오면 우리나라는 갑자기 아주 가난한 나라가 되지요. 예산 충분히 확보해서 사병들에게 보상을 주십시오. 오기의 주장대로 그래야 사병이 용사가 되고 전사가 되는 겁니다.

오기가 한국에 와서 국군의 실정을 본다면 정말 기가 막힐 것입니다. 간부와 사병 사이에 쌓인 불신의 골, 사병을 물건 취급하고 머슴으로 취급하는 관행과 분위기, 보상 체계를 마련하지 않은 국가 등을 오기가 봤을 때, 60만 대군이면 뭐할 것이냐고 비웃을 겁니다. 그의 눈에는 뭐 하나 제대로 된 게 없어 보일 것이고 한국군을 그저 오합지졸로 여길 것입니다.

오기는 분명 이렇게 말할 것입니다. '이대로는 안 된다. 인간 대접 제대로 해줘라, 보상 제대로 해줘라, 공사에 동원하지 말고 훈련 시간 제대로 확보하라, 간부가 먼저 제대로 솔선수범하라.' 특히 국가와 정부를 보고 절대 돈 없다는 핑계, 예산이 부족하다는 핑계를 대지 말라고 할 것입니다. 초나라에서 병사들을 위한 예산을 직접 확보한 자신처럼 어떻게든 예산을 확보하고, 그 이전에 낭비와 부실이 없는지 국방부와 군대 행정을 제대로 감시하고 고치라 할 것입니다.

한국군은 철저히 반反오기적인 군대라 해도 과언이 아닙니다. 오기가 살아 돌아온다면 특히 지휘관이나 간부를 보고 얼마나 혀를 찰지 궁금하네요. 오기의 통찰력과 주장은 한국군의 현실을 정말 뼈아프게 돌아보게 합니다. 하지만 단순히 거기에만 그치지 않고 어디에 칼을 대야 할지 어떤 방향으로 탈바꿈시켜야 할지 말해주기도 합니다. 충분한 보상과 명예, 자부심, 간부와 사병 사이의 유대와 신뢰, 이런 것이 우리 대한민국 군대에 생기도록 바꿔야겠지요.

　마지막으로 오기가 한국 사회에 온다면 이런 이야기를 더 하지 않을까 싶습니다. 사회에서 성취 지위의 수와 비율을 어느 정도 확보하고 유지하라고. 한국 사회에선 너무 많은 것이 세습되고 있습니다. 자신의 노력만으로 성취할 수 있는 지위가 갈수록 사라지고 많은 지위가 귀속되고 있습니다. 기회의 문이 지극히 좁아지고 탄력성이 사라져가는 사회가 건강하게 성장할 수 있을까요?

　하층민에게도 기회를 주고 공을 세우면 보상을 주는 등 신분 상승의 문을 열어놓으라고 말한 오기. 군대의 일에 한정되었다지만 어쨌든 기회의 문이 열리고 성취 지위가 생겨나면 사회는 탄력성이 생겨 이를 바탕으로 성장할 수 있습니다. 진秦나라가 기회의 문을 열어놓고 성취 지위를 늘려놓았기 때문에 국력을 크게 신장시켜 천하통일의 길을 갈 수 있었지요. 《오자병법》을 읽다 보면 이런 생각이 강하게 듭니다. 우리 사회는 성취 지위의 범위가 너무도 협소해진 게 아닌지. 이 탓에 사회가 경직되어가고 건강을 잃어가는 게 아닌지. 오기가 비록 군대의 힘을 키우려고 주장한 내용이지만 어쨌거나 기회를 주고 신분 상승의 길을 열어놓고 독식되는 파이를 나누려고 한 것은 분명 주목할 부분이 아닌가 싶습니다.

동방의 사나이 오기

오기는 동방의 사나이입니다. 동방 위衛나라에서 태어났고 동방 제나라의 부인을 얻었으며 동방의 정학 유학과 묵학을 배웠지요. 그리고 동방 노나라에서 장수로서 첫 발걸음을 내딛었고요. 비록 후에 서쪽으로 가서 북방 위魏나라에서 활약했고 다시 남쪽 초나라로 갔지만 오기는 전형적인 동방 사람입니다.

동방은 서방이나 북방과 다릅니다. 그리고 이 동방이라는 지리적 위치와 환경이 중요합니다. 왜 동방이란 환경이 중요할까요?

춘추전국시대 지도 아니면 현대 중국 지도를 봐도 좋습니다. 지도를 보면 동방 쪽은 지형이 낮고 트였다는 것을 알 수 있습니다. 산이 많지 않은 평평한 지형의 동방. 이 동방에 세워진 나라의 인민에게 국가는 선택지에 가까웠다고도 볼 수 있습니다. 제나라와 노나라, 거기에 송나라와 위衛나라까지 포함해서 동방 나라의 인민은 자신이 사는 나라가 가혹한 정치를 펼치고 인민을 지나치게 수탈하면 트인 지형을 통해 다른 나라로 갈 수 있었지요. '에이 정말 여기서 죽어도 못 살겠네' 하고 짐을 싸서 떠나면 그만입니다. 동방 지역의 인민은 이런 유동성을 강하게 지녔는데요, 반면에 동방과 지형이 상이한 서방과 북방 쪽은 이야기가 달랐습니다.

통일제국 진秦, 진시황의 나라로 대변되는 진秦은 앞서 말씀드린 대로 위로는 사막, 밑으로는 티베트 산맥이 가로막고 있고요, 또 바로 옆에 융이라는 전투에 능한 이민족이 살고 있었습니다. 이런 환경에서 인민이 유동성을 가지기는 쉽지 않았을 겁니다. 한, 위魏, 조의 삼진으로 갈라졌던 북방으로 대변되는 진晉이라는 나라도 마찬가지입니다. 울타리와도 같은 태행산맥을 끼고 있었고요. 적狄이라고 하는 사나운 이민족과 대치하고 있었지요. 태행산맥 때문에 칸막이가 쳐진 나라의 지형에 바로 옆에 있는 무시무시한 이민족. 역시나 인민은 내가 사는 곳이 싫다고 해서 함부로 밖으로 나가기 어려운 형편이었는데 그래서인지 삼진과 앞서 말한 진시황의 진秦은 체계적인 인민 쥐어짜기와 강압적 통치가 먹혀들기 쉬운 나라였습니다. 진晉이란 나라에서 군주 중심의 중앙집권화가 춘 추전국시대에 가장 빨리 시행되었던 것, 그리고 위魏나라에서 법가적 통치가 가장 먼저 시행되었고 향후 진秦에서 법가 사상이 꽃을 피웠던 것에는 이런 환경적인 이유가 있습니다.

하지만 동방은 다릅니다. 동방에선 인민이 유동성이 강하고 국가가 선택지처럼 주어져 있습니다. 더 좋은 환경과 조건의 국가를 선택해 갈 수 있습니다. 그러니 자연히 동방의 국가는 강압적이기보단 온건한 통치 정책을 펴기 쉽고 긍정적인 정책과 이념을 제시하여 인민을 모으고 또 나라에 거주하는 인민을 떠나가지 않게 하려고 했습니다. 노나라의 공자는 어진 정치로 인민을 모으자 했습니다. 교화와 선정을 통해 인민을 타일러보고 달래보자고 했고 역시 같은 노나라의 묵자는 겸애로 인민을 모으고 살기 좋게 해주자고 했습니다. 제나라의 관중은 부유함, 풍족함으로 인민을 모으자고 했지요. 이렇게 동방은 북방이나 서방과 분위기가 다릅니다. 온건하고 따스함과 인정이 있습니다.

오기는 서쪽으로 가서 북방 위魏나라에서 활약했고 향후 남방으로 가서 곰(초나라)의 재기를 도왔지만 그는 죽을 때까지 동방의 사나이였습니다. 민民을 생각했고 아랫사람에게 인정을 베푼 따뜻한 심장을 가진 사람이었지요.

오기에 대해서 공부하다 보면 이런 생각이 강하게 들고는 합니다. '인간을 대할 때 심장의 온도, 그것뿐이다. 사람을 대할 때 내 심장은 얼마나 따뜻한가?'《오자병법》이 그것만을 생각하게 할 때가 있습니다. 사람을 대할 때 항상 마음을 다하고 극진히 해야 군자 아니겠습니까? 오기는 정말 군자였고 죽을 때까지 동방의 사나이였습니다.

오기에게 제자리를

천하무도구의天下無道久矣. "천하에 도가 사라진 지 오래되었다"고 공자가 한탄했는데 춘추전국시대는 난세였습니다. 도가 사라지고 길이 안 보이는 시대. 그때 공자를 비롯해 여러 사람이 나와서 길을 찾으려 애면글면했습니다. 그 길을 찾아서 질서를 부여하려고 했지요. 길을 찾으려 했던 이들은 모두 어지러운 세상에 질서를 부여해 '난'을 '치'로 바꾸려고 했습니다. 그렇게 혼란한 시대에 질서를 부여하고자 사유했고 질서가 있는 세상을 꿈꾼 사상가를 제자백가라고 합니다. 공자를 비롯해 맹자, 순자, 묵자, 장자, 노자, 한비자 등이 제자백가 사상가로 대접받았는데 불행히도 손자와 오기 같은 병법 사상가는 제자백가 사상가로 대접받지 못했습니다. 특히 한국에선 너무도 소홀했지요.

하지만 누가 뭐래도 손자와 오기는 제자백가 사상가입니다. 저들만큼이나 길을 찾기 위해 애를 썼고 시대 질서를 부여하기 위해 고민했으며 세상이 잘 다스려지기를 꿈꾼 인물이지요. 저들만큼 아니 저들보다 치열하게 고민했다고 해도 과언이 아닙니다. 현실의 장에선 오히려 저들보다 길을 더 잘 찾아 질서를 부여했던 사람들인데 마땅히 제자백가 사상가로 대접해줘야 할 것입니다.

그런데 손자와 오기를 포함해서 제자백가 사상가는 모두 장생長生을 꿈꾼 사람들입니다. 춘추전국시대. 일상화된 전쟁의 시대. 뭐가 언제 어떻게 변할지 모르는 극단적인 유동성과 불안의 시대에 사람들은 장생을 바랄 수밖에 없었습니다. 내가 가진 재산과 생명, 내가 가진 정치적 지위, 내가 거느린 국가 등 이런 것을 어떻게 장생하게 할 수 있을까 고민하고 꿈꾸었지요. 제자백가 사상가가 찾고자 했던 길과 부여하고자 했던 질서는 사실 모두 그들이 꿈꾼 장생을 위한 수단이고 도구였습니다. 이러한 길을 걸어서 생명을 오래가게 하자, 이러한 질서를 부여해서 나라를 오래가게 하자고 주장한 것이지요. 그런데 각자가 생각한 장생의 대상이 달랐고 그 대상에 따라 제자백가 사상가를 거칠게 양분해볼 수 있습니다.

정의로운 사회와 문화, 이념이 장생해야 한다고 주장하고 꿈꾼 사람들이 있습니다. 대표적으로 공자, 맹자, 순자, 묵자가 있습니다. 자신의 몸을 죽여서라도 '인'을 이루라고 한 공자. '겸애'를 실천하기 위해 온 천하를 돌아다니며 죽을 때까지 고생한 묵자. 모두 정의로운 사회와 문화, 이념의 장생을 꿈꾼 사람들입니다.

반대로 자신의 생명과 재산, 자신이 거느리는 국가, 자신의 정치적 지위가 장생하길 바란 사람들이 있습니다. 관중, 노자, 장자, 한비자와 상앙 같은 법가 사상가가 이런 경우입니다. 손자도 이 범주에 넣을 수 있는데요. 실제로 손자는 노자와 법가 사상가에게 지대한 영향을 주었습니다.

제자백가 사상가를 두 범주로 거칠게 나누어보았는데 이 가운데 오기는 어느 범주에 넣어야 할까요?

정의로운 사회, 문화, 이념의 장생을 꿈꾼 쪽? 아니면 자신이 가진 것의 장생을 꿈꾼 쪽?

이미 위에서 답을 말한 것 같지만 그래도 독자들께 선택과 판단을 맡겨보도록 하겠습니다. 그에게 본래의 자리를 찾아주고 싶어 제자백가 사상가의 범주에 넣었는데 자리 찾아주기의 마지막은 여러분에게 맡기고 싶네요.

오기와의 인연

〈동방불패東方不敗〉라는 영화가 있습니다. 이연걸과 임청하의 화려한 액션신과 액션을 받쳐주는 특수효과. 당시 수준에는 정말 경이적 특수효과를 보여줬는데 예술인 황점의 주옥같은 음악이 배경이 되었고 이가흔과 원결영, 관지림 등 절세미인도 많이 등장한 영화였지요.

처음 보았을 때는 이연걸과 임청하가 중심이 된 남녀 간의 관계가 눈에 들어왔습니다. 모순과 좌충우돌로 설명될 수밖에 없는 남녀 간의 감정과 사랑 이야기를 주제로 생각했지요. 나이 차이가 많이 나고 이연걸이 워낙에 동안인지라 소년과 아줌마의 만남 같아 어색했지만 영화가 드러내 보이고 싶은 주제는 아무래도 그것이라고 생각했습니다.

그런데 영화를 자주 보면서 생각이 바뀌었습니다. 명절 때마다 해주고 비디오로 빌려와 보고 또 보고 했던 영화 〈동방불패〉. 이 영화를 자주 보면서 진짜 주제가 제 눈에 들어왔습니다. 바로 소수민족의 슬픔과 한, 즉 핍박받는 묘족의 한과 슬픔이 영화의 주제라고 생각하게 되었습니다. 그러다 보니 더욱 감정이입을 해가면서 보게 되었습니다.

　내가 망국의 유민이 아닐까 하는 의식. 어릴 때부터 디아스포라 의식이 저에게 강하게 있었습니다. 지금도 마찬가지인데 이상한 일이지요. 지금이 일제강점기도 아니고 저는 민족국가는 되지 못했어도 멀쩡한 국민국가의 시민입니다. 대한민국은 러시아와 일본, 미국, 중국에 둘러싸여 있어도 약소국이 아니라 꽤 강한 국력을 가진 나라입니다. 더구나 저는 나이가 많지 않습니다. 그런데도 어렸을 때부터 망국의 유민 의식을 많이 느끼면서 커왔습니다. 그래서 〈동방불패〉란 영화를 봤을 때 소수민족의 슬픔을 느꼈나 봅니다. 아무튼 저에게 디아스포라 의식이 강할 수밖에 없는 이유가 좀 있기는 합니다.

　김성근 감독과 김영덕 감독 두 재일 교포 출신 야구인을 좋아하면서 어린 시절부터 재일 조선인 문제에 관심이 많았습니다. 일본인도 아니고 조선인도 아닌 재일 교포에 대한 안타까움. 지도에는 없지만 정체성과 자존심을 지켜가며 살고 있는 열도의 형제를 보고 느끼는 슬픔. 그리고 만해 스님, 몽양 선생, 약산 선생 등 많은 우국지사의 이야기를 들으면서 또 반으로 갈라진 조국의 현실을 안타까워하면서 컸습니다. 분단 문제는 지금도 항상 제 가슴 깊은 곳에 숨겨진 큰 슬픔입니다. 이런 이유로 인해 유독 저란 사람은 디아스포라 의식이 강하고 그것을 머리에 이고 삽니다. 이 책의 주인공인 오기에게 가지는 호감은 저의 디아스포라 의식에서 기원했습니다.

　어릴 때 그의 전기를 읽으면서 '오기가 망국 은나라의 유민이 아닐까, 은나라가 우리와 연관이 있다는데' 같은 생각을 하면서 그에게 감정을 이입했고, 망국의 유민 특히 조선 민족과 연관이 있다는 은나라의 유민이라는 점 때문에 오기에게 호감을 가졌습니다.

　은나라가 우리와 어떤 연관이 있을까요? '은나라가 동이족의 나라이고 우리도 동이족이다. 그래서 은나라는 우리 민족이 중국 대륙에 세운 나라다'라고 주장하는 사람이 분명히 있습니다만 공부를 해볼수록 은나라와 현재 조선 반도에 사는 우리와는 연관성이 거의 없는 것 같습니다. 없다고 해도 무방하고 또 오기 스스로 자신을 은나라의 유민으로 생각한 것 같지도 않습니다. 송나라의 왕족은 자신들이 천하를 지배했던 은의 후손이라고 생각했지만, 그들을 제외하고 자신들을 은나라와 연관 짓는 사람은 없었지요. 은나라 유민을 조상으로 하는 사람까지도 그랬습니다. 위衛나라 야인이었기에 오기는 은나라 유민의 피를 타고난 사람이 맞습니다만, 이는 오기에게 망국의 유민이라는 굴레를 씌운 게 아니라 하층민이라는 굴레를 씌웠을 뿐이지요. 물론 위衛나라 하층민에 은나라 유민인 게 결정적이었다고 생각하지만요.

사실 어쩌면 유치한 이유로 오기에게 호감을 느낀 것인지도 모르겠습니다. 아닙니다. 충분히 유치하지요. 하지만 유치한 이유로 시작된 관심은 그의 신념과 꿈, 인간에 대한 사랑, 그가 살아온 삶의 궤적을 통해 애정으로 변하게 되었습니다. 그래서 그에 대해 공부했고 이렇게 사람들에게 알리기 위해 책도 썼고요, 앞으로도 계속 연구할 것입니다.

앞서도 말했지만 오기식 군대 육성과 조직, 전술 운용은 그만이 할 수 있습니다. 알렉산드로스 대왕도 비슷하다고 했는데 오기와 흡사한 또 다른 인물인 김성근 감독도 그렇습니다. 김성근식 야구는 김성근 감독만이 가능합니다. 이게 그들의 큰 약점입니다. 시스템화하는 데 큰 문제가 되는 점이고요. 하지만 그래서 더 좋습니다. 특별하니까요.

앞서 위魏나라에서 쫓겨나는 장면, 초나라에서 죽임을 당하는 장면과 같은 부분을 서술할 때 감정이 복받쳐 올라 혼났습니다. 그때 제 어린 시절 생각도 났네요.

〈플란다스의 개〉에서 네로가 성당에서 얼어 죽었을 때, 〈엄마 찾아 삼만리〉에서 주인공이 아르헨티나로 돈 벌러 떠난 엄마를 찾았을 때, 〈후뢰쉬맨〉에서 '후뢰쉬맨'들이 '반후뢰쉬 현상'으로 지구를 떠났을 때도 울지 않았던 제가 《오기열전》 마지막 부분에서 오기가 죽는 장면을 읽고서는 얼마나 울었는지…. 그때 울면서 스스로 오기처럼 살아보겠다고 다짐했었지요. 그 다짐대로 지금 살고 있는지 모르겠습니다. 아부하지 않고 고개 숙이지 않고, 아랫사람을 챙기고, 다른 사람과 어려움을 함께하고, 옳다는 신념을 끝까지 밀고 나가고, 인간을 사랑하면서 살고 있는지 제 자신을 돌아보게 됩니다.

진혼굿으로서 글쓰기

묵자 책을 낸 적이 있습니다. 그 책은 억울한 마음에서 집필하기 시작했습니다. 동양철학을 공부한 이유가 묵자 때문이었는데 묵자에 대해 뭐라도 쓰지 않으면 너무 억울할 것 같아 펜을 들었습니다. 그런데 책을 쓰다 보니 저보다 더 억울한 사람이 눈에 보이더군요. 주인공인 묵자, 그리고 묵자 사상의 비조가 되는 인물 자로. 두 사람이 정말 억울해 보였습니다. 그래서 두 사람을 제대로 조명하기 위해 정말 혼신의 힘을 다해 썼습니다. 그런데 이번 책, 오기란 사람에 대한 책을 쓰면서도 그러한 마음이 크게 작용을 했습니다. 억울해 보이는 오기도 제대로 조명해보고 싶었습니다. 그래서 안간힘을 썼습니다.

그리고 앞으로도 앞으로도 억울한 사람들의 이야기를 많이 할 것 같습니다. 뒤이어 순자와 한비자, 안자에 대한 책을 쓰려고 합니다. 훌륭하지만 제대로 조명되지 못하고 알려지지 못한 인물들. 과소평가와 억측에 시달린 인물들. 분명 바른 길을 가고자 했고 커다란 지적 재산과 가치를 인류에게 주고 갔지만 우리에게 친근하지 않은 인물들. 그러한 인물들의 이야기를 앞으로도 계속해보려고 합니다. 어떤 인물이 억울해 보여서 시작한 글쓰기. 그들의 억울함을 풀어주기 위한 원고 집필. 그렇습니다. 제 글쓰기와 책은 진혼굿으로서 계속될 것 같습니다.

글쓰기를 업으로 하는 사람인데 작가의 삶이 곤궁하여 또 곤궁함이 계속되어 억울하게 끝나더라도 뭐 어떻습니까? 저 하나 억울해서 여러 억울한 사람의 한을 풀어주면 되는 것 아닐까요? 글쟁이로서 제 목표와 다짐이 그렇습니다. 해원解寃을 위한 글쓰기. 진혼굿으로서의 글쓰기. 앞으로 제 글쓰기와 책의 주제가 동양의 인문고전, 동양철학으로 그치는 게 아니라 인간의 한과 슬픔, 구원의 문제로 확장될 듯한데요, 버거운 주제이고 화두일 수 있지만 중요한 일이고 해야 할 일이니 제가 해보도록 하지요. 열심히 하겠습니다.

이 책을 읽어주시고 여기까지 따라와 주신 모든 분에게 감사의 큰 절을 올리고 싶습니다.

우리 좀 억울해도 괜찮습니다. 바르게 살면, 올바른 가치를 추구하면 되는 것이지요. 또 그렇게 길을 가면 언젠가는, 누군가는 나를 알아주고 이해해줄 사람이 있지 않겠습니까. 괜찮아요. 괜찮습니다.

저는 고국에서 사람을 상하게 하지 않았습니다.

저는 아내의 목을 치지 않았습니다.

저는 고향에서 어머니의 상례를 치렀습니다.

저는 스승의 따뜻한 배웅을 받고 떠났습니다.

저는 남을 위해 일을 도모하는 자였습니다.

1 吳起儒服, 以兵機見魏文侯.〈序章〉

2 "臣以見占隱, 以往察來, 主君何言與心違. 今君四時使斬離皮革, 掩以朱漆, 畫以丹靑, 爍以犀象, 冬日衣之則不溫, 夏日衣之則不涼. 爲長戟二丈四尺, 短戟一丈二尺. 革車奄戶, 縵輪籠轂, 觀之於目則不麗, 乘之以田則不輕, 不識主君安用此也?"〈序章〉

3 "若以備進戰退守, 而不求能用者, 譬猶伏雞之搏狸, 乳犬之犯虎, 雖有鬪心, 隨之死矣."〈序章〉

4 "昔承桑氏之君, 修德廢武, 以滅其國; 有扈氏之君, 恃衆好勇, 以喪其社稷; 明主鑒玆, 必內修文德, 外治武備."〈序章〉

5 "故當敵而不進, 無逮於義矣, 僵屍而哀之, 無逮於仁矣."〈序章〉

6 "敎戰之令, 短者持矛戟, 長者持弓弩, 强者持旌旗, 勇者持金鼓."〈治兵〉

7 "無當天竈, 無當龍頭. 天竈者, 大谷之口, 龍頭者, 大山之端."〈治兵〉

8 "諸丘陵, 林谷, 深山, 大澤, 疾行亟去, 勿得從容. 若高山深谷, 卒然相遇, 必先鼓譟而乘之, 進弓與弩, 且射且虜. 審察其政, 亂則擊之勿疑."〈應變〉

9 "昔之家者, 必先敎百姓而親萬民. 有四不和, 不和於國, 不可以出軍; 不和於軍, 不可以出陳; 不和於陳, 不可以進戰; 不和於戰, 不可以決勝."〈圖國〉

10 "百姓皆是吾君而非隣國, 則戰已勝矣."〈圖國〉

11 "是以有道之主, 將用其民, 必先和而造大事. 不敢信其私謀, 必告於祖廟, 啟於元龜, 參之天時, 吉乃後擧. 民知君之愛其命, 惜其死, 若此之至, 而與之臨難, 則士以進死爲榮, 退生爲辱矣."〈圖國〉

12 "天下戰國, 五勝者禍, 四勝者弊, 三勝者霸, 二勝者王, 一勝者帝. 是以數勝得天下者稀, 以亡者衆."〈圖國〉

13 聖人綏之以道, 理之以義, 動之以禮, 撫之以仁.〈圖國〉

14 此四德者, 修之則興, 廢之則衰.〈圖國〉

15 "凡制國治軍, 必敎之以禮, 勵之以義, 使有恥也. 夫人有恥, 在大足以戰, 在小足以守矣. 然戰勝易, 守勝難."〈圖國〉

16 "古之明王, 必謹君臣之禮, 飾上下之儀, 安集吏民, 順俗而敎."〈圖國〉

17 武侯問曰, "兵何以爲勝?" 起對曰, "以治爲勝." 又問曰, "不在衆乎?" 對曰, "若法令不明, 賞罰不信, 金之不止, 鼓之不進, 雖有百萬, 何益於用? 所謂治者, 居則有禮, 動則有威, 進不可當, 退不可追, 前卻有節, 左右應麾, 雖絕成陣, 雖散成行. 與之安, 與之危, 其衆可合而不可離, 可用而不可疲, 投之所往, 天下莫當, 名曰父子之兵."〈治兵〉

18 吳子曰, "夫人常死其所不能, 敗其所不便. 故用兵之法, 敎戒爲先."〈治兵〉

19 "昔齊桓募士五萬, 以霸諸侯; 晉文召爲前行四萬, 以獲其志, 秦繆置陷陳三萬, 以服鄰敵. 故强國之君, 必料其民."〈圖國〉

20 "故强國之君, 必料其民. 民有膽勇氣力者, 聚爲一卒; 樂以進戰效力以顯其忠勇者, 聚爲一卒; 能踰高超遠, 輕足善走者, 聚爲一卒; 王臣失位而欲見功於上者, 聚爲一卒; 棄城去守欲除其醜者, 聚爲一卒."〈圖國〉

21 "然則一軍之中, 必有虎賁之士, 力輕扛鼎, 足輕戎馬, 搴旗取將, 必有能者. 若此之等, 選而別之, 愛而貴之, 是謂軍命. 其有工用五兵, 材力健疾, 志在吞敵者, 必加其爵列, 可以決勝. 厚其父母妻子."〈料敵〉

22 武侯問曰, "用兵之道何先?"

起對曰, "先明 四輕 二重 一信."

曰, "何謂也?"

曰, "使地輕馬, 馬輕車, 車輕人, 人輕戰. 明知險易, 則地輕馬; 芻秣以時, 則馬輕車; 膏鐧有餘, 則車輕人; 鋒銳甲堅, 則人輕戰. 進有重賞, 退有重刑. 行之以信. 審能達此, 勝之主也."〈治兵〉

23 "以近待遠, 以佚待勞, 以飽待飢."〈治兵〉

24 武侯問曰, "凡畜卒騎, 豈有方乎?" 起對曰, "夫馬必安其處所, 適其水草, 節其飢飽. 冬則溫廐, 夏則涼廡, 刻剔毛鬣, 謹落四下, 戢其耳目, 無令驚駭; 習其馳逐, 閑其進止. 人馬相親, 然後可使. 車騎之具: 鞍, 勒, 銜, 轡, 必令完堅. 凡馬, 不傷於末, 必傷於始; 不傷於飢, 必傷於飽. 日暮道遠, 必數上下; 寧勞於人, 慎無勞馬. 常令有餘, 備敵覆我. 能明此者, 橫行天下."〈治兵〉

25 武侯問吳起曰, "今秦脅吾西, 楚帶吾南, 趙衝吾北, 齊臨吾東, 燕絶吾後, 韓據吾前, 六國兵四守, 勢甚不便, 憂此奈何?"〈料敵〉

26 "夫安國之道, 先戒爲寶. 今君已戒, 禍其遠矣. 臣請論六國之俗."〈料敵〉

27 "夫齊陣重而不堅, 秦陣散而自鬥, 楚陣整而不久, 燕陣守而不走, 三晉陣治而不用."〈料敵〉

28 "夫齊性剛, 其國富, 君臣驕奢而簡於細民, 其政寬而祿不均, 一陣兩心, 前重後輕, 故重而不堅. 擊此之道, 必三分之, 獵其左右, 脅而從之, 其陣可壞.

秦性强, 其地險, 其政嚴, 其賞罰信, 其人不讓皆有鬥心, 故散而自戰. 擊此之道, 必先示之以利而引去之, 士貪於得而離其將, 乘乖獵散, 設伏投機, 其將可取.

楚性弱, 其地廣, 其政騷, 其民疲, 故整而不久. 擊此之道, 襲亂其屯, 先奪其氣, 輕進速退, 弊而勞之, 勿與爭戰, 其軍可敗.

燕性慤, 其民愼, 好勇義, 寡詐謀, 故守而不走. 擊此之道, 觸而迫之, 陵而遠之, 馳而後之, 則上疑而下懼; 謹我車騎必避之路, 其將可虜.

三晉者, 中國也. 其性和, 其政平, 其民疲於戰, 習於兵, 輕其將, 薄其祿, 士無死志, 故治而不用. 擊此之道, 阻陣而壓之, 眾來則拒之, 去則追之, 以倦其師."〈料敵〉

29 "暴寇之來, 必慮其强, 善守勿應. 彼將暮去, 其裝必重, 其心必恐, 還退務速, 必有不屬, 追而擊之, 其兵可覆."〈應變〉

30 "敵人之來, 蕩蕩無慮, 旌旗煩亂, 人馬數顧; 一可擊十, 必使無措. 諸侯未會, 君臣未和, 溝壘未成, 禁令未

- 322 -

施, 三軍匈匈, 欲前不能, 欲去不敢; 以半擊倍, 百戰不殆."〈料敵〉

31 "有不占而避之者六. 一曰, 土地廣大, 人民富衆. 二曰, 上愛其下, 惠施流布. 三曰, 賞信刑察, 發必得時. 四曰, 陳功居列, 任賢使能. 五曰, 師徒之衆, 兵甲之精. 六曰, 四鄰之助, 大國之援. 凡此不如敵人, 避之勿疑. 所謂見可而進, 知難而退也."〈料敵〉

32 "一曰: 疾風大寒, 早興寤遷, 剖冰濟水, 不憚艱難.

二曰: 盛夏炎熱, 晏興無間, 行驅飢渴, 務在取遠.

三曰: 師旣淹久, 糧食無有, 百姓怨怒, 祆祥數起, 上不能止.

四曰: 軍資旣竭, 薪芻旣寡, 天多陰雨, 欲掠無所.

五曰: 徒衆不多, 水地不利, 人馬疾疫, 四鄰不至.

六曰: 道遠日暮, 士衆勞懼, 倦而未食, 解甲而息.

七曰: 薄吏輕, 士卒不固, 三軍數驚, 師徒無助.

八曰: 陳而未定, 舍而未畢, 行阪涉險, 半隱半出.

諸如此者, 擊之勿疑."〈料敵〉

33 "用兵必須審敵虛實而趨其危. 敵人遠來新至, 行列未定, 可擊. 旣食, 未設備, 可擊. 奔走, 可擊. 疲勞, 可擊. 未得地利, 可擊. 失時不從, 可擊. 涉長道, 後行未息, 可擊. 涉水半渡, 可擊. 險道狹路, 可擊. 旌旗亂動, 可擊. 陣數移動, 可擊. 將離士卒, 可擊. 心怖, 可擊."〈料敵〉

34 "凡行軍之道, 無犯進止之節, 無失飮食之適, 無絶人馬之力. 此三者, 所以任其上令; 任其上令, 則治之所由生也. 若進止不度, 飮食不適, 馬疲人倦而不解舍, 所以不任其上令. 上令旣廢, 以居則亂, 以戰則敗."〈治兵〉

35 "夫總文武者, 軍之將也, 兼剛柔者, 兵之事也. 凡人論將, 常觀於勇, 勇之於將, 乃數分之一爾. 夫勇者必輕合, 輕合而不知利, 未可也."〈論將〉

36 "將之所愼者五. 一曰理, 二曰備, 三曰果, 四曰戒, 五曰約. 理者, 治衆如治寡; 備者, 出門如見敵; 果者, 臨敵不懷生; 戒者, 雖克如始戰; 約者, 法令省而不煩."〈論將〉

37 "受命而不辭 敵破而後言返 將之禮也.

故出師之日 有死之榮 無生之辱."〈論將〉

38 凡戰之要, 必先占其將而察其才.〈論將〉

39 "因形用權, 則不勞而功擧. 其衆愚而信人, 可詐而誘; 貪而忽名, 可貨而賂; 輕變無謀, 可勞而困; 上富而驕, 下貧而怨, 可離而間; 進退多疑, 其衆無依, 可震而走; 士輕其將而有歸志, 塞易開險, 可邀而取."〈論將〉

40 "令賤而勇者, 將輕銳以嘗之, 務於北, 無務於得. 觀敵之來, 一坐一起, 其政以理, 其追北佯爲不及, 其見利佯爲不知, 如此將者, 名爲智將, 勿與戰矣.

若其衆讙嘩, 旌旗煩亂, 其卒自行自止, 其兵或縱或橫, 其追北恐不及, 其見利恐不得, 此爲愚將, 雖衆可獲."〈論將〉

41 武侯問曰: "車堅馬良, 將勇兵强, 卒遇敵人, 亂而失行, 則如之何?"

起對曰, "凡戰之法, 晝以旌旗旛麾爲節, 夜以金鼓笳笛爲節. 麾左而左, 麾右而右; 鼓之則進, 金之則止. 一

吹而行, 再吹而聚. 不從令者誅. 三軍服威, 士卒用命, 則戰無強敵, 攻無堅陣矣."〈應變〉

42　武侯問曰, "若敵衆我寡, 爲之奈何?"

　　起對曰, "避之於易, 邀之於阸. 故曰, 以一擊十, 莫善於阸; 以十擊百, 莫善於險; 以千擊萬, 莫善於阻."
　　〈應變〉

43　"有師甚衆, 旣武且勇, 背大阻險, 右山左水, 深溝高壘, 守以強弩, 退如山移, 進如風雨, 糧食又多, 難與長
　　守, 則如之何?"〈應變〉

44　"聖人之謀也. 能備千乘萬騎, 兼之徒步, 分爲五軍, 各軍一衢. 夫五軍五衢, 敵人必惑, 莫知所加. 敵若堅守
　　以固其兵, 急行間諜以觀其慮. 彼聽吾說, 解之而去.

　　不聽吾說, 斬使焚書. 分爲五戰, 戰勝勿追, 不勝疾歸. 如是佯北, 安行疾鬥, 一結其前, 一絕其後, 兩軍銜枚,
　　或左或右, 而襲其處. 五軍交至, 必有其利. 此擊強之道也."〈應變〉

45　武侯問曰, "左右高山, 地甚狹迫, 卒遇敵人, 擊之不敢, 去之不得, 爲之奈何?"

　　起對曰, "此謂谷戰, 雖衆不用. 募吾材士與敵相當, 輕足利兵以爲前行, 分車列騎隱於四旁, 相去數里, 無見
　　其兵敵必堅陳. 進退不敢. 於是出旌列旆, 行出山外營之, 敵人必懼. 車騎挑之, 勿令得休. 此谷戰之法也."
　　〈應變〉

46　武侯問曰, "嚴刑明賞, 足以勝乎?"

　　起對曰, "嚴明之事, 臣不能悉. 雖然, 非所恃也. 夫發號布令而人樂聞, 興師動衆而人樂戰, 交兵接刃而人樂
　　死. 此三者, 人主之所恃也."〈勵士〉

47　"君擧有功而饗之, 無功而勵之."〈勵士〉

48　武侯召吳起而謂曰, "子前日之教行矣."〈勵士〉

49　"臣聞人有短長, 氣有盛衰. 君試發無功者五萬人, 臣請率以當之, 脫其不勝, 取笑於諸侯, 失權於天下矣.
　　今使一死賊伏於曠野, 千人追之, 莫不梟視狼顧, 何者? 恐其暴起而害己也. 是以一人投命, 足懼千夫. 今臣
　　以五萬之衆, 而爲一死賊, 率以討之, 固難敵矣."〈勵士〉

50　"諸吏士當從受敵. 車騎與徒, 若車不得車, 騎不得騎, 徒不得徒, 雖破軍, 皆無功."〈勵士〉

51　"昔楚莊王嘗謀事, 群臣莫能及, 罷朝而有憂色. 申公問曰, 君有憂色, 何也? 曰, 寡人聞之, 世不絕聖, 國不
　　乏賢, 能得其師者王, 能得其友者霸. 今寡人不才, 而群臣莫及者, 楚國其殆矣. 此楚莊王之所憂, 而君說之,
　　臣竊懼矣."〈圖國〉

52　"凡攻敵圍城之道, 城邑旣破, 各入其宮. 御其祿秩, 收其器物. 軍之所至, 無刊其木, 發其屋, 取其粟, 殺其
　　六畜, 燔其積聚, 示民無殘心. 其有請降, 許而安之."〈應變〉

53　一人學戰, 教成十人; 十人學戰, 教成百人; 百人學戰, 教成千人; 千人學戰, 教成萬人; 萬人學戰, 教成三
　　軍.〈治兵〉

강신주, 《철학 vs 철학》, 그린비, 2010.

공원국, 《춘추전국이야기》(전 7권), 역사의아침(위즈덤하우스), 2010~2014.

공원국, 《통쾌한 반격의 기술 오자서병법》, 위즈덤하우스, 2014.

리링, 김승호 옮김, 《전쟁은 속임수다》, 글항아리, 2012.

리링, 임태홍 옮김, 《유일한 규칙》, 글항아리, 2013.

박재희, 《손자병법과 21세기》(전 2권), EBS, 2002

성백효 역주, 《대학·중용집주》, 전통문화연구회, 2005.

성백효·이란주, 《역주 손무자직해 오자직해》, 전통문화연구회, 2013.

순자, 김학주 옮김, 《순자》, 을유문화사, 2008.

신동준, 《춘추전국의 영웅들》(전 3권), 한길사, 2011.

여불위, 김근 옮김, 《여씨춘추》, 글항아리, 2012.

오기, 김경현 옮김, 《오자병법》, 홍익출판사, 1998.

오기·울료, 김경현 옮김, 《오자·울료자》, 지만지고전천줄, 2010.

오자, 이영직 엮음, 《오자병법》, 스마트비즈니스, 2007.

유향, 신동준 옮김, 《전국책》, 인간사랑, 2004.

윤내현, 《상주사》, 민음사, 1984.

이충렬, 《무경칠서 上》, 선, 2010.

임건순, 《묵자-공자를 딛고 일어선 천민 사상가》, 시대의창, 2013.

임용한, 《명장, 그들은 이기는 싸움만 한다》, 위즈덤하우스, 2014.

임용한, 《전쟁과 역사》(전 3권), 혜안, 2001~2008.

임용한, 《한국고대전쟁사》(전 3권), 혜안, 2011~2012.

한비, 김원중 옮김, 《한비자》, 현암사, 2003.

한비자, 이운구 지음, 《한비자》(전 2권), 한길사, 2002.

참고 블로그 〈중국, 북경, 장안가에서〉 http://blog.daum.net/shanghaicrab

• 원문 해석은 성백효, 이란주 선생님의 책과 김경현 선생님께 빚을 졌습니다. 모두 감사드리며 평생을 우리의 고전을 번역해오시며 공동체가 공유하는 지적 자산을 풍요롭게 해주신 성백효 선생님, 김학주 선생님께 경의를 표합니다. 〈중국, 북경, 장안가에서〉라는 블로그를 운영하시는 분들 모두 학문에 정진만이 있기를 바랍니다. 그리고 아울러 역사를 가르쳐주신, 윤내현, 임용한, 공원국 선생님께 다시 한 번 감사의 말씀 올립니다. 특히 윤내현 선생님의 쾌유를 빕니다. 고인이 되신 동양철학자 이운구 선생님과 김충렬 선생님의 영면을 기원하며 모든 이 땅의 동양철학자 선후배님을 존경하는 사람이 되겠다는 다짐 드리고 싶습니다.

춘추시대 형세도

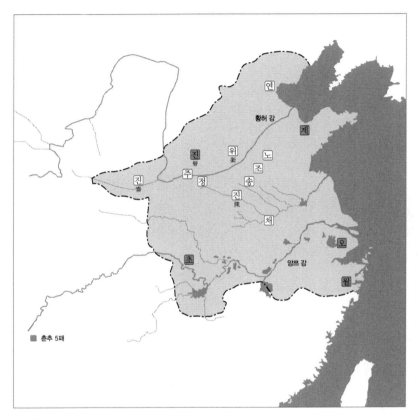

춘추시대春秋時代 BCE 770년~BCE 403년

제齊나라 환공桓公, 진晉나라 문공文公, 초楚나라 장왕莊王으로 대변되는 패자들의 시대였다. 패자들은 자신들의 힘을 인정하는 여러 국가의 우호적인 동맹 모임인 '회맹會盟'이라는 형식의 국제적 의식으로 힘을 과시하며 국제질서를 만들고 유지했다. 하지만 그들만이 질서의 중심에 있는 것은 아니었다. 종주국 주周의 왕실과 천자天子의 권위는 지극히 존중되었고 주나라가 만든 예법이 대내외적으로 확고한 규범으로 통용되었다. 각 나라는 나름의 정치적 명분과 '룰'에 따라 움직였다.

전국시대 형세도

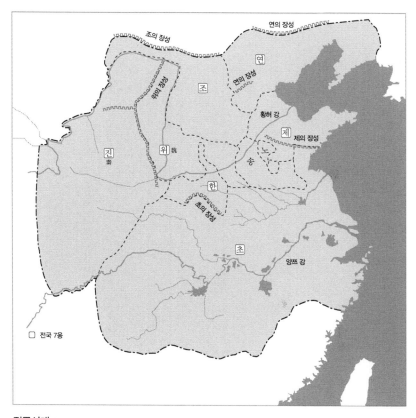

전국시대戰國時代 BCE 403년~BCE 221년

전국시대Warring state는 말 그대로, 전쟁으로 해가 뜨고 해가 지는 시대였다. 먹고 먹히는 적대적 병합 경쟁이 난무한 시대로, 전쟁의 규모와 기간, 살상의 잔인함, 국력의 투입과 소모 정도에서 춘추시대와 차원을 달리했다. 명분이 없어도 전쟁을 벌이고 '게임의 규칙'이 없는 난타전의 시대로, 힘의 논리만이 관철되었다. 하지만 많은 나라가 이 야만의 시대에 살아남기 위해 부국강병에 전력을 다했고 그러면서 많은 것이 생겨나 발전하는 계기가 되기도 했다.

- 327 -